Q&A
弁護士のための
面会交流
ハンドブック

梶村太市・長谷川京子・渡辺義弘 [編著]

学陽書房

はしがき

　本書は、家事事件に携わった経験の少ない弁護士のために編まれた「親と子の面会交流」に関する入門書です。入門書ではありますが、面会交流の調停・審判に関する論点について広く解説したものであり、他に類書を見ないやさしく本格的な解説書を目指しました。したがって、読者が本書を手に取ってご覧になれば、面会交流に関する諸問題について容易に理解が得られ、依頼者の利益のため、ひいては面会交流の目的である子どもの利益の確保のために、大いに役立つことになるでしょう。弁護士はもちろんのこと、何らかのかたちで面会交流の紛争にかかわらざるを得ない司法書士や行政書士の皆さん、あるいは面会交流の支援にかかわっておられる国あるいは地方公共団体の各種機関、その他 NPO など民間の各種相談機関の皆さん、そして当然のことながら面会交流紛争そのものに直面しておられる当事者の皆さんにとっても、有益なバイブルであり伴侶になることでしょう。

　申すまでもなく、面会交流の紛争は、父母が不和で片方が子を連れて別居したり、離婚したりして、片方の親が子と離れ離れに暮らしている場合に、子どもに会いたいと言って監護している親に「面会交流」を求めることによって始まります。昔から「子はかすがい」といって、子どもがいる場合には夫婦間に多少の隙間風が吹いても離婚を思いとどまることが多かったのですが、最近は世間的に抵抗なく別居や離婚が受け入れられ、いわば日常茶飯事となりました。そこでどうしても、面会交流に関する紛争が多発することになります。

　面会交流に関する紛争は、民法 766 条や家事事件手続法別表 2 第 3 項などに規定があり、その目的は「子の最善の利益」の確保にあって、その手続は当事者の自主的な協議と、家庭裁判所での調停・審判です。面会交流に関し、子を監護していない親が、監護している親に面会交流を求めると、監護親は誠実にその協議に応じなければなりません。その場合の指針とし

て、民法766条は「子の利益を最も優先して考慮しなければならない。」
と注意書きしています。両親は、ただ自分の気持ちとして会いたいとか、
会わせたくないとかの主観的な思惑ではなく、どういう理由で今会いたい
のか、どういう理由で今会わせるわけにはいかないのかを、あくまで「子
どもの気持ち」と「子どもの利益」を中心に考えて協議しなければならな
いということです。協議ができない場合の調停や審判ではいうまでもあり
ません。

　そこで、本書では、第1章は制度的な面から、第2章は関連諸機関の役
割の面から、第3章は弁護士の役割の面から、第4章は紛争類型ごとの問
題点の面から、第5章は今後の課題の面から、Q&Aを設定し、第6章は
少し毛色を変えて私ども編者のまとめと問題提起としました。

　解説は現在の実務の一般的な運用がわかるように心がけていますが、問
題があると思われる点があれば執筆者の見解を付加することもあります。
第6章では、最近の実務の一般的傾向だといわれる原則的実施論あるいは
原則的実施政策の問題点と、今後の調停・審判のあるべき姿等を私ども編
者の責任で指摘させていただき、読者のご批判を仰ごうと存じます。

　読者の皆さんは、第1章から第5章までの入門的解説を通じて面会交流
実務の問題点を把握され、お持ちになった各自の課題を推し進めるため、
第6章での問題提起を批判的な目で検討され、それによって実務が「子の
最善の利益」に適った本来の面会交流の方向に少しでも前進できることを
祈ってやみません。本書が、そのためにいささかでも寄与することができ
れば幸いです。

　本書の完成は、各執筆者の皆さんはもちろんのこと、学陽書房編集部の
伊藤真理江氏の並々ならぬご努力のたまものであることを付記し、感謝い
たします。

　平成30年1月

　　　　　　　　　　　　　梶村太市・長谷川京子・渡辺義弘

もくじ Q&A 弁護士のための面会交流ハンドブック

はしがき ……………………………………………………………………… iii

第1章 紛争解決手続の概要

第1節●面会交流にまつわる紛争　　2

Q1　面会交流とは ……………………………………………………… 2

Q2　面会交流は誰の権利か ………………………………………… 6

Q3　家事調停におけるモデル（評価型・対話型）と面会交流 …… 8

Q4　家事調停と家事審判 …………………………………………… 11

Q5　「子の最善の利益」とは………………………………………… 14

Q6　「子の利益」を判断するために ……………………………… 17

Q7　面会交流調停とウィン・ウィンによる紛争解決 ………… 20

Q8　面会交流審判による紛争解決方法 ………………………… 23

Q9　面会交流とコンフリクト ……………………………………… 25

Q10　対応の難しい当事者 …………………………………………… 29

第2節●面会交流申立ての手続と要件　　33

Q11　面会交流の調停の申立要件・管轄・申立書の記載事項 …… 33

Q12　面会交流の審判の申立要件・管轄・申立書の記載事項 …… 37

Q13　調停・審判の費用、審理期間、弁護士費用 ……………… 41

Q14　調停の終了事由 ………………………………………………… 44

Q15　調停の取下げの可否・方法 ………………………………… 46

v

Q16 調停をしない措置 (なさず) ……………………………… 47

Q17 調停の不成立 ……………………………………………… 49

Q18 調停の成立 ………………………………………………… 52

Q19 合意の相当性とは何か …………………………………… 54

Q20 調停に代わる審判 ………………………………………… 57

第3節 面会交流の調停・審判の効力 　　　　62

Q21 面会交流の調停・審判の効力 …………………………… 62

Q22 面会交流不履行時の実現方法 …………………………… 64

Q23 履行勧告……………………………………………………… 67

Q24 間接強制……………………………………………………… 70

Q25 子が嫌がる場合の間接強制申立て ……………………… 74

Q26 第三者機関と間接強制 …………………………………… 77

Q27 請求異議の訴え …………………………………………… 79

Q28 面会交流の不履行による損害賠償 ……………………… 81

第4節 関連手続との関係 　　　　84

Q29 面会交流不履行の場合の親権や監護権変更の申立て ……… 84

Q30 提出書類と住所の秘匿 …………………………………… 86

Q31 子からの面会禁止要求 …………………………………… 89

Q32 子連れ別居の適法性 ……………………………………… 91

Q33 面会を嫌がる子に対しての双方代理人の対応 …………… 93

Q34 委任契約と面会交流支援との関係 ……………………… 96

第2章 面会交流を実施するための 関係諸機関の役割

Q35 面会交流の調停・審判をする家庭裁判所のスタッフ …… 100

Q36 家事事件裁判官の権限と責任 ……………………………… 104

Q37 家事調停委員及び参与員の権限と責任 ………………… 109

Q38 家庭裁判所書記官の役割と権限 ………………………… 114

Q39 家庭裁判所調査官の権限と責任 ………………………… 119

Q40 家庭裁判所の医務室技官の役割と権限 ……………… 124

Q41 面会交流実施の支援の意義と限界 ……………………… 127

Q42 面会交流支援の第三者機関と支援の方法 …………… 129

Q43 面会交流実施支援にあたっての注意事項 …………… 132

第3章 代理人弁護士の役割

Q44 面会交流事件と代理人弁護士の役割 …………………… 136

Q45 代理人弁護士の活動の概要 ……………………………… 140

Q46 依頼者と代理人の見解が異なる場合の対応 ………… 145

Q47 親と子の立場が異なる場合の対応 ……………………… 147

Q48 弁護士に必要な人間諸科学の知識 ……………………… 149

Q49 家庭裁判所調査官と向き合う姿勢 ……………………… 152

Q50 面会交流によるリスク …………………………………… 154

Q51 法律相談などで面会交流をどう扱うべきか ………… 157

vii

第4章 紛争類型ごとの面会交流の問題点

第1節 主として子どもの年齢その他の能力等との関係で 162

Q52 乳幼児と非監護親との面会 …………………………… 162

Q53 就学前後の児童との面会 ……………………………… 165

Q54 15歳に達した子どもとの面会 ……………………… 168

Q55 子どもが非嫡出子の場合 ……………………………… 170

Q56 夫婦間にDVがあった場合 …………………………… 173

Q57 性的虐待があった場合 ………………………………… 179

Q58 知的障がい、精神障がいがある場合 ………………… 183

Q59 面会交流における児童相談所の役割 ………………… 185

第2節 主として他の義務不履行との関係で 188

Q60 面会交流と養育費・婚姻費用の支払い ……………… 188

Q61 監護親の再婚・縁組後の面会交流 …………………… 191

Q62 縁組後の面会交流 ……………………………………… 194

Q63 非監護親の粗暴な属性と面会交流の適否 …………… 197

Q64 非監護親による監護親への接触意図を理由とした面会
交流 …………………………………………………… 202

Q65 不貞行為に基づく信頼関係の欠如を理由とする面会交流
の拒否 ………………………………………………… 204

Q66 住所秘匿の要請のある事案における面会交流の適否 …… 206

Q67 児童養護施設等に入所中の子どもとの面会 ………… 208

Q68 非監護親の学校行事への参加希望に対する対応 ………… 211

Q69 法律上の父から、子と同居している生物学上の父及び母
への面会交流の要求 ………………………………………… 213

第5章 面会交流紛争解決の課題

Q70 監護についての様々な考え方 ……………………………… 218

Q71 面会交流紛争の解決に関わる諸機関とその役割 ………… 222

Q72 面会交流と養育費支払いとの関係 ……………………… 226

Q73 実務の運用と子どもの意向との関係 …………………… 230

Q74 面会交流債務（義務）の性質とその履行 ……………… 234

Q75 国際的人権保障の観点から見た面会交流 ……………… 238

Q76 在日外国人が絡む面会交流 ……………………………… 243

Q77 共同親権論・共同監護論 ………………………………… 248

Q78 ハーグ条約・実施法における面会交流 ………………… 252

第6章 むすびを兼ねて ──現行制度の問題点と展望

① 面会交流制度の意義と目的 （梶村太市）………………… 258

② 子どもの利益と面会交流紛争 （長谷川京子）………… 266

③ 面会交流紛争における弁護士の役割 （渡辺義弘）……… 274

④ 面会交流紛争の背景事情 （大塚正之）…………………… 281

ix

凡　例

○本文中、法令名等を略記した箇所があります。下記を参照してください。

■法令名

＜略記＞	＜法令名等＞
民	民法
家事法	家事事件手続法
家事規則	家事事件手続規則
民訴法	民事訴訟法
人訴法	人事訴訟法
民執法	民事執行法
民調法	民事調停法
児童虐待防止法	児童の虐待の防止等に関する法律
配偶者暴力防止法	配偶者からの暴力の防止及び被害者の保護等に関する法律

■判例

最・最高裁	最高裁判所
高・高裁	高等裁判所
地・地裁	地方裁判所
家・家裁	家庭裁判所
判	判決
決	決定

■資料

家月	家庭裁判所月報
判時	判例時報
判タ	判例タイムズ
民集	最高裁判所民事判例集

紛争解決手続の概要

Q1 面会交流とは

面会交流とは何ですか。面会交流は、どのような目的と性質があり、どのような方法があって、どのような場面で問題となりますか。

A 面会交流とは、夫婦が不和別居した場合あるいは離婚した場合などにおいて、実際に監護していない親（非監護親）が監護している親（監護親）に対し、別居している子と面会・交流することを求めることです。面会交流の目的・方法・問題となる場面は後記2〜4のとおりです。

1 制度の趣旨

(1) 民法の規定

民法766条1項で、父母が協議離婚をするときは、父母同士の「子の監護に関する事項」として、監護者の指定や養育費の支払い（監護費用の分担）などとともに、親と子の「面会交流」について父母間で協議をして決めることを規定しています。この規定は、離婚の取消しの場合（民749条）、離婚判決などの裁判離婚の場合（民771条）、父が婚外子を認知する場合（民788条）にも準用されます。

そして規定はありませんが、判例は夫婦の婚姻中でも、不和により一方が子を連れて別居したような場合には準用されると解しています（最決平成12年5月1日民集54巻5号1607頁）。

このような面会交流を求める手続は、地方裁判所や簡易裁判所に訴訟という裁判を求めるのではなく、家庭裁判所に審判を求める必要があります。審判は裁判の一種ですが、いきなり審判ではなく、話し合いを求めて家事調停の申立てをすることができます。

面会交流の調停・審判の申立ては後記4(1)、(2)記載のように婚姻別居

2

中、離婚後の別居中に行われますが、後記4(3)記載のように協議離婚や審判離婚あるいは裁判離婚の際に離婚とあわせて監護者とならなかった親と子の面会交流が取り決められることがあります。

2 面会交流の目的

(1) 目 的

　面会交流を認める目的は、あくまで「子の利益」のためです。親の会いたいという気持ちを満足させたり、父から母に養育費を払わせる手段として認めるなど、父のためや母のためではありません。民法766条1項は、そのことを示すため、「子の利益を最も優先して考慮しなければならない。」と規定しています。

　そこで、面会交流の目的をわかりやすく表現するため、「子のための面会交流」あるいは「子ども中心の面会交流」などというのが一般的です。「親のための面会交流」であってはならないわけです。

(2) 性 質

　面会交流は、あくまで子の最善の利益を適えるためのものですから、子どもの身体的・精神的状況のいかんによって監護親と非監護親との権利関係あるいは利益享受関係は当然に異なってきます。協議・調停・審判で一定の日時に面会できることを決めても、子が発病したり、明確な拒否の意思を示したときなど事情が変化したときは、裁判所は非監護親の面会交流を認めないでしょう。

　面会交流は、このように流動的権利義務・可変的権利義務・非固定的権利義務です。このことから、運用上・理論上様々な問題点が浮かび上がります（詳しくは➡第6章①参照）。

3 面会交流の方法

(1) 直接面会

　一般的な面会方法で、子どもと親が直接面会して話をしたり抱き合った

りして、交流を深めることです。これまでの調停や審判の実務例だと、例えば、毎月1回の土曜日や日曜日など特定の日に、大体2～3時間くらいの長さで面会することが多いようですが、時間的には終日かける場合もあります。あるいは土曜日と日曜日にかけて宿泊するとか、夏休みや春休みに数日の宿泊面会を取り決めることもないわけではありません。

(2) 間接面会

　これまでの実務例だと、手紙を交換したり、子どもの写真を定期的に送る、子どもの誕生日やクリスマスなどに贈り物をするという方法もあります。定期的に電話で会話をするということもあります。最近はOA機器が発達しましたので、インターネットなどを利用した交流も工夫されているようです。

(3) その他の類型

　これまで調停や審判の実務で争いとなっているのが、子どもの通っている幼稚園や学校などの施設に訪問して、授業や運動会を見学することの是非です。監護親や施設長が反対しているような場合には、なかなか実現が難しいようです。

4　面会交流の場面

(1) 婚姻中の別居の場合

　夫婦が不和となり、その一方（多くは妻）が子を連れて実家に帰ったり、あるいは母子寮などの保護機関に逃げ込む事態となった場合には、子の奪い合い紛争となり、その場合の一時的な解決方法として面会交流が実施されるケースが多いです。いわば、子の奪い合いあるいは面会交流紛争の初期の段階です。

　この場合に非監護親が監護親に対して面会交流を求める手続が、先ほどの家庭裁判所に対する「子の監護に関する処分」としての「面会交流」の調停・審判の申立てです。調停は相手方の住所地の家庭裁判所へ申立てを行います。

(2) 離婚後の別居の場合

　夫婦が協議離婚したときに面会交流の取決めをしなかった場合も、その後に非監護親から監護親に子との面会交流を求めることができます。この場合の「面会交流」を求める手続も上記（1）の場合と同様です。

(3) 離婚の際の面会交流の取決め

　先ほども触れましたように、協議離婚をする際に親権者（監護者）とならなかった非監護親は子との面会交流を取り決めることができます。2011（平成23）年の民法766条の改正の際に、国会の附帯決議に基づき、離婚届けを提出する際に、面会交流の話し合いをしたかどうかをチェックする欄が設けられましたので、最近では協議離婚の際に面会交流の話し合いをすることが多くなったようです。

　離婚調停は相手方の住所地の家庭裁判所に申し立てます。離婚訴訟も一般的には相手方の住所地の家庭裁判所ですが、子どもがこちらに住んでいるというような場合には、申立人の住所地に提起することもできます。

Q2 面会交流は誰の権利か

面会交流は誰の権利ですか。子どもの権利・利益を考える場合、非嫡出子についてはどう取り扱うべきでしょうか。

A 面会交流の権利性については、学説上で様々な議論がなされてきましたが、最高裁平成 12 年 5 月 1 日決定に関する担当調査官の解説（最高裁判所民事判例解説平成 12 年度（下）511 頁以下）においては、面会交流の内容は監護者の監護教育内容と調和する方法の形成において決定されるべきものであり、面会交流権といわれるものは、面会交流を求める請求権というよりも、子の監護のために適切な措置を求める権利（手続的権利説）と捉えることが相当であると説明されています。もっとも、面会交流は、子の利益を最優先に考慮されたものでなければなりません（民 766 条 1 項）。実務的には、面会交流を求める請求権的な、子の監護養育のために適正な措置を求める権利として、その権利性は限定的に理解されています。

1 面会交流の法的性質に関する議論状況

面会交流の法的性質をめぐる議論については、①自然権説、②監護に関連する権利説、③自然権であり監護に関する権利説、④親権・監護権の一部説、⑤子の権利説、⑥親及び子の権利説、⑦権利性を否定する説などが議論されてきましたが、いずれも実体的権利の有無を論ずるもので、最高裁は上記のとおり、手続的権利説を採用しています。

2 子の利益から見た面会交流

面会交流の実施に際しては、子の利益を最優先に考慮しなければなりま

せん（民766条1項）。

　現在の家庭裁判所実務では、面会交流を原則的に子の健全な成長に有益であるとの考えの下、原則として面会交流を認めるべきとする[1]一方で、例外的に面会交流の実施により子の福祉が害されるおそれがあると認められる場合には面会交流は認められないとされています。

　また、家事調停で面会交流に関する合意がなされた場合や、面会交流に関する審判がなされた場合であっても、面会交流日に、子が病気になった場合や子の学校行事に重なった場合などには、子の利益に反して面会交流を求めることは実務の運用上も認められないケースが多いと思われます。このほか、子が、非監護親との面会を明確に拒否している場合も同様に、親の都合を優先し面会交流を強行することが認められないケースが多いでしょう（➡Q1－2及び第6章①参照）。

　なお、家庭裁判所が面会交流に関する審判を行う場合には、子が15歳以上であれば、その陳述を聴取しなければならないとされています（家事法152条2項）。

3　子が非嫡出子である場合の面会交流

　面会交流は、子の利益を最優先に考えなければならず、非嫡出子であっても、子であることには変わりがありません。民法766条に基づき、監護親と非監護親の協議合意、あるいは調停合意・審判などがあれば、嫡出子と同様に監護親に対して面会交流を求めることができます。

　もっとも、非監護親である父親が、監護親である母親に対して、家庭裁判所の審判を求める場合には、父親は、法律上の父子関係を発生させるべく、まずは子に対する認知を行うことが必要です（民788条、766条参照）。

---

[1]　いわゆる、原則的面会実施論といいます。この考え方の問題点については、長谷川京子「面会交流原則的実施政策の問題点」梶村太市・長谷川京子編著『子ども中心の面会交流——こころの発達臨床・裁判実務・法学研究・面会支援の領域から考える』（日本加除出版、2015）1頁以下参照。

Q3 家事調停におけるモデル（評価型・対話型）と面会交流

家事調停におけるモデルとして、評価型モデルと対話型モデルがあるとされますが、面会交流はそれぞれのモデルでどのように取り扱われるのでしょうか。

A 評価型モデルでは、裁判所等の紛争解決機関による評価に依拠した解決を目指します。対話型モデルでは、当事者同士の対話による解決を目指します。面会交流は、非監護親と監護親が、何がわが子の利益となるのかについての理解を共有し、共同して実施をしていく必要があります。そのためには、家事調停における当事者間の対話を通じて、子の利益についての共通認識を深めることが望ましいものといえます。

1 家事調停におけるモデル論

(1) 評価型（権威／評価型モデル）

評価型モデルとは、裁判所等の紛争解決機関の一定の権威による評価に依拠した解決を目指すモデルをいいます。このモデルの下では、合意に至った当事者は、「裁判所が言っているので仕方ない」などとして、法的権威に基づく評価に従うかたちで、当該合意内容に従うことになります[1]。

(2) 対話型（自律的／対話型モデル）

対話型モデルとは、裁判所等の権威に依拠することなく、当事者同士で対話を重ねることより紛争解決を目指すモデルをいいます。このモデルの下では、合意に至った当事者は、自らの意思で合意に至ったという事実に基づいて、当該合意内容を実現していくことになります[2]。

2 対話型モデルによる実施へ向けて

　面会交流は、評価型モデルの下では、面会交流に消極的な監護親は、裁判所等の権威に従うかたちで、面会交流の実施を行うことになるのに対し、他方、対話型モデルの下では、自らの意思を実現していく過程として、面会交流を行うことになります。

　面会交流が、子の最善の利益に適う観点から実施されるべきであることに照らせば、対話モデルによる合意形成が望ましいものといえます。面会交流の実施に際しては、単に、面会の方法等の形式的な事項を取り決めて、子を引き合わせれば済むというものではありません。特に、長期間にわたって、子が非監護親に会っていなかった場合などは、子は、慣れていない非監護親に対して警戒心を抱きやすい状況といえます。このような場合に、子が非監護親に対して、「なぜ、今まで私に会いに来てくれなかったのか」という問いを発した場合に、監護親と非監護親との説明が全く異なってしまっては、子を混乱させ、取り返しのつかない精神的ショックを与えてしまうことにもなりかねません。

　したがって、面会交流の実施に際しては、形式的な面会条項の調整のみに目を奪われるのではなく、調停期日における当事者同士の対話を通じて、深い共通理解を形成することが求められます。

3 同席調停による対話型モデルの実践

　現在の家庭裁判所実務では、調停手続は原則として別席で進行することになります。別席調停において対話型モデルを実践する場合、非監護親と監護親との対話は、調停委員を通じてなされることになります。

　対話型モデルによる合意形成に際しては、合意内容に対する当事者の納得感が極めて重要です。そして、当事者の納得感の基礎になるのは、相手方当事者に対する信頼感にほかなりません。

　しかしながら、別席調停では、各当事者は、互いの反応を調停委員を介

して知ることになりますので、自律的な合意形成を行うことが難しくなります。面会交流の話し合いを調停で進めるに際しては、いずれかの時点で、同席調停が実現されることが望ましいといえます。

当然のことですが、面会交流を実施する現場には、調停委員はいません。子の最善の利益に適うかたちで面会交流を実現できるかは、基本的には当事者の協力関係の成否にかかっています。

面会交流は、継続的に実施されるものであり、監護親と非監護親の折衝は長期間にわたって継続していきます。家事調停の時点で、同席調停にすら応じられない当事者が、充実した面会交流を実現できる見込みは低いといわざるを得ません。

したがって、相手方当事者が同席調停に消極的な反応を示す場合であっても、ときには、必要に応じて調停委員から相手方当事者を説得してもらえるよう、まずは調停委員に対して、同席調停の必要性を根気よく説明していくことも大切です。

---

[1]　和田仁孝・大塚正之編著『家事紛争解決プログラムの概要──家事調停の理論と技法』（司法協会、2014）34頁

[2]　同上

Q4 家事調停と家事審判

家事調停と家事審判の関係は、連続型・付属型ですか。それとも、切断型・独立型ですか。そのいずれかによって、調停や審判の進め方は異なりますか。

A 2013（平成25）年1月1日に施行した家事事件手続法の下では、家事調停と家事審判との関係は、切断型・独立型として理解されます。

家事事件手続法別表2第3項に掲げる事項（子の監護に関する処分）についての家事調停事件については、調停不成立により家事調停事件が終了した場合には、当然に家事審判に移行することになりますが、家事調停と家事審判は別個の手続である以上、調停手続に提出された資料は、当然に家事審判の資料とされるわけではありません。

1 家事調停と家事審判の関係

(1) 旧家事審判法における議論

旧家事審判法の下では、調停と審判とは、連続型・付属型と捉えられており（融合論）、調停不成立で審判手続に移行した場合には、調停において当事者が提出した資料については、当然に審判手続においても引き継がれていました[1]。

もっとも、このような融合論に対しては、学説上の反対説が存在していました。両者の手続を切断型・独立型として捉える、峻別論です。峻別論の根拠としては、審判も裁判である以上、対審構造・当事者権の保障の下に収集された証拠に基づくべきであること、両当事者の自由かつ主体的な合意を行うことを目指す調停手続においては、当事者は、自らの主張等が訴訟や審判の場で不利に用いられないことの安心感を確保する必要がある

こと、などが挙げられています[2]。

(2) 家事事件手続法（新法）における考え

　他方で、家事事件手続法の下では、切断型・独立型と捉えられることになりました。

　したがって、調停手続に提出された資料は、当然には家事審判の資料とされるわけではありません。後記のように、事実の調査により援用することが必要となります。

2　代理人活動における留意事項

(1) 調停の申立て？　審判の申立て？

　面会交流は、本来的には監護者と非監護者との自律的な合意に従って解決することが求められる事項です。

　したがって、家事審判と家事調停との関係が切断型・独立型であるからといって、調停を経ることなく、審判を申し立てたとしても、特別な事情がない限り、原則として調停に付されるというのが、実務的な運用です[3]。

　代理人として、面会交流を求める場合には、まずは調停の申立てを検討するべきです。

　なお、調停が不成立になり、審判手続に移行した場合であっても、裁判官は、必要性に応じて、調停に付する旨の決定を行うこともあります（家事法274条1項）。

(2) 調停における代理人活動の重要性

　東京家庭裁判所では、調停から審判に移行した場合であっても、原則として審判期日が開かれます[4]。

　しかし、家事審判手続における裁判官は、調停における当事者の主張、調停において調査された事実（例えば、子の意向、子の状況等）について、初めから審理を繰り返すことは行わないのが通常の方法のようです。

　裁判官は、補充調査の必要がない場合には、両当事者を審問し、審理を終結することになります。

　調停手続に提出された資料は、当然に家事審判の資料とされるわけでは

ありませんが、事実の調査（家事法56条1項）を経て、調停における資料のうち必要と認められたものについては、審判手続にも引き継がれることになります。代理人は、家事調停と家事審判との関係をいかに捉えるかにかかわらず、調停段階から、審判を見据えた代理人活動を行う必要があります。

　したがって、代理人としては、調停手続段階から、依頼者に対して、調停手続で提出する資料の重要性を十分に説明しておく必要があります。

1　梶村太市『裁判例からみた面会交流調停・審判の実務』（日本加除出版、新版、2013）281頁

2　梶村太市『離婚調停ガイドブック——当事者のニーズに応える』（日本加除出版、第4版、2013）406頁以下

3　水野有子・中野晴行「第6回　面会交流の調停・審判事件の審理」東京家事事件研究会編『家事事件・人事訴訟事件の実務——家事事件手続法の趣旨を踏まえて』（法曹会、2015）196頁

4　同書218頁

Q5 「子の最善の利益」とは

面会交流の調停・審判で考慮される「子の最善の利益」とはどのようなものでしょうか。

A 2011（平成23）年の民法改正によって、民法766条1項後段では、面会交流について「子の利益を最も優先して考慮しなければならない」と規定されました。子の最善の利益は、それぞれの家庭環境によって異なり、一律に定義することは困難です。子の生活状況や子の意思を慎重に把握しつつ、当該事案における「子の最善の利益」を見極めていくことが大切です。

1 子の最善の利益の判断に際して

面会交流に際しての子の最善の利益の判断については、子の年齢及びその発達過程に適合したかたちで、その意思を考慮していかなければなりません。

もっとも、子の意思は、子の最善の利益を判断する際の1つの事情にすぎません。子の最善の利益の判断に際しては、子の意思を十分考慮しつつも、面会交流が子に与える影響等の様々な要素から、後見的に判断されるべきといえます。例えば、子が非監護親との面会を希望していた場合であっても、非監護親による連れ去りのおそれがある場合、非監護親による虐待のおそれがある場合、非監護親の監護親に対する暴力等がある場合については、子の利益に反するとして、面会交流が認められない可能性が高くなります。

2 「子の利益」に関する2つの考え方

　「子の利益」に関しては、共同監護を前提とする考え方と単独監護を前提とする考え方に分かれます。前者は、子の利益を満たすための要件として、①双方の親とのアタッチメント、②監護者の良質な養育、③養育環境の安定、④両親の争いや暴力からの保護を挙げ[1]、後者は、①子どもの心身の安全、②依存する監護環境の安定と継続、③子どもに面会交流の拒絶感がなく、肯定的関係が形成されていることを挙げます[2]。

3 子の意思を反映させる手段

　家事事件手続法65条、258条1項では、「家庭裁判所は、親子、親権又は未成年後見に関する家事審判その他未成年者である子がその結果により影響を受ける家事審判の手続においては、子の陳述の聴取、家庭裁判所調査官による調査その他の適切な方法により、子の意思を把握するように努め、審判をするに当たり、子の年齢及び発達の程度に応じて、その意思を考慮しなければならない。」とされています。

　面会交流の審判の場面では、子が15歳以上であれば、家庭裁判所は、その陳述を聴取しなければならないとされています（家事法152条2項）。この場合、審判期日において、審判官による子に対する審問を通じて、子の意思が聴取されます。他方で、子が15歳未満であれば、家庭裁判所調査官の調査によって、子の意思が聴取されることになります。特に、子の言語能力が未熟である場合などは、調査官が専門的見地を活かしたかたちで、子の意向調査が行われます。

　なお、年齢にかかわらず、意思能力を有する子については、手続行為能力が認められています（家事法151条2号、118条、252条1項2号）。裁判所は、「相当な場合」に職権で子を手続に参加させることもできます（家事法42条3項）。

　更に、子は、手続代理人として弁護士を選任してもらい、代理人弁護士

を通じて自らの意思を手続に反映させることも可能です（家事法23条）。

4 面会交流実施時における「子の最善の利益」

　子の利益は、面会交流の実施場面でも考慮されなければなりません。つまり、家事調停で面会交流に関する合意がなされた場合や、面会交流に関する審判がなされた場合であっても、面会交流日に、子が病気になった場合や子の学校行事に重なった場合などには、子の利益に反して面会交流を求めることはないと解するべきです。このほか、子が、非監護親との面会を明確に拒否している場合も、親の都合を優先し面会交流を強行することも同様です（➡ Q1-2参照）。普段生活を共にしていない非監護親と面会することは、多かれ少なかれ、精神的な負担を与えます。子によっては、非監護親との面会交流に際して、極度に緊張していることもありえます。面会交流に関する合意が存在する場合であっても、当該合意を硬直的に実践しようとしてはならず、子の心理状態に最大限寄り添ったかたちで、進めていくことが大切です。

---

[1] 片山登志子「『子の最善の利益』の実現に向けて――日本における養育支援制度構築の重要性および取組の現状と課題」戸籍時報724号（2015）30頁

[2] 長谷川京子「子供の監護と離別後別居親の関わり」判例時報2260号（2015）11頁。詳しくは、長谷川京子「面会交流原則的実施政策の問題点」梶村太市・長谷川京子編著『子ども中心の面会交流――こころの発達臨床・裁判実務・法学研究・面会支援の領域から考える』（日本加除出版、2015）1頁以下を参照。

Q6 「子の利益」を判断するために

「子の利益」を判断するためには法的判断で足りるのですか。児童心理学等の人間関係諸科学の知見はどの程度取り入れる必要があるのですか。

A 「子の利益」に適うのか、何が子の最善の利益かは、面会交流を認めるか、認める場合はどのような内容の面会を認めるのかを判断するための条文上の法律要件と考えることができますが、その判断にあたっては、心理学、社会学、精神医学など人間関係諸科学の知見も考慮する必要があると考えられています。

1 「子の利益」と人間関係諸科学

子の利益というのは、子の主観的利益ではなく、客観的な利益、つまり相互主観的な利益を考えており、その意味において、双方の親が何を子の利益と考えているのか、また、子自身が希望をしているかどうかは、子の利益を判断する上での1つの大きな要素となります。しかし、子の発達と成長という観点から、客観的、科学的に面会交流が持つ意味についても、考察する必要があります。

例えば、乳幼児期には、親でなくてもよいのですが、自分を監護してくれる特定の人との間に一定の愛着関係を形成することが必要であると考えられています（ボウルビィのアタッチメント理論）。かつて乳幼児施設で育った子らが愛着障害により、豊かな感情が形成できなくなるなどの問題が起きていました（ホスピタリズム、施設病）。既に愛着関係が形成された監護者といきなり引き離されてしまうと、愛着障害を引き起こし、将来、その子に様々な心理的、精神的障害を与える危険があると指摘されています。虐待された子は、この愛着関係が形成できず、この世界や周囲の人間

が信頼することができないものとなり、他者に対する共感性が希薄となったり、更には、様々なパーソナリティ障害を引き起こす危険をもたらすといわれています。

　また、トラウマの問題があります。もともとトラウマは、精神分析の用語ですが、幼少期に心に傷を受ける（心的外傷、トラウマ）と、成長してからも、神経症など様々な精神疾患を引き起こす危険があるといわれています。また、心的外傷後ストレス障害（PTSD）を引き起こす場合もしばしばあります。愛着関係のある非監護親との面会を切断することで引き起こされる場合もあれば、逆にストレス因子となっている非監護親と面会をさせることでPTSDが引き起こされる場合もあります。DVに限らず、共同生活の中で非監護親からストレスを受けていた場合、再び接することで、PTSDのような症状を引き起こす危険もあります。監護親が非監護親と接することで、監護親にPTSD様の症状が引き起こされる場合もあります。監護親だけに問題がある場合には、間に第三者を入れて、直接監護親が非監護親と接触しないようにしながら、子との面会交流を実施する必要があります（直接監護親と非監護親を接触させることによってトラウマを除去していく暴露療法という治療法もありますが、しっかりとした治療者の指導の下で行う必要があります）。

2　子の利益と人間関係諸科学の活用

　面会交流において、子の利益を考える場合、人間関係諸科学の観点から検討すべき場合がしばしばあります。そのため家庭裁判所には、家庭裁判所調査官と医務室技官を置いています。家庭裁判所調査官（略して家裁調査官）は、心理学、教育学、社会学、法学等の各分野の出身者から、まず、家庭裁判所調査官補として採用されます。そして、裁判所の職員総合研修所や配属庁で合計2年間の研修を受け、その後に家裁調査官となります。研修では、実際の事件を取り扱いながら、家裁調査官として必要な技法を習得していき、また、実務に携わることによって、経験値を高めていきます。医務室技官は、精神科医であり、非常勤で各家庭裁判所に配属されて

います。そして、それぞれの関与基準に基づき、必要に応じて関与することになっています。面会交流事件は、比較的家裁調査官の関与を必要とする事件類型であり、特に調停事件においては、単なる事実の調査だけではなく、双方の親にも働きかけをして、円滑な面会交流が実現できるよう、専門的な観点から、調整作業を行っています。

なお、訴訟の附帯申立ての場合、家裁調査官は、裁判官の命により、調査活動を実施することはできますが、よりよい面会交流を実現するための調整活動はできないとされています。したがって、もし面会交流だけが主要な争点となったような場合には、訴訟係属中に事件を家事調停に付して、家裁調査官が関与して調整できるような取り扱いも行っています[1]。

ちなみに東京弁護士会紛争解決センターでは、面会交流に特化したADR（裁判外紛争解決手続）を準備中であり、そこでは、合意形成段階において、臨床心理士が関与することも予定され、また、合意が成立した後も、円滑な実施のため、元家裁調査官が中心となって面会交流の支援を行っている FPIC（エフピック、公益社団法人家庭問題情報センター。詳しくは➡ Q 23 - 3）などいくつかの機関とも連携し、継続して心理的調整も加えながらよりよい面会交流を実現するための制度を計画しています。

---

[1] 秋武憲一・岡健太郎編著『離婚調停・離婚訴訟 7』（青林書院、2013）164 頁参照。

Q7 面会交流調停とウィン・ウィンによる紛争解決

調停はどのような基準に基づいて進めたらよいでしょうか。ウィン・ウィンによる解決とは何ですか。

A 面会交流は、子の利益を実現するためのものであり、できるだけ協調的に解決することが期待されています。そのためには、監護親及び非監護親の双方が、十分に納得して実施することが必要であり、そのためには、双方のニーズがよりよく実現できるよう、双方がウィン・ウィンになれるような解決が期待されています。

1 面会交流調停の協調的解決

　面会交流の調停は、子の利益を実現するところに第一の意義があり、子が非監護親とよいかたちで感情的な交流ができ、かつ、Ｑ５で述べたような子の利益が確保できることが大切です。そのためには、監護親と非監護親とが、元夫婦として、あるいは男女としては激しく対立し、争っていることがあるとしても、子どもからすれば、どちらも大切な存在であり、よりよい父親、母親であってほしいし、けんかなどしてほしくはないと考えるのが普通です。したがって、監護親と非監護親とのお互いの関係とは切り離して、あくまで子の利益という視点に立って、可能な限り、協調的関係を形成することが必要です。

　しかし、実際には、離婚紛争中の場合があります。離婚しようとする夫婦が前向きに子どもと楽しく面会交流しましょうとは、すぐになれず、それができないから離婚紛争になっているというのが通常です。したがって、離婚とは切り離して考えるといっても、なかなか難しいのが現実です。それにもかかわらず、協調的な紛争解決を実施するためには、その基本とな

る考え方や実施するための技法というものが必要となります。

2　ウィン・ウィンによる紛争解決

　普通の紛争解決は、甲が勝つか、乙が勝つかの二者択一で、せいぜい双方の要求の半分ずつを実現するような和解が期待できるだけで、本質的に一方が勝てば、他方が負けるという構造、つまり、ウィン・ルーズ、ゼロサムゲームの構造を持っています。これに対し、ウィン・ウィンというのは、当事者のニーズに立脚し、双方のニーズを可能な限り実現することを目標にするところから、このように呼ばれています。例えば、有名な例に次のようなものがあります。「姉と妹がオレンジを取り合っている。オレンジは1つしかなく、通常の解決策としては、姉が取るか、妹が取るか、半分ずつ分けるかである。しかし、ここで、何故オレンジがほしいのかというニーズにまでさかのぼって考えると、姉は、オレンジの皮でママレードを作りたいと言い、妹は、オレンジの汁でジュースを作りたいと言う。それなら、皮は姉が取り、中味は妹が取れば、お互いのニーズを100％実現できることになる。このように紛争の背後にある本来的なニーズにさかのぼって考えると、よりよい紛争の解決が実現することがしばしばある」[1]。それがうまくいけば、お互いがウィンになる紛争の解決が可能となると考える、これがウィン・ウィンの紛争解決の考え方です。

3　米国メディエーションにおける紛争解決方法

　米国には、メディエーションと呼ばれる制度があり、日本では調停と訳されています。そこでは、ウィン・ウィンによる紛争の解決が目指されています。日本の調停とは相当に異なっています。メディエーションでは、訓練を受けた資格のあるメディエーター（調停者）がおり、双方当事者がその調停者の調停を受けるという合意をして、調停者に料金を支払って、原則として、同席のもとで話し合いを始めます。そこでは、双方で話し合いをする事項（イシュー）を選択し、それについての具体的な希望（ポジ

ション）を双方当事者が述べます。調停者は、それぞれの希望する理由、その背景にある実質的な要望（ニーズ）を尋ねていきます。そして、双方のニーズが明らかになれば、お互いのニーズがいずれもできるだけ実現できるようにするにはどうすればよいのかを考えるよう提案します。双方当事者は、考えられるものをできるだけ提出します（ブレインストーミング）。それが出尽くしたら、今度は、当事者が自らどれが一番よい方法かを選択していきます。調停者は、その調整を行いますが、調停者が解決策を考えて当事者を説得することは基本的にしません。あくまで主体は当事者本人です。

　このメディエーションの技法は、日本における家事調停にも役に立つのですが、日本の調停では、調停をするという当事者の合意もなければ、調停委員や裁判官の選択もできず、多くの場合、同席を拒む当事者が多く、別席で行われるなど、そのままでは利用できないものです。したがって、日本の調停に適合するよう組み替えていく必要があります[2]。

---

[1] 昔からある寓話であるが、同じ趣旨の話がフィッシャー＆ユーリー『ハーバード流交渉術』（三笠書房、1990、103 頁）に引用されており、同書を参照。

[2] 詳しくは、和田仁孝・大塚正之編著『家事紛争解決プログラムの概要——家事調停の理論と技法』（司法協会、2014）を参照。

Q8 面会交流審判による
紛争解決方法

審判はどのような基準に基づいて判断したらよいのでしょうか。審判規範と調停規範とは違うのでしょうか。

A 審判は、裁判所の判断であり、面会交流を認めるか否か、また認めるとした場合、どのような内容の面会交流を定めるのかについては、子の最善の利益を考慮して判断する必要があります。また、審判は、調停と異なり協調的な解決が困難となる場面ですから、調停手続とは切断する必要があり、かつ、双方のニーズに即したウィン・ウィンの解決が一般には難しくなります。

1 面会交流の審判とその基準

面会交流の審判について、民法766条2項は、面会交流の協議が調わないとき、又は協議することができないときは、家庭裁判所が定めると規定しています。協議で定める場合については、「子の利益を最も優先して考慮しなければならない」（同条1項）と明記されていますが、2項には、この文言がありません。しかし、子の最善の利益を考慮して、面会交流を認めるのか、認めるとしてどのような内容の面会交流を認めるのかを決定する必要があることは、協議による場合と同じです。

2 審判とウィン・ウィンによる解決

一般的には、審判は、裁判所の判断ですから、必ずしも、双方当事者のニーズを考慮する必要はなく、子の最善の利益に合致した判断をすることで問題はなさそうです。しかし、実際には、何が子の最善の利益かは、必

ずしも子の状況だけから客観的に決まるものではなく、監護親や非監護親の面会交流に対する姿勢によっても、影響を受けます。双方のニーズから離れて、円滑な面会交流が実現できないような内容の面会交流方法を裁判所が定めても、実効性がなければ、子の最善の利益に適った面会交流の実現は期待できません。円滑な面会交流を実現するためには、双方のニーズにできるだけそった内容にする必要があります。

　しかし、審判になるケースというのは、多くの場合、双方のニーズがお互いに離れていることが多いでしょうから、実際には、なかなか双方のニーズを実現できるような内容の面会交流の枠組みを作ることは難しいところがあります。

　また、審判になれば、調停とは異なり、本音を出し合って、お互いの本音の部分で、子の利益になる枠組みを考えるということが難しくなります。そもそも双方のニーズがどこにあるのかもわからないことが多いので、審判によって、ウィン・ウィンを実現するということは、困難になるのは避けられないことになります。

Q9 面会交流とコンフリクト

面会交流など家事紛争は、文化的な衝突・対立、対人的な衝突・対立、心理的な衝突・対立が伴いがちであるといわれますが、それはどういうことでしょうか。

A 面会交流に限らず、家事紛争、特に夫婦間の紛争は、全く異なる環境に育った男女間の紛争で、親族間の愛憎が絡んでおり、また、本音の部分がむき出しになりやすい場面ですから、多くの文化的、人間的、心理的な葛藤が表面化しやすく、その紛争を解決するには、その背後にあるこれらの葛藤を把握しておくことが大切です。

1 家事紛争と文化的対立

　家事紛争の多くを占める夫婦間あるいは元夫婦間の紛争では、男女の考え方の違いだけではなく、それぞれの当事者が育った文化の影響を大きく受けます。夫婦の基本的な在り方についても、男性を主人と呼んで尊重すべきであると考えたり、男女平等の精神は夫婦の間でも貫かれるべきであると考えたり、多少の浮気は甲斐性だと考えたり、浮気は絶対に許されず、1回だけでも離婚という選択肢しかないと考えたり、子の教育についても、言うことを聞かないときは、少しくらいは叩いたり叱りつけたりしても構わないと考えたり、体罰は絶対にいけないと考えたり、いろいろなズレが生じます。このようなズレのことを文化的な衝突・対立（コンフリクト）と呼んでいます。そのズレが大きいと、その文化的な背景の違いがそのまま離婚の原因となることもあれば、その一つひとつをとってみればお互いに許容できる範囲内であっても、いくつかの要因が積み重なっていくことで、破綻の原因となることもあります。

　面会交流をめぐっても、面会交流をすることの重要性についての認識は、

多くの場合、ズレが生じます。非監護者である父親は、親なのだから、面会できるのは当然だと考え、監護者である母親は、一緒にいたときに協力してくれなかったような父親に会わせる必要はない、養育費を出し渋るような父親に会わせる義務はない、父親のような人間と会わせることが子の福祉に反するから離婚をしたのに、会わせる意味がわからないなどのズレが生じます。その背景には、離婚後も、父親には子の養育について意見を述べる権利があるという考え方があったり、離婚後は、再婚を目指して子育てをする母親の育児に口出しをすべきではないという考え方があったりします。これも文化的なものの考え方の対立ということができます。

2 家事紛争と人間的対立

　家事紛争には、親族関係をめぐる様々な人的なコンフリクトが形成されやすいという問題があります。人的なコンフリクトとは、夫婦の間でいえば、長年にわたり蓄積されていく相手方に対する欲求不満を挙げることができます。双方の結婚についての考え方の違いや、性格の違い、好みの違いがあります。同じ人間でも、一緒に生活をするわけですから、日々の生活において、そのズレが生じます。普通は、お互いに相手方に多少なりとも合わせることで折り合いをつけていくのですが、そのズレが大きいと、なぜそのようなことをするのかと日々の生活での不満がお互いに蓄積していきます。ドアの開け閉めとか、脱いだ下着の置き場所とか、しゃべり方とか、些細なことを不満に思いながらも我慢をするということが生じます。細かいことなので、お互いに我慢をすることで日々が過ぎていくことがしばしばあります。一つひとつは小さなことでも、蓄積されると大きくなり、いつしか、この人間とは、もう一緒に暮らしたくない、暮らせないという気持ちを作り上げていくことがあります。

　熟年離婚の多くは、そうした細かな蓄積が限界に来て、離婚を切り出すということが多いので、相手方は、なぜ急に離婚だと言われるのかわけがわからないということになることもあれば、お互いにそれとなく感じ取っていて、お互い様だと離婚をしてしまうことにもなります。また、同居の

親族がほかにもいる場合、その親族との間にも同じような人間的な対立・葛藤が生まれることがあります。

最も典型的なケースは、嫁と姑の人間関係です。姑は、自分の「家」に「嫁」として来たのに、自分の家のしきたりに嫁が従わないと不満を持ちます。「嫁」の方は、自分は夫と結婚したのであり、あなたの家に入ったのではないと考えたり、老いては子に従えという言葉のとおり、「嫁」に「姑」は従えばいい、今は時代が違うのだと考えたりします。このような同居の親族との間の人間関係の問題が生じた場合、夫は、どちらの味方につくのかと判断を迫られることになります。両者を仲介して、和解に持っていくことができればよいのですが、それに失敗すると、そのことが夫婦間のあつれきとして蓄積されることにもなっていきます。面会交流においても、蓄積された不満が大きいと、その対立が子どもに会わせろ、会わせないという対立へとつながっていくこともあります。

3　家事紛争と心理的対立

最も大きいのは、この心理的対立でしょう。文化的な対立、人間的な対立を背景としながら、離婚時にはお互いに離婚をするべきかどうかを考えます。特に子どもがいる場合、多くの夫婦は、離婚をすることが子にとってよいのかどうかを普通は考えます。そうして熟考した結果として、離婚をした方が子にとってもよいという判断を下すことがしばしばあります。

監護親にとって、非監護親と接触を続けることが子の利益に反すると考えた結果での離婚である場合は、そもそも、面会させること自体が離婚をした趣旨に反することになってきます。特に自分は我慢できるが、子への悪影響が大きく、この非監護親と子とを引き離す必要があるからこそ離婚を決意したというような場合には、面会交流は、離婚したことを意味のないものにしてしまうので、なんとしても阻止しなければならない課題になってきます。これに対し、自分のことで精一杯で、子どものことまで考えられない場合もあれば、子どもにとってはよい親であるが、自分は配偶者に耐えられないという場合もあります。そういう場合は、非監護親が子

と面会することに大きな心理的葛藤が生じにくいので、面会交流をめぐって紛争になることはあまりないと考えられます。

　以上のように、面会交流をめぐっては、その背後に、様々な文化的、人間的、心理的な葛藤が存在することがしばしばあります。それを見ないで、「親と会うのは子の権利ですから、面会させないといけません」と言ってみても、「はい、そうですね」というわけにはいかないのです。面会交流をスムースに進めるためには、このような背後にある文化的、人間的、心理的な葛藤、対立がどこにあるのかをよく見極め、その問題と向き合い、これをどのように乗り越えていくのかを十分に考慮しなければ、仮に面会交流の合意をしても、また、審判をしても、その面会交流は失敗することになり、結果的には、双方当事者にとっても、子にとっても、マイナスの結果しかもたらさないことになるおそれが出てくるのです。

Q10 対応の難しい当事者

精神的疾患などがあって、対応の難しい当事者がいる場合、弁護士はどのように対応したらよいでしょうか。

A 精神的な疾患があってもなくても、対応の難しい当事者には、その特性に応じて、冷静に、自然体で対応することが必要です。そのためには最低限度必要な精神医学の基礎知識を持っていると役に立ちます。

1 対応困難な理由

　弁護士が当事者に出会い、対応が難しいと感じるのはどのような場合でしょうか。やや現実離れをした話をするため意思疎通がとりにくい、自己中心的な話を続ける、平気で事実に反することを言う、日によってくるくると態度が変わる、うつ的気分が強くてなかなか意思決定ができない、認知に弱さがあり、わかっているのかどうかはっきりしない……挙げればいろいろ出てきます。多くの場合、わざとそのようなことをしているのではなく、その背景に精神医学的な理由がある場合が多いようです。それを病気といってよいかどうかは、二者択一ではありません。精神医学では、0％病気の人と100％病気の人がいるとは考えません。その程度が強く、その人自身が心理的に生活が難しいと感じたり、周囲の人との関係で生活に支障を生じたりする場合、初めて一定の病名をつけることになっており、癌かそうでないかというように、はっきりとその病気かどうかの確定診断をすることは難しいのです。また、病名に対する社会的偏見がある場合、はっきりとした診断名をつけないこともしばしばあります。したがって、病気かどうかを鑑別することはあまり意味のあることではありません。むしろ、

対応が困難だと感じたとき、どのような対応をとるのがよいのかを考えることが大切です[1]。

2 対応困難な当事者への対処法

　基本的には、事理弁識能力があり、問題となっている法的事項について、判断をする力を持っているかどうかを確認することが必要です。精神疾患が大きく、そもそも意思疎通が困難であったり、今、話をしていることの意味が理解できていないという場合には、合意形成ができません。自分の依頼者であれば、そもそも受任することもできないことになります。

　しかし、そうでない場合には、受任することもできますし、また、そのような人を相手方として合意形成をすることも可能です。多くの場合、対応困難だと弁護士に感じさせる人は、他の人からも同じように扱われてきており、まともに対応をしてくれない経験を持っている方が多く、自分自身が困っているというケースが多いのです。そのことを本人が自覚できていない場合は自分が困った状態にあることさえ、自分でも気がついていないという場合もあるかもしれません。

　そうはいっても、現実に対応が困難な方の事件を引き受けるのは躊躇がありますし、合意形成も難しくなりがちなのは事実です。だからこそ、その対処法を身につけておくことが役に立ちます。以下、その概要を簡単にお話します。

(1) 現実離れをした話をする

　話をしていて本当だろうかと疑うような話をされると、どう対処したらよいか困ってしまいます。施設で老齢な母が虐待を受けているとか、家に盗聴器が仕掛けられているというような話だと、本当か嘘かよくわかりません。しかし、敵のスパイに追われているとか、電波が飛んでくるとかいうことになると、これはおかしいと感じます。前者の場合は、客観的事実を集めてそのように推測することに合理性があるかどうかを確認する作業が必要ですが、後者の場合、明らかにおかしいわけです。しかし、そこで重要なことは、そのことによって合意形成が困難かどうかです。例えば離

婚紛争で、離婚をするかどうかとか、面会交流で子に会いたいとかいう場合、そのことがらが持っている社会的な意味を理解できている場合には、現実離れをした話をすることがあっても、そのことが直接合意形成の妨げにはなりません。その発言は無視して、本題の話を進め、帰るときに、「電波が飛んできて大変ですね、敵のスパイに気をつけてお帰りくださいね」などと優しく声をかけてあげればよいことです。本人に病識がなければ、そんなことはありえないでしょうと否定をしても通じませんし、仮に何らかの疾患があっても、判断能力が維持されていれば、合意をするのに支障はないからです。特に誰かに危害を加えるような言動がなければ、それほど心配することはありません。

(2) 自己中心的な話を続ける

　プライドが高く、自分を偉いと思っており、特に会社の経営者であったり、高い地位に就いているような場合、その自己中心性が表に出てきやすいので、対応に難しさを感じる場合があります。そのような場合でも、問題となっている紛争に関して、合理的な意思決定ができる方であれば、合意形成を進めることは可能です。これに対処するには、その方に取り込まれないこと、いちいち反発しないことが大切です。そうなんですか、すごいですね、と褒めておけばよく、適度に距離を置いて、だめなものはだめ、とはっきりと言い、怒り始めたら、すいませんが法律ではそうなっているんです、と下手に出て説明すれば、怒りが強まることを防ぐことができます。

(3) 平気で事実に反することを言う

　平気で嘘をついているとわかるのは、多くの場合、しばらく経過して、言っていることと客観的資料に乖離が生じたときです。その背景に精神的疾患がある場合もあれば、相手も嘘をついているから、こちらも嘘をつかないとバランスがとれないと考えているだけの場合もありますから、その見極めが必要です。いずれにしても、嘘をつくことは、結果的に自分自身にマイナスの結果をもたらすということを伝えることが大切です。多くの場合、嘘をつくことが自分にプラスになると思って嘘をつくので、それがマイナスになるとわかれば、嘘を避けるようになります。

(4) 日によってくるくると態度が変わる

通常の気分変動の範囲を超えて、あるときは、すごく依存して、「先生、お願いします」と何度も言ってきたと思ったら、次の出会いの際には、「あなたは最低の弁護士だ、クズだ」と言い始めるような場合です。このような場合、そうした感情の変化に振り回されないこと、依存してきても、攻撃してきても、長々と付き合わずに、一定の時間の枠内で肝心の問題について打ち合わせができたら、それ以上はお付き合いをしないことが大切です。そこで、もうお前には頼まないと怒って帰っても、しばらくすると、先生、お願いしますと言ってくることもあるのです。

(5) うつ的気分が強くてなかなか意思決定ができない

うつ的気分の場合でも、うつ病にまで至っていなければ、それほど心配はありません。しかし、うつの程度が強く希死念慮があったり、簡単な意思決定もできない状態になっていれば、速やかに受診をするよう勧めることが大切です。無理をしないで休んでいただくことが大切です。うつの場合、投薬治療が進んでおり、2～3週間すれば改善してくることが多いといわれています。無理に意思決定を迫ることは避けた方がよいでしょう。

(6) 認知に弱さがある

高齢者の場合、認知に障がいが生じてくることがしばしばあります。そのような場合、HDS-R（改訂長谷川式簡易知能評価スケール）という簡易な診断方法がありますので、一度、検査を受けていただき、判断能力を確認することが必要になってきます。得点が20点を切るようですと、認知症の疑いが生じますので、きちんと受任して手続を進められるか、それとも、後見人や保佐人を選任する必要があるのかを確認することが必要になってきます。

---

[1] この点についても、詳しくは、和田仁孝・大塚正之編著『家事紛争解決プログラムの概要——家事調停の理論と技法』（司法協会、2014）第4章を参照。

Q11 面会交流の調停の申立要件・管轄・申立書の記載事項

面会交流の調停の申立ては、誰がどこの裁判所に申し立てればよいですか。

A 別居中又は離婚後において、子を監護していない親は、子を監護している親に対し、「子の監護に関する処分事件」の1つとして面会交流の調停を申し立てることができます。祖父母等は、「親族間の紛争調整」の一般調停として面会交流の申立てをすることができます。管轄は、いずれも相手方の住所地を管轄する家庭裁判所又は当事者で合意した家庭裁判所となります。申立書の記載事項は、後記3を参照してください。

1 面会交流の調停の申立要件

Q1で述べたように、別居中又は離婚後において、子を監護していない親は、子を監護している親に対し、面会交流の調停・審判を申し立てることができます。これは、家事事件手続法別表2第3項の「子の監護に関する処分」事件となり、不成立となれば当然に審判手続に移行します。

祖父母や伯父伯母、里親、事実上の養親等の者が、この「子の監護に関する処分」事件の当事者となりえるかについては、争いがあります。欧米ではこれを認める例が多く、学説上もかなり有力ですが、実務的には求められているとはいえません。ただし、これらの者も父母に準ずる者として、「一般調停」としての申立てであれば、認められることになります。もっとも、この場合には審判事項でも訴訟事項でもありませんので、調停が不成立となっても、審判や訴訟に移行はしません。あくまでも親族間の紛争を調整し、任意履行を求める調停申立てということになります。

家事調停の申立てにおいては、審判申立ての規定が準用され（家事法

255条4項）、申立人は、2つ以上の事項について審判を求める場合、これらの事項についての家事審判の手続が同種であり、これらの事項が同一の事実上及び法律上の原因に基づくときは、1つの申立てにより求めることができます（家事法49条3項）。また、申立ての基礎に変更がない限り、申立ての趣旨又は理由を変更することができます（家事法50条1項）。

　父母が「子の監護に関する処分」として申し立てる面会交流の調停は、調停前置の適用はないので、調停を経ずに審判を申し立てることも可能です。もっとも、調停を経ずに審判を申し立てた場合、裁判所は、原則的には、職権で調停に付する運用となっています。面会交流は合意で解決するのがベターだからです。

2　調停の管轄

(1) 管轄

　面会交流の調停の管轄は、相手方の住所地を管轄する家庭裁判所又は当事者で合意した家庭裁判所となります（家事法245条1項）。管轄の合意をする場合は、書面又は電磁的記録で行う必要があります（同条2項、民訴法11条2項、3項）。また、管轄の標準時は、申立てがあった時又は裁判所が職権で家事事件の手続を開始した時となります（家事法8条）。

(2) 移送・自庁処理

　管轄のない家庭裁判所に申立てがなされた場合、家庭裁判所は、原則として、申立て又は職権により管轄権のある裁判所に移送します（家事法9条1項本文）。ただし、事件を処理するために特に必要があると認めるときは、裁判所は、職権で、管轄権のない裁判所への移送や、自庁処理をすることができます（同項但書）。なお、当事者には、自庁処理の申立権はないため、これを求める場合、裁判所への参考の趣旨で、上申書等により意見・理由を提出することになります。

　管轄のある家庭裁判所から、本来管轄を有していたが、家事事件手続法5条（他の管轄を有する家庭裁判所において先に申立てを受け、又は職権で手続を開始したこと）により管轄を有しないとされた家庭裁判所に移送

する場合、その要件は「家事事件の手続が遅滞することを避けるため必要があると認めるときその他相当と認めるとき」となります（家事法9条2項1号）。一方、そもそも管轄がなかった家庭裁判所に移送する場合は、「事件を処理するために特に必要があると認めるとき」が要件となります（同項2号）。

　移送の裁判及び移送の申立てを却下する裁判に対しては、即時抗告をすることができます（同条3項）。一方、移送申立権が認められたこととの関係で、自庁処理に対しては、即時抗告ができません。そのため、当事者及び利害関係人の意見聴取に関しては、裁判所は、移送の裁判においては、「聴くことができる」（家事規則8条2項）のに対して、自庁処理においては、「聴かなければならない」（同条1項）とされています。

3　調停の申立書の記載事項

　家事調停の申立てに際しては、申立書を裁判所に提出する必要があります（家事法255条1項）。申立書には、当事者及び法定代理人、申立ての趣旨、理由、事件の実情を記載する必要があります（家事法255条2項、家事規則127条、37条1項、1条）。具体的な記載項目については、裁判所のホームページ（「裁判所」トップページ⇒「裁判手続の案内」⇒「家事調停の申立書」⇒「面会交流調停の申立書」）に掲載されている定型書式を参照してください。DV等により相手方に申立人の住所を秘匿すべき場合には、裁判所にその旨を伝え、同居中の住所や手続代理人弁護士の事務所あるいは勤務先所在地等を住所として記載するなどの工夫が必要になります。

　家事事件手続法においては、申立書は、原則、相手方に写しが送付されます（家事法256条1項）。ただし、手続の円滑な進行を妨げるおそれがあると認められるときは、家事調停の申立てがあったことを通知するのみとなります（同項但書）。そのため、申立ての理由の記載内容については、調停が円滑に進むよう感情的表現を控えたり、相手方に秘匿しておきたい事項は記載しないようにすべきケースが多くあります。その際、文章を書かずにチェックのみで記載可能な裁判所の定型的な申立書は有効なツールと

なります。

　申立てにあたっては、申立書のほかにも、「事情説明書」、「連絡先等の届出書」、「進行に関する照会回答書」、「非開示の希望に関する申出書」、弁護士が受任する場合「手続代理委任状」等を提出することとなります。詳細な書式については、東京家庭裁判所のホームページ（「裁判所」トップページ⇒「各地の裁判所」⇒「東京家庭裁判所」⇒「裁判手続きを利用する方へ」⇒「手続案内」⇒「調停」⇒「面会交流調停」）等を参照してください。

　これらの書類は、相手方には送付されません。ただし、相手方は、「事情説明書」、「連絡先等の届出書」、「手続代理委任状」について、裁判所の許可を得て閲覧謄写することが可能ですので、相手方に知られたくない書面、証拠については、「非開示の希望に関する申出書」を裁判所に提出するか、マスキングが必要となります。もっとも、開示の許可・不許可は、個々の裁判官の判断によりますので、特に「事情説明書」への記載には、いたずらに相手方の感情を害さないようにするため細心の注意が必要です。

4　審判ではなく調停を申し立てるべき場合

　面会交流は両親の合意の上で実施するのが望ましいことはいうまでもありませんので、原則的には審判ではなく調停を申し立てるべき場合がほとんどでしょう。しかし、相手が頑強に話し合いによる解決を拒否していたり、子どもの利益に関する判断能力が低いなど、協議ではなく、裁判所の判断で解決するほかないような例外的な場合は、最初から審判の申立てをしたほうがベターでしょう（審判の申立要件については➡Q 12 も参照）。

Q12 面会交流の審判の申立要件・管轄・申立書の記載事項

面会交流の審判の申立ては、誰がどこの裁判所に行えばよいですか。

A 別居中又は離婚後において、子を監護していない親は、子を監護している親に対し、「子の監護に関する処分」として面会交流の調停・審判を申し立てることができます。管轄は、子（数人の子がいる場合については、いずれかの子）の住所地となります。申立書の記載事項は、後記3を参照してください。

1 面会交流の審判の申立要件

　Q1、Q11で述べたように、別居中又は離婚後において、子を監護していない親は、子を監護している親に対し、面会交流の審判を申し立てることができます。この場合の親は法律上の親をいい、事実上の養親や未認知の父は含まれません。子を産んだ母は当然に法律上の親ですので、審判を求めることができます。

　親以外に、祖父母や伯父伯母、兄弟姉妹あるいは里親等の者が当事者となりえるかについては、争いがあるところですが、現在の実務では、積極的に審判の申立権が認められているとはいえない状況です。

　家事審判申立ては家事事件手続法49条以下の規定が適用されます。申立人は、2つ以上の事項について審判を求める場合、これらの事項についての家事審判の手続が同種であり、これらの事項が同一の事実上及び法律上の原因に基づくときは、1つの申立てにより求めることができます（家事法49条3項）。また、申立ての基礎に変更がない限り、申立ての趣旨又は理由を変更することができます（家事法50条1項）。

面会交流の調停は、調停前置の適用はないので、調停を経ずに審判を申し立てることも可能です。もっとも、調停を経ずに審判を申し立てた場合、裁判所は、原則として職権で調停に付する運用となっています。

2 面会交流の審判の管轄等

(1) 管轄

面会交流の審判の管轄は、子（数人の子がいる場合については、いずれかの子）の住所地を管轄する家庭裁判所（家事法150条4号）、又は、当事者が合意で定める家庭裁判所（家事法66条1項）となります。

管轄の合意をする場合は、書面又は電磁的記録で行う必要があります（家事法245条2項、66条2項、民訴法11条2・3項）。

また、管轄の標準時は、申立てがあった時又は裁判所が職権で家事事件の手続を開始した時となります（家事法8条）。

(2) 移送・自庁処理

管轄のない家庭裁判所に審判の申立てがなされた場合、家庭裁判所は、原則として、申立て又は職権により管轄権のある裁判所に移送します（家事法9条1項本文）。ただし、事件を処理するために特に必要があると認めるときは、裁判所は、職権で、管轄権のない裁判所への移送や、自庁処理をすることができます（同項但書）。なお、当事者には、自庁処理の申立権はないため、これを求める場合、裁判所への参考の趣旨で、上申書等により意見・理由を提出することになります。

管轄のある家庭裁判所から、本来管轄を有していたが、家事事件手続法5条（他の管轄を有する家庭裁判所において先に申立てを受け、又は職権で手続を開始したこと）により管轄を有しないとされた家庭裁判所に移送する場合、その要件は「家事事件の手続が遅滞することを避けるため必要があると認めるときその他相当と認めるとき」、となります（家事法9条2項1号）。

一方、そもそも管轄がなかった家庭裁判所に移送する場合は、「事件を処理するために特に必要があると認めるとき」が要件となります（同項2号）。

移送の裁判及び移送の申立てを却下する裁判に対しては、即時抗告をすることができます（同条3項）。

一方、移送申立権が認められたこととの関係で、自庁処理に対しては、即時抗告ができません。そのため、当事者及び利害関係人の意見聴取に関しては、移送の裁判においては、裁判所は、「聴くことができる」（家事規則8条2項）のに対して、自庁処理においては、「聴かなければならない」（同条1項）とされています。

3　面会交流の審判の申立書の記載事項

面会交流の審判の申立てに際しては、申立書を裁判所に提出する必要があります（家事法49条1項）。

申立書には、当事者及び法定代理人、申立ての趣旨、理由、事件の実情を記載する必要があります（家事法49条1項、家事規則37条1項、1条）。具体的な記載項目については、調停と同様に、裁判所のホームページ（「裁判所」トップページ⇒「裁判手続の案内」⇒「家事調停の申立書」⇒「面会交流調停の申立書」）に掲載されている定型書式を参照してください。

DV等により相手方に申立人の住所を秘匿すべき場合には、裁判所にその旨を伝え、住民票上の住所や勤務先所在地あるいは手続代理人弁護士の事務所等を住所として記載することになります。

申立書は、原則、相手方に写しが送付されます（家事法67条1項本文）。ただし、手続の円滑な進行を妨げるおそれがあると認められるときは、家事審判の申立てがあったことを通知するのみとなります（家事法67条1項但書）。そのため、申立ての理由の記載内容については、特に手続が円滑に進むよう感情的表現を控えたり、相手方に秘匿しておきたい事項は記載しないようにすべき場合は多くあります。その際、文章を書かずにチェックのみで記載可能な裁判所の定型的な申立書は有効なツールとなります。

申立てにあたっては、申立書のほかにも、「事情説明書」、「連絡先等の届出書」、「進行に関する照会回答書」、「非開示の希望に関する申出書」、弁護士が受任する場合「手続代理委任状」等を提出することとなります。詳

細な書式については、調停と同様に、東京家庭裁判所のホームページ（「裁判所」トップページ⇒「各地の裁判所」⇒「東京家庭裁判所」⇒「裁判手続を利用する方へ」⇒「手続案内」⇒「調停」⇒「面会交流調停」）等を参照してください。

審判においては、「事情説明書」は相手方に送付され、また、相手方は、「連絡先等の届出書」、「手続代理委任状」について、裁判所の許可を得て閲覧謄写することが可能です。相手方に知られたくない書面、証拠については、「非開示の希望に関する申出書」を裁判所に提出するか、マスキングが必要となります。

4 最初から審判の申立てをすべき場合

面会交流紛争は当事者間の合意による解決が望ましいですから、通常はまずは調停を申し立ててみることになります。そこで話し合いがスムーズに進行せず、調停が不成立となった場合は、当然に審判手続に移行しますので、あとは審判手続で解決を図ることになります。

もっとも、審判の手続が進行して当事者間に合意成立の機運が生じたときは、再度調停手続に付すことも可能です（家事法 274 条 1 項）。

しかし、Q 11 で説明したとおり、話し合いになじまないケースについては、最初から審判を申し立てるべきことになります。

Q13 調停・審判の費用、審理期間、弁護士費用

調停や審判を申し立てるにはどの程度の費用がかかりますか。また、通常終了までどの程度の期間を要しますか。弁護士費用はどうですか。

A 面会交流調停又は審判の申立てに必要な費用は、収入印紙1200円（子ども1人につき）及び連絡用の郵便切手です。費用負担の制度については後記1を参照してください。審理期間については長期化の傾向にあり、平均7か月前後です。弁護士費用の傾向については、明確なデータはありませんが、着手金は20万円から30万円前後、成功報酬は30万円前後を中心としつつ事案により幅があるとの傾向が予想されます。

1　手続費用

(1) 申立人負担から各自負担に

　家事調停・審判の手続費用は、家事審判法においては原則として申立人負担でしたが、家事事件手続法では、原則として各自負担となりました（家事法28条1項）。

　その上で、家庭裁判所は、事情により、当事者及び利害関係参加人がそれぞれ負担すべき手続費用を、他の「当事者又は利害関係参加人」（同条2項1号）、「前号に掲げる者以外の審判を受ける者となるべき者」（同項2号）、「前号に掲げる者に準ずる者であって、その裁判により直接に利益を受けるもの」（同項3号）に負担させることができます。

(2) 費用負担の裁判

　家事事件手続法では、家事審判法と異なり、審判等の費用負担の裁判は必要的なものとなりました（家事法29条1項本文）。

　調停が成立した場合において、調停費用（審判手続を経ている場合にあっ

ては、審判費用を含む）の負担について特別の定めをしなかったときは、その費用は、各自が負担することになります（同条3項）。

(3) 手続上の救助

「費用を支払う資力がない者」又は「その支払により生活に著しい支障を生ずる者」に対しては、裁判所は、申立てにより、手続上の救助の裁判をすることができます（家事法32条1項本文）。ただし、救助を求める者が不当な目的で家事審判又は家事調停の申立てその他の手続行為をしていることが明らかなときは、対象から除かれます（同項但書）。

2 通常かかる終了までの期間

最高裁判所の「裁判の迅速化に係る検証」第6回の検証結果（2015（平成27）年7月10日）によれば、養育費請求事件等以外の子の監護事件（面会交流、子の監護者指定、子の引き渡し）の2014（平成26）年の平均審理期間は、7.4か月です。2006（平成18）年は5.8か月であったことからすれば、長期化の傾向にあるといえます。

なお、養育費請求事件等を含めた子の監護事件全体の傾向をご紹介すると、2014年の平均審理期間は5.9か月、平均期日回数は3.4回、平均期日間隔は1.8か月、終局の区分としては、調停成立が約57%、取下げが約24%、審判認容が約11%、却下が約4%となっています。

3 弁護士費用

面会交流のみに関する弁護士費用の相場について、明確なデータはない状況です。もっとも、離婚とともに子どもの親権者の指定及び慰謝料200万円を求める調停を事例とした弁護士費用に関するアンケート結果（日本弁護士連合会、「市民のための弁護士報酬の目安（2008年度アンケート結果版）」）では、調停のみで終了した場合、着手金を20万円前後とする回答が約45%、30万円前後が約42%、40万円前後が約7%、報酬金については20万円前後が約30%、30万円前後が約40%、40万円前後が14%、

50万円前後が10％となっています。また、離婚調停が不調に終わり、その後に訴訟に移行した場合については、追加の着手金は、0円との回答が約26％、10万円前後が約43％、20万円前後が約17％、30万円前後が約12万円、成功報酬については20万円前後が約20％、30万円前後が約36％、40万円前後が約18％、50万円前後が約17％となっています。

この点、面会交流の調停・審判は、相手方から金銭の支払いを受けられない点からすれば、その弁護士費用は、上記離婚の事案より低額になる傾向にあるものと考えます。事件の困難性等によって変わってきますが、着手金については上記離婚の事案と同程度、報酬金については、上記離婚の事案より低額となる傾向にあるのではないでしょうか。

Q14 調停の終了事由

調停の終了事由としては、どのようなものがあるのでしょうか。

A 面会交流の調停の終了事由には、①調停成立、②調停の取下げ、③調停をしない措置（なさず）、④調停不成立、⑤調停に代わる審判、⑥その他の事由などがあります。

1 調停成立

調停において当事者間に合意が成立し、これを調書に記載したときは、調停が成立したものとなります（家事法268条1項）。この調停調書の記載は、確定判決（別表2に掲げる事項については確定した審判）と同一の効力を有します（同項）。家事調停事件の一部について当事者間に合意が成立したときは、その一部について調停を成立させることもできます（同条2項）。（調停が成立する場合の詳細については➡Q 18参照、調停を成立させるに必要な合意の相当性については➡Q 19参照）

2 調停の取下げ

申立人は、家事調停事件が終了するまでは、その全部又は一部を取り下げることができます（家事法273条1項）。（詳細については➡Q 15参照）

3 調停をしない措置（なさず）

調停委員会は、事件が性質上調停を行うのに適当でないと認めるとき、

44

又は当事者が不当な目的でみだりに調停の申立てをしたと認めるときは、調停をしないものとして、家事調停事件を終了させることができます（家事法271条）。（詳細については➡Q 16参照）

4　調停不成立

　調停委員会は、当事者間に合意が成立する見込みがない場合又は成立した合意が相当でないと認める場合には、調停が成立しないものとして、家事調停事件を終了させることができます（家事法272条1項）。ただし、調停に代わる審判をしたときは、終了させることはできません（同項但書）。面会交流の調停が不成立として終了した後は、審判手続に移行し、審判手続では、更に必要な審理が行われた上、審判により結論が示されます。（詳細については➡Q 17参照）

5　調停に代わる審判

　家庭裁判所は、調停が成立しない場合において相当と認めるときは、当事者双方のために衡平に考慮し、一切の事情を考慮して、職権で、事件の解決のため必要な審判をすることができます。これを「調停に代わる審判」といいます（家事法284条1項）。（詳細については➡Q 20参照）

6　その他の終了事由

　家事調停の申立てを不適法として却下する審判や、申立書を却下する審判があった場合に、これらに対し、即時抗告がなされなかったときや、即時抗告を却下もしくは棄却する決定が確定したときは、調停手続は終了します（家事法255条3項、4項、256条2項、49条4～6項）。
　また、面会交流の調停は、当事者の一身専属権に関するものであるため、当事者や調停の対象となっている子が死亡した場合には、当然に終了します。

Q15 調停の取下げの可否・方法

調停を取り下げる方法はありますか。

A 面会交流の調停では、申立人は、家事調停事件が終了するまで、いつでもその全部又は一部を取り下げることができます。申立ての取下げの方法については、原則として書面でしなければなりませんが、家事調停の手続の期日においては口頭で取り下げることができます。

1 調停の取下げの可否

面会交流の調停では、申立人は、家事調停事件が終了するまで、原則として、いつでもその全部又は一部を取り下げることができます（家事法273条1項）。その際、相手方の同意は不要です。相手方が調停を求める場合には、相手方は自ら調停を申し立てることになります。

2 調停の取下げの方法・効果

申立ての取下げについては、家事事件手続法273条2項で、民事訴訟法261条3項が準用されており、原則として、書面でしなければなりませんが、家事調停の手続の期日においては口頭ですることができます。その場合、調停は初めから係属していなかったものとみなされます（家事法273条2項、民訴法262条1項）。取下げ後、再び申立てを行うことも可能です。

なお、不当な目的でみだりに調停の申立てをしたと認められるとして、調停をしない措置がなされる場合については、Q16を参照してください。

Q16 調停をしない措置（なさず）

調停をしない措置（なさず）はどのような場合にとられますか。

A 調停をしない措置（いわゆる「なさず」）とは、家事調停事件終了事由の1つです。調停委員会は、調停事件が性質上調停を行うのに適当でないと認めるとき、又は当事者が不当な目的でみだりに調停の申立てをしたと認めるときは、調停をしないものとして、家事調停事件を終了させることができます（家事法271条）。

1 調停をしない措置

(1) 調停をしない措置とは

家事調停事件終了事由の1つとして、家事事件手続法271条に規定している制度です。

(2) 調停をしない措置がとられる場合

調停をしない措置がとられるのは、前記のとおり、①事件が性質上調停を行うのに適当でないと認めるとき、又は、②当事者が不当な目的でみだりに調停の申立てをしたと認めるときになります。

①「事件が性質上調停をするのに適当でない」ときとは、申立人の求める調停の内容が法令や公序良俗に反する場合や、事件の具体的な性質上調停をすることが適当でない場合をいいます。具体的には、親子関係にない者から面会交流の申立てがなされた場合や相手方の所在がわからず手続が進められない場合、申立人が申立てをしながら最初から全く出頭をしないような場合などが考えられます。

また、②「当事者が不当な目的でみだりに調停の申立てをした」ときと

しては、当該事件とは別に申し立てられていた前事件が調停成立又は不成立として終了になったにもかかわらず、前事件終了後直ちに全く同じ内容で事件を申し立てた場合や、自ら申立てをしておきながら、申立人が調停の途中から調停期日への欠席を繰り返して調停の意欲を喪失していると認められる場合などが考えられます。

(3) 調停をしない措置についての手続

　調停委員会（裁判官のみで調停を行う場合にあっては裁判官）が調停をしない措置をした場合、調停手続は当然に終了します（家事法271条）。この場合、調停が終了した旨を記載した調書が作成され（家事法254条4項2号）、当事者及び利害関係人にその旨が通知されます（家事規則132条1項）。

　なお、調停委員会の調停をしない措置については、当事者はこの措置に対して即時抗告をすることはできないとされています。調停の不成立の場合と同様、当事者には再度の申立ての余地が認められているといった理由に加え、調停をしない措置が想定している事例において、申立人に不服申立てを認めるだけの実益に乏しいという点も理由とされています。

　面会交流を求める調停事件において、調停をしない措置がとられた場合には、家事審判に移行することなく事件自体が終了となります。面会交流を求める調停は、子の監護に関する処分に関する調停として別表第2事件となるところ、家事事件手続法272条4項は、「調停不成立」（同条1項）の場合に限って審判移行をするとの規定となっているためです。

2　実務上の視点

　調停をしない措置がとられた場合、審判移行はせず、事件は終了となります。この点については、当事者への説明は正確に行うことが必要と思われます。なお、2015（平成27）年度裁判所統計によれば、面会交流を求めて申し立てられた調停事件のうち、調停をしない措置によって終了した事件は、1〜2%程度で、実務上、取下げを慫慂される場合もあると考えられるため、調停をしない措置がとられるのは、稀なケースであると思われます。

Q17 調停の不成立

調停の不成立とはどういうことでしょうか。不成立になると、後の手続はどのように進むのでしょうか。

A 調停の不成立とは、家事調停事件終了事由の１つです。調停委員会は、当事者に合意が成立する見込みがない場合又は成立した合意が相当でないと認める場合には、調停が成立しないものとして、家事調停事件を終了させることができます。その場合、事件の性質によって事件の解決が訴訟手続に委ねられる場合と審判手続に移行する場合があり（家事法272条1項、4項）、面会交流を求める調停事件においては、審判手続に移行します。

1 調停の不成立

(1) 調停の不成立とは

家事調停事件終了事由の１つであり、これによって事件が終了する場合が「調停の不成立」です。

(2) 要件

調停が不成立となるのは、前記のとおり、①当事者に合意が成立する見込みがない場合、又は、②成立した合意が相当でないと認める場合です。

①「当事者間に合意が成立する見込みがない」場合とは、当事者間の主張に大きく隔たりがあり、話し合いでの解決が困難である場合や、調停期日に当事者の一方又は双方が全く出頭しない場合などが考えられます。

②「成立した合意が相当ではない」場合とは、当事者間において合意が成立したとしても、当該合意が相当性を欠く場合です。

相当性の判断については、合意がされた内容の適法性や有効性・実行性

といった観点のほか、許容性・妥当性の観点からも判断されることになります。合意内容が他の強行法規に反する場合や、一方当事者にあまりにも有利な合意内容である場合や、一方当事者が不当と思われるかたちで権利を放棄する内容での合意がなされる場合などが、基本的には合意内容が相当ではないと判断されるうる場合として想定されます（➡ Q19 参照）。

　他方で、調停は当事者間の話し合いにより紛争の解決をはかる場であり、できる限り柔軟な判断が認められるべきです。調停の経緯等に照らして、その合意内容が当事者の協議に基づく真摯な要請によるものであるときには、よほど適法性等に相当に問題があると考えられるような場合でない限りは、調停を成立させるべき場面もあると思われます。そのような観点からすると、法的には無意味であると考えられるような倫理的・道義的な遵守事項を合意の内容に含めるといったことも、当事者の納得感や安心感を得るために役に立つと判断される限りにおいては、合意に相当性を欠くと即断されるべきではないと考えられます。

(3) 手続

　調停委員会（裁判官のみで調停を行う場合にあっては裁判官）が調停の不成立を決めた場合、調停手続は当然に終了します。この場合、調停が成立しない旨を記載した調書が作成され（家事法 254 条 4 項 2 号）、当事者に対しその旨が通知されます（家事法 272 条 2 項、家事規則 132 条 2 項）。

　なお、調停委員会が調停を不成立にするか否かの判断に対する裁量は広く認められており、他方で当事者は再度の申立てをすることは妨げられないことから、調停不成立に対する当事者の不服申立ては認められません。

(4) 審判手続への移行

　面会交流を求める調停事件は別表第 2 事件となりますので、調停が不成立となった場合には、調停申立てのときに、当該事項についての家事審判の申立てがあったものとみなされ、当然に審判手続に移行します（家事法 272 条 4 項）。移行後の審判手続では、当事者の陳述を聞かないと審判をすることができず、当事者の申し出があれば、陳述聴取は審問期日で行うことが必要となります（家事法 68 条）。

2　実務上の視点

(1) 記録の取扱いについて

　審判移行にあたっては、調停手続における記録（提出書面や証拠等）について実務上留意が必要であると考えられます。

　すなわち、調停手続における記録は、調停不成立によってさかのぼって審判申立てがあったとみなされた上で（家事法272条4項）、審判手続における事実の調査の対象として調停記録が調査されることによって、審判における審判記録となります。この際、面会交流事件については、審判段階での事実の調査の通知を義務的に行うこととされているので（家事法70条）、事実の調査を行ったことの通知は、当事者に対して必ず行われることになります。そのため、調停手続において提出された資料であっても、審判手続において事実の調査がなされた資料については、相手方当事者が閲覧（家事法47条1項）することが可能になることになります。

　したがって、審判移行の際には、相手方当事者が閲覧できるようになることを念頭に、書面や証拠の提出に際して留意することが必要です。

(2) 審問期日における意見陳述について

　また、面会交流調停事件においては、当事者の一方が調停委員会において提示された調停案を受け入れない場合に、当該調停案の内容をそのまま審判内容とするとして、審判移行をした後にすぐに審理の終結を宣言し、審判日を定めようとする裁判官が実務上見受けられます。

　上記のとおり、家事事件手続法においては、当事者の求めがあれば、審問期日を開いた上で、当事者の陳述を聞かないと審判をすることができないというのが、審判手続の原則となっています。したがって、裁判官の対応によっては、調停不成立の時点で、家事事件手続法の規定に則り、審問期日を開き、当事者に意見の陳述を行う機会を与えるように正式に求めることが重要となる場面がありますので、留意が必要です。

Q18 調停の成立

調停の成立要件について教えてください。

A 家事調停の手続において当事者間に合意が成立し、これを調停調書に記載したときは、調停が成立したものとし、これにより家事調停事件は終了します（家事法 268 条 1 項）。したがって、調停の成立要件としては、①合意の成立と②調停調書への記載となりますが、加えて③当事者間の合意の相当性（家事法 272 条 1 項）も要件となります。

1 調停の成立

　家事事件手続法 268 条 1 項は、「調停において当事者間に合意が成立し、これを調書に記載したときは、これを成立したものと」するとしており、当事者間の合意の成立及び調書への記載が調停成立の要件となります。

　他方で、Q 17 でも説明をしたように、家事事件手続法は、「成立した合意が相当でないと認める場合」には、調停を不成立とし、家事調停事件を終了することができます（家事法 272 条 1 項）。したがって、合意が成立したとしても、当該合意が相当性を欠く場合には調停を不成立にすることができることになり、法は、合意の相当性をも含め調停成立の要件としているといえます。

2 各要件について

　調停成立の要件としては、前記のとおり、①当事者間に合意が成立したこと、②成立した合意の相当性、及び③成立した合意の調書への記載の 3

つとなります。合意の成立と調停の成立とは異なることとなり、合意は当事者双方の意思が合致すれば成立するが、調停は調停機関がその合意を相当と認めた上で、裁判所書記官においてその合意内容を調書に記載したときにはじめて成立するということになります。

まず、①「当事者間に合意が成立したこと」とは、字義どおり、調停手続において当事者間に合意が成立したことそれ自体となります。

次に、②「成立した合意の相当性」については、調停の成立について規定した家事事件手続法 268 条には直接の規定はなく、調停の不成立について規定した同法 272 条において、裏から要件として規定をされていることになります。したがって、相当性の有無については、合意内容の適法性や有効性といった観点のほか、許容性・妥当性の観点からも判断されることになります。詳細については、Q 17 において述べたとおりとなります。

最後に、③「調停調書への記載」については、家事事件手続法 253 条、同規則 126 条によって、同 32 条 1 項 1 号が根拠となることになります。なお、調停調書の記載に誤記その他これらに類する明白な誤りがあるときには、更生決定でそれを正すことができることとなります（家事法 269 条）。

なお、調停が成立した場合、裁判所書記官は利害関係参加人に対し、調停が成立した旨の通知をします（家事規則 130 条 1 項）。そして、調停調書の記載は確定判決と同一の効力を有することになります。

3 その他の留意点

家事調停事件の一部について当事者間に合意が成立したときは、その一部について調停を成立させることができます。手続の併合を命じた数個の家事調停事件のうちの 1 つに合意が成立したときも、同様とされています（家事法 268 条 2 項）。これは民事訴訟法 243 条 2 項及び 3 項の規定をふまえて、あらたに規定が設けられたものであり、これにより、合意が成立した部分についてだけでも調停を成立させることができることになりました。また、離婚又は離縁の調停事件を除く調停事件においては、電話会議、テレビ会議の方法で調停を成立させることができます（家事法 268 条 3 項）。

Q19 合意の相当性とは何か

調停成立の要件である「合意が相当であるとき」、調停不成立の要件である「合意が相当でないとき」とは、それぞれどのような場合でしょうか。

A 調停の成否の判断基準は「条理」ですから（民調法1条参照）、調停において成立した合意で調停を成立させるかどうかは、条理に反するかどうかで判断します。調停規範は条理ということになりますが、条理とは、当事者間で成立した合意を法的観点から見ても無効ではなく（強行法規に違反せず）、憲法や民法（家族法）の規範から見ても許容できる範囲内のものを広く指すものと解されます。

1 家事事件手続法の規定

家事事件手続法は、その268条1項で「調停において当事者間に合意が成立し、これを調書に記載したときは、調停は成立したものとし」と規定するだけで、成立要件に合意の相当性について直接規定してはいませんが、その272条で、「成立した合意が相当でないと認める場合には、調停が成立しないものと」することができると規定しています。

そうすると、法において、「合意の相当性」を調停成立の不可欠の要件として求めていることがわかります。合意が相当であるときに調停を成立させ、相当でないときに不成立とするということです。

2 調停成立の判断基準である「条理」の意味

調停規範は、憲法13条の個人の尊重と幸福追求の権利、14条1項の法の下の平等、24条の家庭生活における個人の尊厳と両性の本質的平等の

理念に合致するものでなければなりません。

　また調停規範は、実体法たる民法や手続法たる家事事件手続法の規定する強行法規や効力規定に反するものであってはなりません。

　しかし、調停規範は当事者が合意を成立させるための調停という一種の裁判所によるあっせん活動、調整活動であり、裁判と違って、裁判所や調停機関の判断を強制するものではありません。上記のような法規範との関係からの制約はありますが、それ以外では可能な限り当事者の合意を尊重していく必要があります。

　すなわち、それらの法規範の存在を視野に入れたものであれば、市民・国民の間に広く行き渡っているところの「生ける法」「法外の法」「非法の領域」などといわれるものも判断基準に取り入れることができます。例えば、一般的に機能している風俗・習慣・慣習・習俗・伝統・モラル・宗教的感情等の社会規範（行為規範・生活規範）を調停規範に採り入れることも十分に考えることができます。

　これを面会交流紛争に関する調停について考えてみます。判例によれば、面会交流というものは非監護者が監護者に対して面会の方法や形式等について適正な協議を求めることができるいわば手続上の権利（申立権）があるにすぎず、親の実体的権利（請求権）があるわけではありません。しかしながら、それでも「子の利益」の観点から見て、それが必要であれば「子の監護に関する処分」の一類型として面会交流に関する調停・審判をすることができることは、既に民法766条の規定しているとおりです。

　すなわち、調停規範は、権利・義務を中心とする一般的な法規範とは異なり、社会に生きる様々な社会規範を広く包摂するということです。

3　実務において問題となると考えられる事例

(1) 子どもの側から申し立てた面会調停における合意の相当性

　面会交流は子どもの権利であるとし、親権者（監護者）たる親が子どもと会うことについて消極的な非監護者を相手方にして、子の法定代理人として子自身を申立人とする面会交流の調停を申し立て、合意が成立した場

合において、これを子の監護に関する処分の一類型として合意の相当性を認めることができるか、という問題があります。

　民法や家事事件手続法においては、子自身を「子の監護に関する事件」の当事者（申立人）として認めることができるかどうかに関して、一般的には消極に解しています。しかしながら、そのような見解を前提とするとしても、この場合には実質的にも形式的にも申立人は監護者自身であると解して、親同士の合意としてその相当性を認めることができると考える余地が十分にあると考えられます。

(2) 祖父母や兄弟姉妹が申し立てた面会調停における合意の相当性

　諸外国では祖父母や伯父叔母あるいは子の兄弟姉妹も面会交流を求める事件の当事者として扱う例が多くなっています。日本の民法や家事事件手続法ではそこまでの取扱いを正面から認める程度には至っておらず、当事者はあくまで両親であるとされています。

　しかし、仮に祖父母や兄弟姉妹等から申し立てられた調停が現実に監護親との間で行われ、面会交流の合意が成立した場合には、親族間の面会交流の合意として効力を認める余地は十分にあると思われます。それでも、家事事件手続法 268 条 1 項の合意として、間接強制までできると解することには一考の余地がありそうです。あくまで任意履行を求める面会交流の合意と解しその限度で相当性があるという判断も考えられるところです。

(3) 特定の第三者の支援を前提とした合意の相当性

　特定の第三者（FPIC ➡ Q23 - 3 など）の支援・援助を前提とした面会実施の調停条項の場合、当事者間では合意の効力は認められますが、当該第三者を拘束することはできません。第三者は支援等を拒否することができます。これも、第三者の任意での協力を前提とし、その限度で相当性があるということになるため、調停とは全く無関係の第三者の参加を合意内容に含む場合には相当性の判断において、問題が生じると考えられます。

(4) その他の問題となる事例

　例えば、未成年者の法定代理人が、大学進学後の期間等、未成年者の成年到達後の養育費を定めることができるかといった場合などが問題になると考えられますが、基本的には合意の相当性は認められると考えられます。

Q20 調停に代わる審判

面会交流調停でも調停に代わる審判ができるようになったそうですが、それはどのような制度でしょうか。

A 家庭裁判所は、調停が成立しない場合において相当と認めるときは、当事者双方のために衡平に考慮し、一切の事情を考慮して、職権で、事件の解決のため必要な審判をすることができます（家事法284条1項）。これが調停に代わる審判であり、家事事件手続法の制定に伴い、別表第2事件にまでその対象が拡大されたため、面会交流調停もその対象となりました。調停に代わる審判が行われるケースとしては、いわゆる合意型、不一致型、欠席型といったケースでの利用が想定されています。

1　調停に代わる審判について

(1) 調停に代わる審判の制度について

　家事事件手続法284条1項によれば、調停に代わる審判の要件は、①調停が成立しない場合、②相当と認めるとき、③当事者双方の衡平に考慮するの3つとなります。

　また、同条2項によれば、④委員会調停事件の場合は担当する家事調停委員の意見を聴くことも要件となります。

　なお、合意に相当する審判の対象となる事件については、調停に代わる審判の対象外となることについても明文化されました（同条1項但書）。

(2) 各要件について

　調停に代わる審判の各要件について、まず、①「調停が成立しない場合」については、当事者間において合意が成立しない場合はもちろんのこと、当事者間に成立した合意を、調停委員会又は裁判官が相当と認めない場合（家事法272条1項）をも含みます。

次に、②「相当と認めるとき」とは、当該事件において、調停に代わる審判を行うことが妥当なケースかどうかで判断をされます。

　後記3で述べるように、実質的に合意が成立しているが調停期日においては調停を成立することができないケース（いわゆる合意型）、わずかな相違点を除いてほぼ合意が成立しているケース（いわゆる不一致型）、当事者間で合意が形成されたにもかかわらず一方当事者が期日を欠席し続けているケース（いわゆる欠席型）等での利用が想定されています。

　調停に代わる審判の趣旨は、当事者間の実情に即したかたちで裁判所が解決案を示すことで、紛争を早期かつ柔軟な解決を促すことにあり、その趣旨に適う限り様々なケースで広く相当性が認められるべきであると考えられます。

　面会交流調停においても、その方向性について当事者間で概ね合意が形成されながらも、細かい実施方法等について、感情的な理由などから対立が生じている場合などに、裁判所において調停の経緯や客観的資料等に基づき、合理的な解決案をその理由とともに示すことで当事者間の納得を得るという目的で、調停に代わる審判を活用することは十分に考えられます。

　③「当事者双方の衡平に考慮すること」について、284条1項本文に規定がなされているように、当事者双方のために衡平に考慮し一切の事情を考慮して、事件の解決のため必要な審判をすることが求められています。したがって、それまでに調停手続において行われた当事者間の話し合いの内容や、調停手続において顕れた事情や経過等を無視して、当事者が予想をできないような内容で調停に代わる審判を行うことは認められません。

　なお、旧家事審判法においては、更に「当事者双方の申立ての趣旨に反しない限度」であることが要件となっていましたが、「当事者双方の申立ての趣旨」が不明瞭である等の理由から家事事件手続法では削除されました。

　最後に、④委員会調停事件の場合は調停委員の意見を聴くことについては、字義どおりの要件であり、調停に代わる審判を行うにあたっては、調停裁判官において、調停委員の意見を聴くことが求められることになります。

　この意見の聴取の方式には、法定の方式は存在しておらず、裁判官の裁量により、書面でも口頭でも問題はないとされています。意見の内容につ

いても、記録に記載をされることはなく、単に調書において、調停委員の意見を聴いた旨の記載がなされるに留まることになります。

　実務上は、調停委員において、調停成立の可能性は低いが、調停に代わる審判をすることが有効であると思われる場合について、評議において裁判官にその旨を伝えることとなり、評議において調停に代わる審判を行うことになった場合、後記の審判に服する旨の共同の申出をするかを確認し、その書面の提出を求めるといった流れで手続を行うことになります。

2　調停に代わる審判の手続

(1) 調停に代わる審判に服する旨の共同の申出

　当事者が調停に代わる審判に服する旨の共同の申出を書面で行った場合には、当事者は同審判に対して異議を申し立てることができなくなります（家事法 286 条 8 〜 10 項。ただし、離婚又は離縁についての調停は除く）。これは、異議申立権の「事前」の放棄であり、異議申立権の放棄（家事法 286 条 2 項、279 条 4 項）が、審判が告知された後の事後的な放棄であることと異なります。

　上記のように、調停に代わる審判を行うことになった場合には、調停委員において、審判に服する旨の共同の申出をするかを確認し、申出がなされれば審判が確定、審判内容が早期に実現することになります。

　なお、審判に服する旨の共同の申出は、調停に代わる審判の告知を受けるまでは相手方当事者の同意なく自由に撤回が可能です（家事法 286 条 10 項）。

(2) 審判の告知

　調停に代わる審判は、当事者に対して相当な方法で告知をしなければならないとされています（家事法 258 条 1 項、74 条 1 項）。ただし、公示送達の方法によってすることはできません（家事法 285 条 2 項）。したがって、先に述べた欠席型のケースにおいても、当事者の所在が不明であるときには、調停に代わる審判を行うことはできません。調停に代わる審判を行った後、告知をするまでの間に当事者の所在が不明となった場合も同様で、

その場合には、家庭裁判所は調停に代わる審判を取り消さなければなりません（家事法285条3項）。

(3) 審判の効力

調停に代わる審判について、当事者から異議申立てがないとき又は異議申立てを却下する審判が確定したときには、別表第2事件の調停に代わる審判は審判と同一の効力を有することとなります（家事法287条）。

なお、調停に代わる審判が行われた場合には、当事者はその後一切、調停の取下げをすることはできなくなります（家事法285条1項）。

これは取下げを認めることによりそれまでの手続がすべて水泡に帰すことを防ぐための規定であり、調停に代わる審判を受け容れたくない当事者は、後記の異議申立てを行うことになります。

(4) 異議申立て

調停に代わる審判に対しては、当事者が審判の告知を受けた日から2週間以内に書面で異議の申立てをすることができます（家事法286条1項、2項、279条2項、3項、家事規則137条1項）。

この異議申立権は放棄することができ（家事法286条2項、279条4項）、放棄することによって、異議申立期間の経過を待たずに早期に審判を確定させることができます。

審判に対して適法な異議申立てがあれば、審判は当然にその効力を失います（家事法286条5項）。その場合、別表第2事件については、家事調停事件は終了し、家事審判手続に移行します（同条7項）。

他方で、異議の申立てが不適法であるときは家庭裁判所はこれを却下しますが、異議の申立人はそれに対し即時抗告をすることができます（同条3項、4項）。

(5) 再審

確定をした調停に代わる審判に対しては、再審の申立てが可能です（家事法288条、103条1項）。

3　実務上の視点

　調停に代わる審判がなされる具体的なケースとしては、先に述べたようにいわゆる①合意型、②不一致型、③欠席型等での利用が想定されています。

　それぞれ、①調停において、実質的に合意が成立しているが調停期日において調停を成立することができない場合（これまでの経緯もあり、心情的な部分から当事者においては合意に踏み切れないが、裁判所が決めてくれるのであればそれに従うと当事者が言っている場合）、②わずかな相違点を除いてほぼ合意が成立している場合（面会交流の頻度について、一方が月2回を求めているのに対して、他方が月1回に限定して認めている場合や、面会時間について、3時間という意見と5時間という意見で折り合いがつかない場合）、③当事者間で合意が形成されたにもかかわらず、一方当事者が期日を欠席し続け調停が行えない場合等が具体的なケースとして想定され、調停に代わる審判を活用することで解決が促されることが考えられます。

Q21 面会交流の調停・審判の効力

面会交流を実施する旨の調停条項は、それが調書に記載されるとどのような効力があるのでしょうか。審判や判決の場合はどうでしょうか。

A 調停は成立すれば、判決と同じ効力があるとされますが、面会交流の場合の「判決と同じ効力」の内容については、調停や審判で定めた内容によります。

1 調停・審判の効力

調停において当事者間に合意が成立し、これを調書に記載したときは、調停が成立し、その記載は確定判決と同一の効力を有する（家事法268条）と定められています。

また、審判は、家庭裁判所が裁判をするのに熟したときに、職権にて審判書に基づき判断されます（家事法73条）。審判は審判書を作成して行い、審判書には主文、理由の要旨、当事者及び法定代理人、裁判所が記載されます（家事法）。金銭の支払、物の引渡し、登記義務の履行その他の給付を命じる審判は、執行力のある債務名義と同一の効力を持ちます（家事法75条）。

2 面会交流における調停・審判の効力

しかし、面会交流は、金銭の支払等と異なり、債務の内容を特定しづらいですし、本来、子の最善の利益をふまえ、子の状況を見ながら、弾力的、可変的に実施されることが必要です。

調停、審判においては、面会交流の継続的な実施ができるような合意な

いし判断がなされることが面会交流本来の趣旨に適っています。ただ、例外的に間接強制を視野に入れ、調停・審判において面会交流の日時、頻度、引渡しの場所等を確定させる場合がありえます。

　例えば、「面会交流の日時、場所等は、その都度当事者間において、子の利益を考慮した上で定める」という内容では、間接強制は困難ですが、もし調書に基づく履行がなされなかった場合、履行勧告等の申立ては可能です。

　現在の実務では、間接強制等が可能な給付条項としての調停・審判も可能とされています。この点は、後記します（➡Q 24 参照）。

Q22 面会交流不履行時の実現方法

調停・審判で定められた面会交流が不履行の場合、面会交流を実現させるため、再調停を求めることができますか。

A 履行勧告、再調停、更に間接強制という手段があります。

調停や審判で決まった面会交流が実現できない場合、履行勧告を求めることができます。再調停もできます。また、条項の内容が一義的に明確であれば間接強制により実現を図ることも可能です。いずれの方法を選択するかは事案により慎重に判断する必要があります。

1 履行勧告

家庭裁判所で決めた調停や審判などの取決めが履行されない場合、履行しない当事者に対して、履行を促す履行勧告という制度があります。すべての取決めで履行勧告を利用できるわけではなく、家庭裁判所での調停調書や審判書での取決めであることが必要です。したがって、単なる私人間の合意や公正証書の形で利用できません。当事者からの申立てが必要ですが、費用もかからず、書面での申立ての必要もありません。担当するのは調査官で、当事者双方や場合によって子への聴き取りを行うこともあります。

しかし、強制力がない点が履行勧告の限界です。高葛藤事案などで、調停や審判を経たがなお紛争が収まっていない事案などでは、解決が困難なことが多く、繰り返し履行勧告がなされることもあります。

64

2 再度の調停・審判

　履行勧告でも履行されない場合には、検討の価値があります。同じことの繰り返しとか手続の無駄であるという意見もありますが、前回の調停審判からは時間が経過している場合もあり、監護親の状況や、子の成長・変化といった前回調停審判とは異なった事情に基づいた協議や判断がなされる可能性も期待できるので、選択肢の１つとして検討する価値があります。

　私が担当した事件でも、面会交流を認める調停が成立し、何回か実施された後、不履行に陥り、履行勧告を何回か経たのち、再度の審判で、調査官が子の意思を再度確認した後、当面面会は行わないという決定を受けたことがあります（即時抗告審でも維持）。調査官による事実調査は不可避でしょうが、実現できない取決めを放置しておくことは、当事者としてもまた代理人としても好ましくないことですので、監護親・非監護親を問わず、再度の調停や審判について検討するとよいでしょう。

3 間接強制

(1) 間接強制を認めた最高裁判所の判断

　上記に述べた方法が不奏功な場合、いよいよ強制執行も検討せざるを得ないことになります。

　面会交流を命じる審判が確定したにもかかわらず、監護親がこれに応じない場合に、執行方法として間接強制が許されるかどうかについて、最高裁は「少なくとも、監護親が、引渡場所において、非監護親に対して子を引き渡し、非監護親と子との面会交流の間、これを妨害しないなどの給付を内容とするものが一般であり、そのような給付については、性質上、間接強制をすることができないものではない。」とし、「面会交流の日時又は頻度、各回の面会交流時間の長さ、子の引渡しの方法等が具体的に定められているなど監護親がすべき給付の特定に欠けるところがないといえる場合」に「監護親に対し間接強制決定をすることができる」と判断していま

す（最決平成 25 年 3 月 28 日判時 2191 号 39 頁）。

(2) 給付内容は詳細に取決めを

　この最高裁決定以降、調停や審判ではそれまで主流だった「具体的日時場所方法は当事者双方で協議して定める」という条項と並んで、間接強制を視野に入れた詳細な文言を採用する事案が増えたようです。

　間接強制による履行確保は、効果的な反面、当事者間に決定的な対立を禍根として残す可能性があります。間接強制にまで至るほど、調停合意や審判が履行できないところに紛争の核心があることを見逃さないような配慮も関係者には求められます。

Q23 履行勧告

調停調書や審判・判決で命じられた面会交流の債務（義務）を実施しなかった場合、履行勧告を求めることができますか。その要件と手続を説明してください。

A 履行勧告を求めることができます。

履行勧告とは、当事者が、調停や審判などの取決めを守らない相手方に対し、取り決めた家庭裁判所に履行勧告の申出をし、家庭裁判所が、相手方に取決めを守るように説得したり、勧告したりする制度です（家事法289条1項、7項、人訴法38条1項、4項）。

要件は、家庭裁判所の調停や審判などで取り決めた内容を、相手方が履行しないことですので、面会交流について合意や審判等の判断があり、相手方が履行しない場合は、履行勧告を求めることができます。

1 履行勧告の要件と申立て

履行勧告の要件は、面会交流を実施するとの調停条項や調停に代わる審判主文、離婚訴訟の附帯処分、訴訟上の和解条項等で取決めないし判断（高等裁判所での決定等の判断も含まれます）がされていることです。

履行勧告の手続は、面会交流の権利者（非監護親）ないしその代理人が、調停・審判がなされた家庭裁判所（高裁の判断等で決められた場合は、原審家庭裁判所）に書面で申立てすることも、また、直接家庭裁判所に電話し、口頭で申し立てることも可能です（代理人申立ての場合は書面が必要となることがあります）。

2　履行勧告の手続（家庭裁判所の対応）

　履行勧告の申出を受けた家庭裁判所は、自ら調査し、勧告を行うのが基本です（家事法289条1項）。

　しかし、例えば未成年者と監護親が遠方に居住している場合には、未成年者らの居住場所を管轄する裁判所等他の適切な裁判所に調査・勧告を嘱託することができる（同条2項）とともに、家庭裁判所の調査官に調査・勧告をさせることができる（同条3項）と定められています。

　実際には、家庭裁判所の調査官が、書面や電話等で、面会交流の実施状況、面会が全く実施できていない、あるいは、途中から実施できなくなった場合、その理由や経過、今後の実施についての意向等について、相手方から確認し、履行を促すことになります。

3　社会福祉機関との連絡その他の措置

　更に、家事事件手続法289条4項では、

　「4　調査及び勧告をする家庭裁判所は、第1項の規定による調査及び勧告に関し、事件の関係人の家庭環境その他の環境の調整を行うために必要があると認めるときは、家庭裁判所調査官に社会福祉機関との連絡その他の措置をとらせることができる。」

　と定めています。ここでいう「社会福祉機関との連絡その他の措置」が具体的にどのような内容であるかについては、条文解説等にも具体的に書かれていません。社会福祉機関には、例えば東京のFPIC（エフピック）[1]など、面会交流支援の民間機関も含むと解すべきです。

　現在のところ、履行勧告制度の中で、例えば、面会交流支援機関に試行的な面会交流を要請し、その結果を、家庭裁判所に情報提供してもらうなどの措置がとられたとの情報には接していませんが、履行勧告制度が、執行手続と別個に、債務名義を作出した裁判所自身がなしうる制度であることをふまえると、過去の事件記録もふまえての積極的な活用が期待されて

おり、上記のようなかたちでの活用も検討されるべきです。

4 手続費用等

　履行勧告の手続に費用はかかりません。相手方（義務者）が勧告に従わ
ない場合、履行勧告制度として、それ以上の強制力はありません。強制執
行（間接強制）に進むしかありません。

1　公益社団法人家庭問題情報センター（FPIC）
　東京都豊島区西池袋 2-29-19 池袋 KT ビル 10 階　受付電話 03-3971-3741
　面会交流援助の案内等リーフレット等はインターネット上で確認できます。

Q24 間接強制

面会交流の債務（義務）を任意に履行しなかった場合、間接強制をすることができるということですが、どのような制度なのでしょうか。

A 間接強制とは、債務を履行しない義務者に対し、一定の期間内に履行しなければその債務とは別に間接強制金を課すことを警告した決定をすることで義務者に心理的圧迫を加え、自発的な支払いを促す強制執行の方法です。

1 間接強制の制度及び手続

間接強制は、民事執行法172条に定められている強制執行の一種です。面会交流について、面会日時や頻度、待ち合わせ場所等が明確になっており、給付条項として特定しているといえる場合には、家庭裁判所において間接強制の審判を出すことが可能とされています。ただし、2に後記する最高裁決定は、どのような場合に間接強制が可能な審判を行うのが相当であるかまで示したものではなく、具体的にどこまで面会交流の方法や形式を特定していれば間接強制が可能なのかは、事案の集積等が必要であるとされています[1]。

間接強制の審判は、監護親が面会交流に関する義務を履行しないときは、不履行１回につき、〇万円の割合による金員を非監護親に支払うよう命ずるという判断となります。

金額的には、１回の不履行について数万円の範囲であることが多いとされていましたが、2017（平成29）年２月９日、東京高等裁判所は、2014（平成26）年に東京家庭裁判所が月１回の面会交流を非監護親である母に認める判断を行ったものの、その後も監護親父が面会を拒否し続けた事案

70

について、1回の不履行について 30 万円の金員支払いを命ずる判断を行いました。この事案は、原審の東京家庭裁判所が1回の不履行につき 100 万円の支払いを命じた（東京家決平成 28 年 10 月 4 日判時 2323 号 135 頁）ことで、かなり注目されました。

2 間接強制に関する2つの最高裁決定

　面会交流に関する間接強制については、2013（平成 25）年 3 月 28 日に、2つの最高裁決定が出されています。

(1) 間接強制を認めた最高裁平成 25 年 3 月 28 日決定（判時 2191 号 39 頁）

　1つは、子と面会できていないことを理由に、父から家庭裁判所に間接強制の申立てを行い、家庭裁判所が認容したため、監護親である母が抗告人となって許可抗告の申立てを行い、最高裁が間接強制を認める判断を行ったものです。不履行1回につき5万円の割合による金員の支払いを監護親母に命じた家庭裁判所の判断が、次のとおり最高裁でも維持されました。

　「給付を命ずる審判は、執行力のある債務名義と同一の効力を有する（平成 23 年法律第 53 号による廃止前の家事審判法 15 条）。監護親に対し、非監護親が子と面会交流をすることを許さなければならないと命ずる審判は、少なくとも、監護親が、引渡場所において非監護親に対して子を引き渡し、非監護親と子との面会交流の間、これを妨害しないなどの給付を内容とするものが一般であり、そのような給付については、性質上、間接強制をすることができないものではない。したがって、監護親に対し非監護親が子と面会交流をすることを許さなければならないと命ずる審判において、面会交流の日時又は頻度、各回の面会交流時間の長さ、子の引渡しの方法等が具体的に定められているなど監護親がすべき給付の特定に欠けるところがないといえる場合は、上記審判に基づき監護親に対し間接強制決定をすることができると解するのが相当である。

　そして、子の面会交流に係る審判は、子の心情等を踏まえた上でされて

いるといえる。したがって、監護親に対し非監護親が子と面会交流をすることを許さなければならないと命ずる審判がされた場合、子が非監護親との面会交流を拒絶する意思を示していることは、これをもって、上記審判時とは異なる状況が生じたといえるときは上記審判に係る面会交流を禁止し、又は面会交流についての新たな条項を定めるための調停や審判を申し立てる理由となり得ることなどは格別、上記審判に基づく間接強制決定をすることを妨げる理由となるものではない。」

この事案では、①面会交流の日程等は月1回、毎月第2土曜日の午前10時から午後4時まで、場所は長女の福祉を考慮して相手方（注：非監護親）自宅以外の相手方が定めた場所とすること、②面会交流の方法として、受渡場所は協議が整わないときは駅東口改札付近とし、抗告人（注：監護親母）は長女との面会には立ち会わない等を定めていました。

この判断について、上記のとおり、最高裁は、「監護親がすべき給付の特定に欠けるところがない。」と判断しました。

(2) 間接強制を否定した最高裁平成25年3月28日決定（判時2191号48頁）

2つ目の最高裁決定は、調停条項の記載内容から面会交流の内容が特定していないことを理由に、間接強制を否定しました。

決定の一部を以下に挙げます。

「本件についてみると、本件調停条項アにおける面会交流をすることを「認める」との文言の使用によって直ちに相手方の給付の意思が表示されていないとするのは相当ではないが、本件調停条項アは、面会交流の頻度について「2箇月に1回程度」とし、各回の面会交流時間の長さも、「半日程度（原則として午前11時から午後5時まで）」としつつも、「最初は1時間程度から始めることとし、長男の様子を見ながら徐々に時間を延ばすこととする。」とするなど、それらを必ずしも特定していないのであって、本件調停条項イにおいて、「面接交渉の具体的な日時、場所、方法等は、子の福祉に慎重に配慮して、抗告人と相手方間で協議して定める。」としていることにも照らすと、本件調停調書は、抗告人と長男との面会交流の大枠を定め、その具体的な内容は、抗告人と相手方との協議で定めること

を予定しているものといえる。そうすると、本件調停調書においては、相手方がすべき給付が十分に特定されているとはいえないから、本件調停調書に基づき間接強制決定をすることはできない。」

　以上の2つの最高裁決定からも、間接強制ができるのは、具体的な面会交流の要領が特定されている場合と解されています。しかし、どのような場合に間接強制可能な審判を行うのが相当か、また、審判にあたりどのような内容を具体的に定めるのが相当かについては、今後の事例の集積等が必要です。加えて、実質的に子の心情や最善の利益に反するような間接強制は認められるべきではないと考えます[2]。

3　間接強制が認められない場合

　具体例の1つは、Q25の例ですが、ほかにも、例えば、子の体調や子の行事等により面会が実施できない場合、非監護親が、監護親や子が秘匿している居場所の探索を行うなどのストーキング行為を行ったり、面会交流のルールに反するような対応（例えば、メールで事務的なこと以外に、監護親を非難するなどの内容を送りつける、面会時間を遵守しない、子への言動等が子や監護親を不安にさせるような内容であるなど）を行ったため、面会が調停・審判内容に基づき実施できない場合に、非監護親が、面会交流ができていないという形式的な理由で間接強制の申立てを行っても、このような申立ては、非監護親の信義則違反や権利濫用となりうるため、認められないというべきです。

　監護親と非監護親との紛争を更に激しくすることのマイナス面も考えなければなりません。

　子の権利としての面会交流を実質的に実現するための手段として、間接強制によって金銭的なペナルティを科すことの功罪を考えると、間接強制は最後の手段ともいうべきで、まずは、面会交流の実現に向けた再調停等の方法を考慮すべきです。

1　最高裁判例解説民事篇平成25年度155頁以下、判タ1432号5頁
2　梶村太市『裁判例からみた面会交流調停・審判の実務』（日本加除出版、2013）301頁参照。

Q25 子が嫌がる場合の間接強制申立て

10歳の子が面会交流を嫌がりどうしても監護親から離れず拒否しているような場合、非監護親は間接強制の申立てをすることができますか。

A 子が面会交流を強く拒否している中で、監護親の「債務の履行」を強制することは、子の意思に反し、子の最善の利益に反する結果となりえます。基本的にこのような場合にまで、間接強制は認められるべきではありませんが、ケースによっては調査官調査や子の手続代理人制度を活用するなどして、子の真意を慎重に確認していくことも考えられます。

1 家事事件手続法の子に関する規定及びその趣旨

家事事件手続法は、子の最善の利益、子の意思の尊重をうたっています（家事法65条、258条）。

即ち、同法65条は、「家庭裁判所は、親子、親権（中略）その他未成年者である子（未成年被後見人を含む。以下この条において同じ。）がその結果により影響を受ける家事審判の手続においては、子の陳述の聴取、家庭裁判所調査官による調査その他の適切な方法により、子の意思を把握するように努め、審判をするに当たり、子の年齢及び発達の程度に応じて、その意思を考慮しなければならない。」と定めています。児童の権利に関する条約12条の内容[1]を反映した規定です。

2 間接強制と子の意思の尊重

間接強制は、強制執行手続の一類型とされていますが、面会交流については、特に子の意思や子の最善の利益をはかることが法の趣旨です。

74

本件では、子が10歳であるため、一般的には、自分の意思や心情を伝えられる年齢です。監護親が面会交流実施に向けて努力している状況でも、その子が、面会を嫌がり監護親から離れず拒否している場合にまで、間接強制が認められるべきではありません。

3　間接強制手続の中での調査官調査

ただし、「子が嫌がっている」状況について、非監護親の立場からは、子が監護親の影響を受けている、あるいは、監護親から「言わされている」などとして、非監護親から間接強制の申立てがなされることもありえます。

そのような場合、10歳の子の意向等を、調査官が調査した上で、間接強制が認められるかどうかを慎重に検討することが必要です。

4　間接強制手続の中での子の手続代理人制度の活用

更に、家事事件手続法では、審判や調停にあたり、子の年齢や発達の程度に応じてその意思を考慮しなければならないと定め（家事法65条、258条）、更に子の手続代理人制度が新設されています（家事法22条以下、252条1項、人訴法13条）。

子の手続代理人制度は、児童の権利条約12条が定めている子の意見表明権及び子の最善の利益を制度的に担保するものであり、積極的に活用されることが期待されます。

調査官による調査等（裁判所法61条の2第2項）とは別個に、子の手続代理人が子の意向や状況を直接確認し、手続の中で積極的な意見を述べる役割を果たします。まさに子が当事者として手続に参加することを保障するための制度であり、面会交流とは何か、当該子にとってどのような意味があり、どのようにすることが子にとって最善の利益であるかを、慎重かつ子ともやり取りして意見を代弁する必要があります。

5 間接強制を認めなかった高裁決定

　大阪高裁平成 24 年 3 月 29 日決定（執行抗告事件・原審神戸家裁決平成 24 年 2 月 16 日判時 2288 号 36 頁以下）は、監護親母が面会交流の実施に向けて努力していても、10 歳の子が強く拒否している場合には、債務者である監護親の意思のみによって面会交流を実現することは不可能であるとして、非監護親父の間接強制の申立てを却下する判断を行いました。

　原審の神戸家裁は、非監護親である夫が債務名義どおりの面会交流実施及び不履行 1 回につき 2 万円の支払いを求めたことに対し、不履行 1 回につき 8000 円とする判断を行っていました。

　妻が原決定の取消しを求めたことに対し、大阪高裁は、上記のとおり、未成年者は既に 10 歳であり、面会を拒む意思を強固に形成している場合に抗告人（監護親妻）の働きかけにも限界があるとして、「債務名義は、抗告人の意思のみによって実現することが不可能な債務であるというべきであるから、間接強制命令を発することはできない」として、原決定を取り消し、非監護親夫の間接強制の申立てを却下しました。

　なお、上記大阪高裁決定と Q 24 - 2(1)の最高裁決定との関係が問題となりえますが、上記最高裁決定は、「面会交流に係る審判は、子の心情等を踏まえたうえでされているといえる。」として、子の心情等がふまえられることが前提とされ、かつ、この事案では、最高裁決定時に長女が 7 歳で意思能力が十分ではなかった点も考慮されるべきで、事案が異なっていると解されます。

---

[1]　児童の権利に関する条約 12 条

　1　締約国は、自己の意見を形成する能力のある児童がその児童に影響を及ぼすすべての事項について自由に自己の意見を表明する権利を確保する。この場合において、児童の意見は、その児童の年齢及び成熟度に従って相応に考慮されるものとする。

　2　このため、児童は、特に、自己に影響を及ぼすあらゆる司法上及び行政上の手続において、国内法の手続規則に合致する方法により直接に又は代理人若しくは適当な団体を通じて聴取される機会を与えられる。

Q26 第三者機関と間接強制

間接強制の申立てに対し、協力すべきとされている第三者機関の協力が得られない場合、監護親は面会交流を拒否することができますか。

質問の場面は、審判等で、「第三者機関の協力を得て」等の条件が付されている場合でしょう。

第三者機関の協力を得られない場合は、子が安心な状態で継続的な面会を行うことができない状況と解されます。

「第三者機関の協力が得られない場合」がどのような事情から生じているかにもよりますが、監護親としては、条件が満たされないことを理由に面会交流を拒否することは結果として認められうると考えるべきです。

1 第三者機関とは

第三者機関は、監護親・非監護親双方で面会交流について合意している場合に、面会交流の実施に向けて、①連絡調整、②受け渡し援助、③面会交流の立ち合い等の支援を行っています（すべての第三者機関が①から③までの支援を行っているわけではありません。詳しい支援の内容や利用の条件については、最寄りの第三者機関に直接お問い合わせください）。

第三者機関は、東京のFPICをはじめとして、全国各地にできてきています。東京都や明石市のように、自治体が関わっているところもありますが、運営自体は民間団体が行っているところがほとんどです。

そのため、当事者間で合意している場合（合意は、調停や和解の場合のほか、交渉の中で合意している場合でも大丈夫です）に限って、面会交流の支援を行っています。ただ、書面等で合意しているといっても、監護親と非監護親との認識に温度差があることが少なくありません。そのため、

多くの第三者機関では、事前に双方の親と面接を行った上で、第三者機関として面会交流に際して必要と考える遵守事項について、書面での同意を求めています。

第三者機関によって、支援の内容や料金が異なっていますので、当事者の事前面接前に、ホームページを見たり、直接電話したり、見学等を行って確認されることをお勧めします。面会交流の立会い支援について、場所や時間、支援の頻度（例えば月1回程度）を限定しているところもありますし、条件を限定して、試行面会にも対応している機関もあります。

詳しくは、もよりの地域の第三者機関に直接ご確認ください。

2 第三者機関の協力が得られない場合

監護親・非監護親の一方ないし双方が第三者機関が定めているルールに従わない、例えば、時間を守らない、過剰にプレゼントを渡そうとする、子どもや監護親が現住所を秘匿している場合に非監護親が子どもから現住所等を聞き出そうとする、子や親の障がい等が重篤で民間機関としての支援が難しい、更に子ども自身が途中から面会を拒否するようになったなどの場面で、第三者機関として協力が難しい場合が考えられます。

監護親自身がルールを守らないことを理由として第三者機関が協力できない場合には、信義則上監護親は面会交流を拒否できないでしょう。しかし、それ以外の理由で第三者機関が協力できないという場合、その内容にもよりますが、債務名義としての第三者機関を通じての面会交流の実施は不可能ですので、履行不能であり、面会交流ができない状況ですので、間接強制は否定されるべき場面と解されます。

この場合、更に再調停等によって面会交流のルールを取り決め直す必要があると思われます。

Q27 請求異議の訴え

　面会交流実施の間接強制命令が出た場合、それが違法であるとして請求異議の訴えを提起することができますか。その手続と要件を説明してください。

A 　請求異議の訴えとは、債務者が債務名義に記載された請求権の存在や内容について異議がある場合に、その債務名義による強制執行を否定するため、債権者を被告として提起する訴訟です。

　面会交流の義務を負う監護親に義務を履行できないような「正当な理由がある」等の場合、請求異議の訴えを提起することも考えられます。

1 面会交流と時間経過による状況変化

　面会交流については、子も監護親・非監護親ともに、様々な状況変化がありえます。

　一度定まった調停や審判が、時間の経過等によって大きく事情が変わることもありえますし、むしろそれが通常といえるでしょう。

　そのような場合には、間接強制手続の中で、間接強制自体が子の利益に適っているか否か、監護親に義務を履行できない事情があるか否かについて実質的な判断がなされるべきです。

2 請求異議の訴えの内容と手続

　監護親が原告となり、非監護親を被告とする、請求異議の訴訟提起は可能です。

　この場合、原告である監護親は、間接強制のもとになった面会交流の取決め（債務名義）が、その後の事情変更により消滅していること、例えば、

面会交流が子の意思、意向に反するようになった、あるいは、安心できる環境での面会が困難となった等の異議事由を主張して、間接強制の違法性を主張・立証することになります。

　請求異議は形成訴訟であり、訴訟物は債務名義の執行力排除を求める手続上の形成権たる異議権とされています。面会交流の場合には、履行不能等の請求権の消滅事由、請求権の不発生、あるいは、調停や和解成立過程の瑕疵等も異議事由となります。

　また、権利濫用等を理由とすることも、例外的ではあるものの、ありうると解されます。

Q28 面会交流の不履行による損害賠償

監護親である相手が調停や審判で定められた面会交流を実施しなかった場合、非監護親は債務不履行又は不法行為により損害賠償を求めることができますか。

A 現在の実務では非監護親が監護親に対して損害賠償等を求めることができる場合があります。しかし、面会交流ができなかった場合のすべてが債務不履行又は不法行為になるわけではありません。

1 面会交流と債務不履行・不法行為

まず、面会交流を実施しなかった場合のすべてが、債務不履行又は不法行為になるわけではありません。

調停や審判で定めても、子どもは刻々と成長します。子の状況や、非監護親の対応によって、面会交流の拒否事由が事後に生じたり、履行不能となることは、一般的にありえます。

金銭給付と異なり、面会交流は、その都度、子の状況等をふまえて調整し、実施されるべきものです。そのため、頻度、時間、場所等を、将来をも拘束するようなかたちで一義的・確定的に調停や審判で判断すること自体、率直にいって無理があります。

子は日々成長していきますし、子だけでなく、監護親、非監護親それぞれの生活等の環境も変わりえます。その中で、子の最善の利益をどのように非監護親、監護親が調整し、面会のあり方を、その都度工夫しながら実施していくことが、本来の面会交流の趣旨です。

夫婦が同居中、子が生まれて以後に、父母が子育てをどのように協力しながら実施してきたかという歴史的な経過も現実に反映されますし、別居や離婚後の父母の関係も現実には非常に影響します。

父母の関係性によっては、面会交流以上のつながりを持ち続けている場合もあれば、子が生まれてすぐに離婚し、面会交流が実施できない状況が続いてきた場合もあり、また、離婚後、父母それぞれが再婚し、あらたに子が生まれている等の状況もあります。

　親子の関わりは、長いスパンで考える必要がありますが、その長いスパンの先のことまで厳密に予測した上で調停や審判を行うことは、残念ながら不可能です。

　その点が、ある程度経済的な予測が可能とされる婚姻費用や養育費とは著しく異なっていることに、最大限留意すべきと思います。

　ですから、面会交流については、ある程度事情変更が生じた時点で再調停等が行われ、その時々で、一定の柔軟性を持った調整や解決がはかられることが望ましく、損害賠償等の金銭的な請求には、本質的になじまないといっても過言ではありません。

2　債務不履行・不法行為となりうる場合

　具体的に損害賠償を認めた事案としては、以下のような事例があります。
①東京地裁昭和 63 年 10 月 21 日判決（家月 41 巻 10 号 145 頁）
　母が父とした面会交流の和解内容に従わなかった違法があるとして、父と娘の母に対する損害賠償請求を 46 万円余の限度で認めた（欠席判決）。
②静岡地裁浜松支部平成 11 年 12 月 21 日判決（判時 1713 号 92 頁）
　母が離婚調停条項中の面会交流を実施しなかったのは長男の人格発達を阻害するものとして 500 万円の慰謝料支払いを命じた（非常に高額で、先例となりえないと解されます）。
③東京高裁平成 22 年 3 月 3 日判決（家月 63 巻 3 号 116 頁）
　調停条項に違反して父子の面会交流を拒否した母の行為が債務不履行にあたるとして、母に対し 70 万円の損害賠償を認定した横浜地裁平成 21 年 7 月 8 日判決（家月 63 巻 3 号 95 頁）の原審を維持した。
　判断としては、不法行為責任と債務不履行責任を同時に求めることが一般的ですが、面会交流の拒否に違法性があることが要件となるため、個別

的に慎重に判断されるべきです。

　ただし、面会交流が調停・審判のとおりに実施されないことをもって、直ちに監護親の行為が違法とまでは評価されません。

　福岡高裁平成28年1月20日判決（判時2291号68頁）は、一般論として、一方当事者が正当な事由なく調停で定められた取決めに関していっさいの協議を拒否した場合や、相手方当事者が到底履行できないような条件を提示したり、協議の申入れに対する回答を著しく遅滞する等、社会通念に照らし実質的に協議を拒否したと評価される行為をした場合には、誠実協議義務に違反するものであり、本件調停によって具体化された相手方当事者のいわゆる面会交流権を侵害するものとして不法行為を構成するとしつつ、本事案では、被告である監護親やその代理人弁護士に誠実義務違反となるような行為は存在しないとして非監護親の損害賠償請求を棄却しています。

　原審である熊本地裁平成27年3月27日判決（判時2260号85頁）は、監護親と代理人弁護士に対し、連帯して非監護親父に20万円の支払いを命ずる判決を出していましたが、福岡高裁は、面会交流における誠実協議義務の具体的内容を一般論として定立した上で、この事案において誠実協議義務違反はないと判断しており、違法性の判断基準を示したものと解されます。

Q29 面会交流不履行の場合の親権や監護権変更の申立て

調停・審判で定められた面会交流が不履行の場合、親権者変更の申立て、あるいは親権を留保して監護者変更の申立て、更には監護権を留保して親権のみを変更することができますか。

A 調停条項や審判書で決まった面会交流を正当な理由なく拒否し続けると、親権者変更の申立て、あるいは親権を留保して監護者変更の申立て、更には監護権を留保して親権のみを変更する申立てが可能な場合もあります。

1 親権・監護権の変更申立て

　離婚するにあたって、親権者を決定しても、その後「子の利益のため必要があると認めるときは、家庭裁判所は、子の親族の請求によって、親権者を他の一方に変更すること」ができます（民819条6項）。離婚時の親権者決定とは異なり、当事者の協議だけでは足りず、家庭裁判所の関与が必要となります。調停又は審判手続を経ることになります。

　監護権についても、「家庭裁判所は、必要があると認めるとき」は監護者を変更することができます（民法766条3項）。

　親権者・監護者それぞれ変更の要件について具体的に定めた条文はないので、基本的には家庭裁判所の裁量によりますが、一旦定めた親権者による監護養育が実施されていたはずですから、その状況が子の福祉に即したものであるのかどうかがまずもって重要となります。その上で、変更を希望する事情や現在の親権者の意向、双方の経済力や家庭環境、更には子の福祉の観点から、子の意思、子の年齢、性別、性格、就学の有無、生活環境など様々な事情が考慮されます。

　実際に親権者変更が認められた事案を検討すると、ほとんどの事案は、

84

非親権者が事実上監護していた場合に、その実態にあわせるかたちで親権者を変更しているもので、反対に親権者変更に伴い子の引渡しが生じるといった事案（事実上の監護もしていない親に変更するケース）は見当たらないのが実際です。ですから、親権者・監護者の変更は制度としてはありますが、実際にはよほどの事情がない限り、厳しいといえます。

　その意味で、時々、非監護親に対し、「将来問題があれば親権者変更することもできるから、まずは調停を受け入れなさい」という趣旨の説明をして合意に導こうとする調停委員会が見受けられます（特に、代理人弁護士が就任していない事案など）が、実態との離齬が大きく、当事者に対し誤解を与える可能性があり、疑問が残ります。

2　福岡家裁の決定

　ところで、平成26年12月4日、福岡家庭裁判所は、親権者である監護親に調停条項に基づく面会交流債務の不履行がある場合において、監護親に監護権を留保しつつ、非監護親への親権者変更を認める決定をし（判時2260号92頁）、話題になりました。

　ただ、事案の詳細を検討すると、この元夫婦は別居前後から交代での監護を一定期間行っていて、もととなった面会交流を定めた調停（東京家裁）では、実に29項にも及ぶ詳細な条項を定めていましたが、その直後の東日本大震災後、独断で福岡に母子で避難し、その後、面会交流が疎遠になったという事情があります。更に、家裁での手続が係属している中で行われた試行面会の1回目後に監護親が子に「ママ、見てたよ」と発言したことで、マジックミラー越しに監護親が見ていることを意識した子が2回目の試行面会では1回目と異なり拒否的態度をとったことなどが認定されており、こうした監護親の作為が裁判所の心証に少なからず影響したことがうかがわれるのであり、この審判例がどこまで一般化できるかは懐疑的です。

Q30 提出書類と住所の秘匿

「私は夫の暴力に耐えかねて、子どもを連れて、ある施設に避難しています。私たちの住所を知られないままで離婚と生活費（婚姻費用の分担）を求めることはできますか」

A 住所を相手方に知られないままで、婚姻費用の分担を求めることができます。その際、現在の居所を明らかにしなければいけないことはありませんが、細心の注意が必要です。住所の秘匿は重要課題です。

1 住所秘匿の必要性

　暴力から逃れ一時的に避難しているときでも、離婚調停（夫婦関係調整調停）や婚姻費用分担調停、更には訴訟を提起することは可能です。より緊急な場合は保護命令の申立ても検討する必要があることがあります。

　ただし、避難している場合は、その所在地（居所）を相手に伏せておく必要があります。一方、裁判手続を行う際には、住所を記載する必要がありますが、暴力被害を受け非難している場合、手続書面に記載する住所は、現在住んでいるところ（現住所・居所）以外の住所を記載します。ただし、裁判所との連絡や連絡文書のやり取りができないと困りますので、どう記載するかは裁判所と相談してください。代理人として弁護士を依頼している場合は、弁護士の事務所が送達場所となり裁判所や相手方との連絡窓口になります。

　参考までに、横浜地方裁判所の保護命令申立書の作成についての説明文書には「住所とは『生活の本拠』のことで、多くの場合、住民票のある場所になります。（保護命令の）申立人が相手方の暴力から逃れるため、DVセンターのシェルター、実家、友人宅などに一時的に避難している場合の避難場所は住所に当たりませんので、その場合は避難前の住所を記載して

ください」とあるのも同様の扱いがなされている現れです。

　実務では、家庭裁判所も最近はこの点の情報管理を気にしていて、住所が現在の居所となっている場合は、書記官がこのままの記載で大丈夫か確認してくれることが多いですが、漏れもありますので、現在の居所を申立書に記載するかどうかは慎重に考えてください。

2　ほか提出書類にも注意を払う

　実は、調停や訴訟含め、司法手続の過程で、本来は秘匿したかった情報（特に居所）が漏えいしてしまうことはそう珍しくありません。弁護士が責任を持って注意を払うべきことです。

　申立書以外のチェックポイントは以下のとおりです。居所とともに就業先、更には子の通学校情報に細心の注意を払ってください。

① **訴訟委任状**：訴訟になった際、更に、控訴審・即時抗告審などで提出する際に、ついうっかり現住所で記載してしまう場合があり、要注意です（一般的に、高等裁判所は家庭裁判所に比べると、当事者の居所情報についてはあまり気を遣っていませんので一層の注意が必要です）。

② **源泉徴収票・給与明細書**：住所と就業先情報が記載されています。

③ **課税証明書・非課税証明書**：住所の記載に注意します。

④ **生活保護受給証明書**：住所の記載に注意します。なお、自治体により様式が異なることもあり、提出自体を慎重に考える必要があるかもしれません。弁護士は依頼者とよく協議してください。

⑤ **年金分割情報通知書**：最近は、代理人弁護士宛に送付してくれるので、通知書自体に住所が記載されないですみますが、特段のリクエストをしないで請求すると当事者の住所がそのまま記載されてしまいます。

⑥ **（子の）成績表**：通学校の情報がそのまま開示されるので、成績表の提出そのものを慎重に判断する必要があります。どうしても提出する場合は、細心の注意を払ってください。細かな評価項目までチェックする必要があります。

87

⑦　**診断書**：住所が記載されています。

⑧　**写真**：電子データで渡す場合は位置情報（Exif）が含まれているので、原則として画像データではやり取りしないほうが無難です。面倒でもプリントアウトしたものを送付するのが安全です。背景や所持品に注意を払う必要があります。なお、動画の場合は背景の音声にも気をつけてください。

⑨　**母子手帳**：別居後の健診情報などが記載されている場合は要注意です。

　その他、非監護親から送付されてきた荷物については要注意です。荷物にGPSが仕組まれていたケースが最近散見されますので、慎重に扱うべきでしょう。

Q31 子からの面会禁止要求

「離婚後、私は母の許で生活していますが、父が私との面会を求めて家の周りをうろついています。父の顔を見るのも嫌ですので、私との面会を禁止する審判をしてもらえますか」

A このケースでは、まず保護命令又は仮処分を申請します。

要件を満たしていれば、保護命令の申立てをして、妻（元妻）に対する接近禁止命令とあわせて子に対する接近禁止命令申立を検討します。要件を満たしていない場合は、民事保全法による仮処分申請を検討することになります。先行する調停や審判がある場合は、再調停等も検討しましょう。

1 保護命令の発令が可能な場合

子が未成年者である場合、親権者が申立人となって保護命令（配偶者暴力防止法10条）の申立てを検討することになります。

ただし、保護命令違反には刑事罰が科されるので要件は厳格です。夫婦関係の継続中に、身体への暴力（性的暴力・精神的暴力はこれに含まれません）又は生命・身体に対する脅迫を受けたことがあり、かつ今後、身体的暴力を振るわれて生命や身体に重大な危害を受けるおそれが大きいことが要件となっています。

この要件を満たしていることを立証するのに十分な証拠があることが前提で、立証は決して簡単ではありません。

発令される保護命令の種類としては、①接近禁止命令（6か月間、申立人の身辺につきまとったり、申立人の住居や勤務先等の付近をうろつくことを禁止する命令）、②退去命令（申立人と相手方とが同居している場合で、申立人が同居する住居から引越しをする準備等のために、相手方に対して、2か月間家から出ていくことを命じ、かつ同期間その家の付近をうろつく

89

ことを禁止する命令）があり、更に、子が連れ去られるため相手方に会わざるを得なくなる状態を防ぐ必要があると認められるときに、子どもへの接近禁止（6か月間、ただし①の期間内）が認められる場合もあります（ほかに、親族への接近禁止や、電話等の迷惑行為の禁止が発令される場合もあります）。

　設例のケースで、保護命令の発令要件を満たしている場合は、親権者である母親が申し立てるとよいでしょう。

2　仮処分の件

　保護命令の要件を満たしていない場合（例えば、母親に対する身体的暴力等がない場合）は、通常の仮処分申請を検討することになります。保護命令制度ができる前は、通常の仮処分手続で、接近禁止命令を出してもらうこともありました。保証金が必要になることが障害となりますが、事情を説明し、無担保で決定を出してもらうことも裁判所との交渉次第ですので、検討するとよいでしょう。

3　再調停等

　既に、面会交流を認める調停合意や審判がある場合は、そのままでは不履行になってしまうので、再調停等の手続をとることも必要になるかもしれません。従前の調停や審判で面会交流が子の利益になると判断されていてもその後の実施状況や子の成長等に照らし、必ずしも従前と同じ判断になるとは限りません。調停合意後1年程面会を実施したが、その後中断し、その間、非監護親がストーカーのように学校行事に現れては不適切な言動をした等の事実と中学生になった子の消極的意思に照らし、前回の調停を変更し、非監護親からの面会要求は認めないとした審判が出されたこともあります（横浜家裁、不掲載事案）。

Q32 子連れ別居の適法性

「夫の暴力に耐えかねて、私は子どもを連れて実家に帰りました。夫は、まだ離婚しておらず共同親権中だから、無断で子を連れ出せば誘拐罪になると脅します。どうしたらよいでしょうか」

A 子連れ別居は違法でないとされるのが一般的です。
子の連れ去りや誘拐だと主張する見解もありますが、裁判所は否定的です。

1 これまでの裁判例

これまでの裁判例で、子の無断連れ出し行為の違法性如何が争点になった事案は複数あります。一口に子の無断連れ出しといっても、共同親権共同監護状態（同居中）から、別居に伴い子を連れ出す場合（いわゆる子連れ別居）と、既に別居後で事実上の単独監護状態から子を連れ出す（連れ戻す、面会交流中に返還拒否など）場合とでは全く事情が異なります。

これまでの裁判例で、連れ出し行為を違法と判断したのは圧倒的に後者、すなわち既に別居している状態からの連れ戻し行為です。例えば、東京高裁平成17年6月28日決定（家月58巻4号105頁）などは、子は「7歳とまだ幼少の年齢であり、出生以来主に母である抗告人によって監護養育されてきたものであって（中略）監護養育状況に特に問題があったことをうかがわせる証拠はない（後略）」調停委員等からの事前の警告に反して周到な計画の下に行われた相手方及びその両親による子の奪取は、極めて違法性の高い行為であるといわざるを得ず、子の監護者を相手方に指定することは、そのような違法行為をあたかも追認することになるのであるから、そのようなことが許される場合は、特にそれをしなければ子の福祉が害されることが明らかといえるような特段の状況が認められる場合に限られ

る、としているなど明白です。

　反対に、同居生活からの子連れ別居については、違法行為と判断しない
傾向にあり、主たる監護者による監護養育環境の継続という意味で当然と
捉えているものが多いようです。したがって、子連れ別居したことが刑事
処罰の対象（誘拐罪）にならないことはもちろんのこと、親権者の指定な
どで不利益に作用することはないというのが通説的理解です。

　これに対し、6年間別居した夫婦の子（8歳）の親権者指定が争点となっ
た事件で、2016（平成28）年3月29日千葉家裁松戸支部は、6年間監護
してこなかったが母親との年間100日にも及ぶ面会交流を提案した別居の
父親を親権者と指定する異例の判決を下しました（判時2309号121頁）。こ
の判決の中で、6年前に子連れ別居した際に監護親である母親が父親の「了
解を得ることなく、連れ出し」たとして違法とまでは言い切っていないも
のの消極的評価をうかがわせる記載があり、上記面会交流の提案を評価し
（いわゆる寛容性の原則）、親権者を非監護親である父親に指定するととも
に、子の引渡しを命じています。

　一方、この事件の控訴審では、面会交流の内容だけで親権者を指定する
という原審の判断を排斥するとともに、別居時に面会交流のあり方につい
て協議することは当時の夫婦関係（破綻に瀕していたと認定）から見て困
難であり、同居中の監護を主として担っていた監護親が、当時2歳と幼い
子を「放置せずに連れて行った」という表現を用いて子連れ別居を肯定的
に評価するなど、これまでの実務に沿った判断を確認しています（東京高
判平成29年1月26日判時2325号78頁）ので、現在においても、裁判実務と
しては別居時における子連れ別居を違法とする立場をとらないと理解して
よいでしょう。

Q33 面会を嫌がる子に対しての 双方代理人の対応

子どもが嫌がって拒否するために、監護親が面会の実施を渋る場合、監護親の代理人はどうしたらよいでしょうか。非監護親の代理人はどうでしょうか。

A 子どもの真意に寄り添い、小児科などの専門家の意見を参考にしつつ再度の調停も考えましょう。紛争の再燃にならないよう慎重に対応する必要があります。

1 代理人の心がまえ

既に、調停や審判などで面会交流についての取決めがあることが前提だと思います。面会交流は単発のことではなく、継続して行われるものですから、いろいろなアクシデントがありますので、想定できる事態を幅広く予想しておくと心に余裕ができます。これは、監護親・非監護親双方に共通していることだといえます。子の成長に合わせ、子の利益になるよう柔軟に対応することが継続できる面会交流のコツだといえます。

2 監護親側代理人の場合

(1) まずは原因の把握を

監護親の場合、面会交流の前後で子の様子を連続して見ているのですから、面会交流の実施が子にとって楽しいイベントなのか、ストレスのかかる苦痛なのかはおよそ予測がつくのではないでしょうか。子が面会に行きたがらないということは、少なくとも子にとって楽しいイベントではないからでしょう。

面会交流に対する監護親の消極姿勢が子に伝播している可能性があると

考えられる場合は、監護親は自らの言動を今一度確認してみる必要があります。監護親にとって、面会交流は歓迎すべきイベントではないことが多いでしょうが、一度は子の利益になると思って合意したり、受け入れたりした取決めですから、やるからには子にとってストレスのないものにする必要があります。楽しく送り出し、監護親は面会後に「どうだった？」などと根掘り葉掘り様子を探ることは禁物とされています。

　他方、よくあることは面会交流自体が子にとって楽しい雰囲気でないことです。とりわけ、成長する子に非監護親がついて行けず、子の興味関心と非監護親がずれてしまっている場合です。同居していないため、子の友人、学校、趣味や習い事などの情報不足に陥っていることも原因とされています。思春期とりわけ女子との距離感などは、同居親でも苦心するところですから、非監護親ではなおさらでしょう。

　まれに、非監護親の言動そのものに不適切な点（動画を撮ることに執着する、身体に触ろうとするなど）が見られる場合もあります。また、監護親には内緒で非監護親に連絡をするようにと言われた子が、板挟みになって悩むというケースもありました。

(2) 把握した原因の伝え方を考える

　次に、その原因を非監護親に理解してもらうことを考えましょう。第三者機関が介在している場合は問題点を共有した上、非監護親に理解を求めるという方法も可能でしょう。おそらく第三者機関自体が問題を把握していることが多いでしょうから、第三者機関のアドバイスも参考にしながら協力していくことが大切になります。

　第三者機関が関与していない場合は難しい問題になります。法律的には、再度の協議や再度の調停を検討する必要があります。特に、間接強制の可能性がある場合はなおさらで、いたずらに不履行のままというのは危険かもしれません。問題点を指摘しても、理解してもらうことは困難なことが多く、反対に監護親の姿勢自体を非難されるなど離婚紛争の再燃のような状態に陥ることも少なくありません。

　子の抱えるストレス等を非監護親に理解してもらうためには、客観的な資料を用意することも検討するとよいでしょう。かかりつけの医師はもち

ろんのこと、更に小児の専門医の診断を受ける方法も検討するとよいで
しょう。専門医と一定の期間継続して問診を受ける方法や子のストレス度
を測る検査（ストレスホルモン）などによって、子のストレスを目に見え
るかたちにすることは大切です。

3　非監護親側代理人の立場から

　非監護親から見ると、なぜ、今までできていた面会ができなくなったの
か理解に苦しむことが多いと思いますが、これまでの面会交流を振り返り、
子の様子を再確認することも必要でしょう。親にとっては我が子と過ごす
時間なのでそれだけで幸せ一杯かもしれませんが、子はある意味でクール
というか素直ですので、回数を重ねるうちに、飽きてきたり、また、子ど
も自身が成長し変化するので、実は面会自体に親ほど喜びを感じていない
こともありえます。特に思春期、それも女子であったりすると同居してい
ても距離感ができる年代ですから、非監護親であればなおさらです。監護
親に対し疑心暗鬼な考えを持ちがちですが、まずは過去の面会交流を素直
に振り返ることをおすすめします。

　その結果、今までとは少し違う方法での面会の実施、時間の短縮なども
効果があるかもしれませんので、検討を促すとよいでしょう。一旦決めた
取決めだからといって、固執するとかえって軋轢が際立ってくる可能性も
あります。できそうなところまでハードルを下げることも一時的に必要、
という柔軟な姿勢が大切です。監護親を非難したくなる気持ちは理解でき
ますが、喧嘩や対立はいつでもできる反面、最低限でも円満な解決を維持
するにはタイミングがあります。関係を壊してしまってからではもとに戻
ることは至難であり、長期間の面会途絶という事態を招致する可能性があ
ります。一旦変更した面会の方法でも、子の成長を経て、再度検討するこ
とも可能なのですから、関係を途絶えさせないことが肝要であることをて
いねいに依頼者に説明し、理解を得ることが大切です。

Q34 委任契約と面会交流支援との関係

面会交流が実施される場合に、委任契約締結時には予定していなかった新たな紛争が生じることがありますが、代理人としてはどう対処したらよいでしょうか。

　委任契約との関係をよく精査した上、関与する以上、弁護士も専門家として責任を持って支援します。

1　委任契約との関係

　形式的には依頼者と弁護士との委任契約は、離婚の成立や面会交流調停・審判の成立又は確定で終了することになります。しかし、面会交流の実施が主たる争点であった事案については、当事者からするとここからが本番という思いがあり、その際に事情を知悉した弁護士が関与することは意義のあることです。
　理想的な対応としては、委任契約中に、面会交流支援も含めることでしょうが、そこまで明記していないことが多いと思います。したがって、契約外であることを理由に、面会交流支援を断ることも、弁護士としては当然のことであり、非難されることではありません。サービスとして無償で事実上援助することも少なくないと思われますが、紛争性が高い面会交流の実施（紛争性が高くないならそもそも支援は不要で、弁護士による支援が必要な事案はほぼ例外なく紛争性が高い、いわゆる高葛藤事案での面会です）で、不測の事態が生じる可能性もあるので、弁護士が責任を持って対応できる範囲について自覚する意味でも、無償のサービスは避けるべきと思います（弁護士賠償責任保険の関係もあります）。

業のための改正個人情報保護法の法律相談

松尾剛行 著　定価=本体2,600円+税　2017年6月刊

29年5月施行の改正個人情報保護法の実務がつかめ
士業者が「よく尋ねられる」「間違いやすい」点に厳選
実務経験豊富な著者がQ&Aでやさしく解説。

護士のための家事事件税務の基本
続・離婚をめぐる税法実務

渕泰至 著　定価=本体2,100円+税　2016年10月刊

護士が意外と知らない、相続・離婚をめぐる課税関係をシーンごとに
説。内容を40分で大づかみできる解説動画も公開中！

業を守る　ネット炎上対応の実務

水陽平 著　定価=本体2,200円+税　2017年1月刊

上発生時に企業がとるべき初動対応から事後処理までを解説。炎上対応を
機管理広報の一環と捉え、戦略的に企業を守る術を指南！

未払い残業代請求 法律実務マニュアル

報法律事務所 編　定価=本体2,800円+税　2014年7月刊

任、証拠収集、計算、訴状・準備書面の作成まで、実際のプロセスに基づき解説。

解交渉と条項作成の実務

題の考え方と実務対応の心構え・技術・留意点

中 豊 著　定価=本体3,000円+税　2014年12月刊

正な和解のため、押さえるべきポイントを60のQ&Aで解説。

好評発売中の法律書のご案内

駐車場事故の法律実務

中込一洋・末次弘明・岸郁子・植草桂子 著
定価=本体3,200円+税　2017年4月刊

駐車場内の交通事故について、過失相殺と駐
車場管理者の責任を中心に実務の指針を示す
初の法律実務書！過失相殺に加え、駐車場管
理者の責任も丁寧に解説。図で示された具体
的な事故態様ごとに、解決のための指針を示
す。

男性のための離婚の法律相談

本橋美智子 著　定価=本体2,700円+税　2017年3月刊

男性が不利とならないために、交渉の方法や
依頼者との向き合い方、主張・立証の手法な
ど、実務のポイントを示した。妻と争いにな
りがちな論点を重点的に解説。具体的事例を
ひもときながら、実務のイメージをつかむ！

株式会社 学陽書房　営業部
〒102-0072 東京都千代田区飯田橋1-9-3
TEL.03-3261-1111/ FAX.03-5211-3300
Facebook：gakuyosyobo.houritsu

http://www.gakuyo.co.jp/
Twitter:gakuyo_syobo

2017年5月

若手法律家のための和解のコツ

廣田尚久 著　定価=本体2,200円+税　2017年2月刊

紛争解決の第一人者が弁護士の和解のコツを伝授！当事者の紛争を丸く収めるために弁護士が意識する、日頃の心構え、必要となる知識に加え、すぐに役立つ使える技法やノウハウを「和解のコツ」として41にまとめ紹介。

若手法律家のための法律相談

中村 真 著　定価=本体2,400円+税　2016年5月刊

若手法律家へ向けて、法律相談の流れと留意点をやさしく楽しくイラストを交えて解説。今日から使えるキラーフレーズや依頼の断り方など、先輩からの口伝でしか学べない知恵が満載。弁護士・司法書士・司法修習生必読の書。

自転車事故の法律相談

髙木宏行・岸 郁子 編著　定価=本体3,200円+税　2014年8月刊

社会問題化する自転車事故の法律問題について、民事・保険・刑事・行政処分・訴訟手続などの問題を網羅し解説！！

離婚をめぐる親権・監護権の実務
裁判官・家裁調査官の視点をふまえた弁護士実務

近藤ルミ子・西口 元 編著　定価=本体3,600円+税　2016年4月刊

家裁審理の実情、調査官調査の実際を解説！ 子の利益を優先する法運用の実際を明らかにし、紛争解決に向けた当事者支援の実務を解説。

新版 交通事故の法律相談

大嶋芳樹・羽成 守・松居英二 著
定価=本体4,600円+税　2016年11月刊

定番書をさらに詳しくリニューアル。

要約 交通事故判例140

高野真人 著　定価=本体3,400円+税　2014年9月刊

「赤い本」「青本」著者の判例ガイド。

新版 要約離婚判例

本橋美智子 著　定価=本体3,800円+税　2016年1月刊

171件の判例をコンパクトに解説。近年増加する子の監護や引き渡しの争いを充実させた。

新版 要約マンション判例

升田 純 著　定価=本体3,800円+税　2015年11月刊

トラブル対応の指針となる170の判例を、読みやすく探しやすいようコンパクトに解説。実務家のための「使える！」判例ガイド。

相続・遺言の法律相談〈第1次改訂版〉

髙岡信男 編著　定価=本体4,000円　2014年7月刊

増加する相続トラブルを124のQ&Aで解説。具体的事例から実務のポイントと使える判例を示す。

借地借家の法律相談〈第1次改訂版〉

野辺博 編著　金子正志・髙岡信男・野崎晃・上條司 著
定価=本体3,200円+税　2011年11月刊

借地借家の諸問題をQ&A式で解説。

新版 要約借地借家判例

荒木新五 著　定価=本体3,800円+税　2015年11月刊

対応の指針となる裁判例154件を厳選。

私道・境界・近隣紛争の法律相談

野辺 博 編著　定価=本体3,400円+税　2016年3月刊

相隣関係から現代型ご近所トラブルまで、近隣紛争の法的論点を網羅。解決に役立つ裁判例や参考文献も多数収録。

2 支援の内容

　日程調整、場所の提供、受け渡し・同行といった支援が考えられます。

①日程調整の支援

　調停条項や審判書で日時、場所等が特定されていない場合は、本来であれば当事者間で協議するものですが、それが困難な場合は代理人が介在することを期待されるケースが少なくありません。特に初回面接ではその需要が多いと思います。葛藤を潜在的に抱えた当事者間であることを念頭に冷静に調整役に徹することが必要です。不安を除去しつつ、安心で安全な面会交流が実施できるよう工夫した態度が求められるところです。

　これに対し、当事者間の対立が再燃・顕在化し、監護親や子が面会に消極的になるなどの事情が生じた場合、単なる面会交流支援の範囲を超える場合もでてきます。

　調停合意がある中で、連絡調整を行った弁護士が、メールでなく書面での調整を行ったことが、面会交流の不実施を目的とする意図的な遅延行為にあたり誠実調整義務に違反するかを争点とした事件で、原審の熊本地裁は弁護士に誠実調整義務違反を認めました（熊本地判平成 27 年 3 月 27 日判時 2260 号 85 頁）が、控訴審で福岡高裁は、既に感情的対立等から面会条件の具体的協議が困難な状況であったことを前提に、弁護士が即事にメールで回答することは困難であり、弁護士からの連絡方法が書面郵送によることが面会交流の協議の進展に実質的な影響があったことはうかがわれないとして、原審を取り消し、非監護親の請求を棄却しました（福岡高判平成 28 年 1 月 20 日判時 2291 号 68 頁）。メールを弁護士業務の中でどう活用するかは悩ましいところで、弁護士各人の考え方によるところが大きいですが、単なる連絡調整を超え、交渉的要素が多くなった場合は、メールでのやり取りは回避するのが実務の知恵ではないかと思われます。

②場所の提供

　法律事務所での面会交流は、特に、初回面会などでは比較的多く行われています。法律事務所で待ち合わせし、近くにお出かけというやり方も可

能であればいいでしょう（法律事務所は子どもにとって必ずしも居心地が
いいところではないので）。受け渡し場所としてだけ、法律事務所を使う
ということもありえます。各弁護士の置かれている状況にもよるので、各
人ができる範囲で協力すればいいと思っています。

③同行支援
　レストラン、公園や遊戯施設などでの面会交流の場に、同席・同行する
ことが必要な場合があります。連れ去りや不当な干渉（親の悪口や居所情
報を探るなど）を防止するという目的が大きいですが、弁護士が関与する
ことで円満な面会が実施できることが何よりも大きな意義と思われます。
監視付き面会と否定的に捉える見解もありますが、双方の不信感を払拭で
きるような楽しい時間をセッティングするもの同行支援の１つの役割であ
り、支援の手が離れ、将来につながる支援でもあるので、一概に否定する
のは現実的ではないでしょう。FPICのような経験豊富な第三者機関では、
援助者の効果的なアドバイスで、子の不安感、監護親の不信感、更に非監
護親のぎこちない子への接し方を少しずつ調整し、援助の手を離れるよう
支援するという経験値を多数積んでおり、弁護士もそのスキルに学ぶべき
点が多いと思われます。

面会交流を実施するための関係諸機関の役割

Q35 面会交流の調停・審判をする家庭裁判所のスタッフ

面会交流の調停・審判をする家庭裁判所にはどんなスタッフが揃っているのでしょうか。

A 家庭裁判所には裁判官・書記官・事務官・調停委員・参与員・家庭裁判所調査官・医務室技官（置かれているのは、主として、家庭裁判所の本庁）など様々なスタッフが揃っています。書記官は、事務官の補助のもとに、期日の調整など事件進行の外形的・形式的な管理を行います。裁判官、調停委員、家庭裁判所調査官などは、事件の内容に関与する権限のあるスタッフです。

1 家庭裁判所のスタッフの存在意義

家事紛争のよりよい解決のためには、専門的な技能を持ったスタッフが必要です。それは、地方裁判所には置かれていない家事調停委員、参与員、家庭裁判所調査官、医務室技官などがそれぞれ専門的知識と技能を持ったスタッフです。そして、そのようなスタッフの必要性を理解するためには、どうしても、家事事件の本質を理解しておく必要があります。

2 家事事件の本質とは

(1) 家事事件と一般民事事件

家事事件とは、「家事審判及び家事調停に関する事件」（家事法1条）のことですが、その紛争の実質を見ると一般民事事件とは本質的に異なるところがあります。その相違は次のような点にあるのだと思います。

紛争というものはそれぞれ個性を持っています。ところが、地方裁判所が取り扱う一般民事事件では、紛争は、その個性を次々とそぎ取られて抽

象化・一般化されたところで事件として捉えられます。それは、抽象的な「法」が紛争解決の基準になるからです。ところが家事事件では、紛争はそれぞれ個性を持ったまま事件として捉えられます。

家事事件の紛争解法手続の王道は調停ですが、調停とは、事件それぞれの個性に応じた解決を図るために設けられた紛争解決手続なのです。調停という紛争解決の場では、抽象的な「法」というものが第一義的な紛争解決基準にはなりません。だから、家事事件では、「法」は万能ではありません。

家族は、家族・親族として運命共同体的な団体的性質を持っています。ですからそこで生起した紛争は、具体的な家族関係の在り方がその解決の基準となります。家族はそれぞれ個性を持っていますから、その個性によって解決されるべきなのです。つまり、かつては家族間の紛争を解決する基準として、それぞれの家に応じた家訓とか家法とかがあったことと同じなのです。

(2) 家事紛争の「解決」とは

上記のように、家事事件は、紛争それ自体の捉え方が一般民事事件と質的に異なるところがありますから、それに伴って、紛争の「解決」も一般民事事件の紛争の「解決」と質的に異なります。

つまり、家事事件は、どちらが正しいか白黒をはっきりつけるというよりも、家族法の理念に照らして、この紛争をどのように解決するのが「妥当」かというのが紛争解決のイメージであり、紛争によってゆがんでしまった人間関係をどう整序するかという人間関係調整による紛争の解決が目指されます。そこでは、個性的な人そのものが取り扱うべき主体として前面に出てきます。一般民事事件の解決が法による「裁断的」解決であるのに対して、家事事件の紛争解決は人間関係調整による「調整的」解決だといえるでしょう。比喩的にいうならば、一般民事事件が外科的な解決をするのに対し、家事事件は内科的な解決をするのです。

(3) 家事紛争の「解決」のために

そのように家事事件では事件の個性が重視されますから、その個性を把握するために、一般民事事件では捨象されるようなたくさんの個別的な事

情を収集し、それらの事情を総合的に見て、初めて「その事件」にとっての妥当な解決が見えてくるのです。

その上で、事件を多面的・多角的に見ることが必要になります。そのために、家庭裁判所には、それぞれ専門領域が異なる特色のあるスタッフが揃えられているのです。

3　調停前置主義と家事調停

家事事件の紛争の解決手続には、調停・審判・判決という３つの手段があるのですが、家事紛争は、何よりも、当事者同士の自主的な話し合いによる解決が最も事案の実情に適した解決になりえます。そのような紛争の個性に応じた紛争解決手続が調停です。それゆえ、調停委員は、当事者の自主的解決意欲を促し、それを側面から援助します。感情に流されて自分たちの問題点に気づいていない当事者がいれば、調停委員は、当事者のその感情を和らげて、それぞれが自分たちの紛争の問題点に気づくように働きかけます。家事紛争は、紛争当事者による自主的対話によって調整的に解決するのが王道なのですから、訴訟や審判は、その王道的解決によることができなくなったときになされるべき二次的解決にすぎません。ですから、訴訟や審判の前には、調停という話し合いを十分行うべきとされるのです。これを調停前置主義といいます（家事法257条）。

4　面会交流紛争の困難性

面会交流事件とは、いうまでもなく、両親の離婚あるいは別居などによって、子が一方の親の手元で監護されている場合、子を手元に置いていない親と子との交流をどのようにして図るべきかということが問題となっている紛争性の高い事件です。

面会交流事件の紛争性の高さの原因は、何といっても、双方の親が、面会交流権が子の福祉のためにあるのだということを十分に認識しないことによります。そのような意識は、両親だけでなく、両親の親（子の祖父母）

も持っていて、いわば両家が争うようなかたちで紛争が激化することがあります。更にひいては双方の親族をも巻き込んだ一大紛争になるのです。

　そうなると、くだけた言葉でいえば、子の取り合いになり、子は、そのような紛争性の中に巻き込まれてしまい、とても大きな葛藤を抱えざるを得なくなります。子の福祉というものは二の次になります。争っている両親は、自分が監護したほうが子の福祉に適うのだと信じていますから、事情はとても厄介なものになります。

　両親には、まず、子が父と母との別居あるいは離婚それ自体によって強い傷を受けています。それに、父母が自分を取り合っているなどという事態は更に子のストレスと葛藤を深めています。家庭裁判所は、そのことを両親や両親の両親にも理解させなければなりません。実は、紛争性の根源はこの両親の両親（子の祖父母）であることも珍しくありません。そうなると、調停手続では、紛争当事者しか扱わないのが原則なので調停員会も手も足も出ないということになってしまったりします。

　このように、紛争性の深さと紛争場面の広さに対しては、家庭裁判所としては、調停委員だけでは対処することができず、家庭裁判所調査官や医務室技官の力を借りなければならないことが多くなってきます。それゆえ、弁護士としては、対立的・攻撃的に事件に係って、より紛争を深化させたり拡大させたりすることは厳に慎まなければならず、決して、地方裁判所の事件を扱うように闘争的に事件を扱うことは慎まなければなりません。むしろ、自己のクライアントを落ち着かせて、面接交流が子の利益のためにあることをよく理解させることが必要になります。その知恵と技能が必要になるのです。そのために、家庭裁判所に置かれているスタッフのことをよく理解して、それらのスタッフと協働しながら、場合によっては、相手方弁護士とも理解を共通にして、協働して事件に対処しなければならないのです。面会交流事件は、家事事件の中でも、特に調停が重視される事件であるといってよいでしょう。それゆえ、面会交流事件には、家庭裁判所のあらゆるスタッフが関与することが考えられます（詳細は➡Q 36〜40参照）。

Q36 家事事件裁判官の権限と責任

家事事件を担当する裁判官には、どのような権限と責任があるのでしょうか。

A 裁判官は、抽象的には、家庭裁判所に継続したいずれの事件についても、それに関与する権限を有していますが、具体的には、その権限は、担当になった事件を通して行使されます。事件の担当裁判官を決めることを配点といいます。事件の配点は、裁判所の内部の取決めによって自動的になされるようになっています。裁判官は、配点された事件について、その事件を適切に解決するための包括的で具体的な権限を有し責任を負っています。

1 家庭裁判所における裁判官の役割

(1) 裁判官の権限の具体化

家庭裁判所の家事事件の紛争処理方式には、ざっくりと分けて調停・審判・人事訴訟があります。家庭裁判所の裁判官は、裁判官として、そのすべての事件に関与することができる抽象的な権限とそれに応じた責任とを有しています。その抽象的権限は、担当事件を通して具体化されます。事件を担当する裁判官を決めることを事件の配点といいます。事件の配点は、裁判所の客観的で公平な内部規律によって、自動的になされます。

事件担当裁判官は、その事件の内容を精査して、その事件を適正に処理するために、裁判所に置かれた様々なスタッフに対して、必要な命令を発することができます。事件が配点されたときには、担当書記官（➡ Q38）が定まっており、担当書記官は、裁判官の女房役として事件を進行させます。更に裁判官は必要に応じて、家庭裁判所調査官（➡ Q39）、医務室技

官（➡ Q40）、参与員（➡ Q37-2）を事件に関与させる命令を発します。

調停事件での裁判官の重要な役割は調停委員（➡ Q37）を選任して調停委員会を構成することです。

最近新設された役職に「家事調停官」という役職があります。家事調停官とは、家事事件手続法250条の規定に基づき、弁護士で5年以上その職にあったもののうちから最高裁判所によって任命され、非常勤の国家公務員として家事調停事件を主宰します。家事調停官という名前のとおり、関与するのは家事調停事件に限りますから、家事審判や人事訴訟については関与する権限はありません。しかし、家事調停については、通常の家事事件裁判官と同様の権限を有し責任を負っています。

(2) 調停における裁判官の役割

調停は、調停委員会によって紛争の解決が担われます。調停委員会は、裁判官1人と家事調停委員2人以上によって組織されると規定されていますが（家事法248条1項）、一般には、2人が指定されています。性別については、特に、規定はありませんが、男女各1人で構成されるのが実務の長い間の慣行です。

通常は、まず、新件については、申立書などを読んで、第一回調停期日の調停開始時間前に、事件の内容、問題点、考えられるその解決方法などを事件担当の2人の調停委員と話し合って、そこで必要な指示を与えるというかたちで行われます。これを事前評議というのが裁判所内での慣行です。この事前評議は、新件ではなく、期日続行の調停について、期日ごとに行われる場合もあります。そして、その日の調停期日が続行となると、その期日で行われた調停の内容、当事者双方の主張、問題点などが調停委員から担当裁判官に報告されて、次回期日での必要な指示が与えられます。これを事後評議といいます。解決が困難で、期日が重ねられた調停では、期日と期日との間に評議の時間を持つことがあります。これは期日間評議などと呼ばれています。また、家庭裁判所調査官が関与している事件では、臨機に調査官が裁判官や調停委員と評議をします。

もちろん、裁判官も調停委員会を構成し、それを主宰しているのですから、事件当事者やその代理人は、いつでも裁判官に調停室に来てもらって、

調停を主宰するものとしての事件に対する見解をただしたり、直接、当事者の言い分を聴いてもらったりすることができます。具体的な調停の進行方法については、別席調停か同席調停かの問題があります。

(3) 審判・訴訟段階における裁判官の役割

調停が不成立となって審判に移行した場合、あるいは、離婚調停などが不成立となって、新たに人事訴訟が提起された場合、事件は、調停と異なる質の手続に乗せられることとなります。すなわち、調停段階では、当事者の合意が紛争解決の基準であったのに対し、審判・訴訟段階では、法が紛争解決の基準となります。法律家の出番というわけです。それが、審判・訴訟手続です。

しかし、家事紛争は、法を適用して白黒をつけることが必ずしも紛争の適正妥当な解決とはなりません。ですから、審判・人事訴訟が、手続としては、一般民事事件と同質の、法が前面に出てくる紛争解決手続であるとしても、事件の本質が変わるわけではありませんから、法の専門家である法律家は、紛争解決の場面においては、必ずしも適役とはいえないのです。審判・人事訴訟を担当する裁判官は、常に、そのことを銘記しておくべきでしょう。ですから、事件が審判・訴訟の段階になったとしても、適宜、和解の途を探ったり、調停手続に戻したりすることも念頭に置いておくべきでしょう。もちろん、事件によっては、法による判断をすべきものがあることを否定するものではありません。

2　面会交流事件における裁判官の役割

(1) 面会交流調停と裁判官

面会交流事件は、子どもの福祉に直接関係しますから、家事事件の中でも重要な事件であり、また、両親が先鋭的に争うことも多いので解決が困難な事件です。調停委員会による斡旋がしばしばデッドロックに乗り上げることも珍しくありません。そうなると、人間関係調整の専門家である家庭裁判所調査官（➡ Q39）や事業によっては医務室技官（➡ Q40）の出番となります。裁判官は、それらの専門的スタッフと評議を重ねたり、自ら

106

調停室に臨席したりして調整に向けて協働します。実質的に主導的役割を果すのは家庭裁判所調査官だといえるでしょう。

　そのように努力しても調停が成立しないことも多いのが面会交流事件の紛争性の高さです。裁判官は、調停が不成立になったとしても調停室に臨席して、単に調停不成立を宣言するだけでなく、裁判官からの視点での最後の説得も試みるべきではないでしょうか。それができないとしても、少なくとも、審判移行に備えて、当事者双方に面接して、簡単でもよいので、双方の意見を直に聴取しておくほうがよいと思われます。当事者の意見の対立には、単なる事項的対立だけでなく、その対立事項の深度、対立の震源など、当事者に直接会っておくことによって、それらの対立の色彩をよりよく把握することができ、それらの対立の空気を、直接、感得しておくことは、爾後の事件の進行に有意義だと思われます。弁護士としても、その点を、調停不成立にあたって担当裁判官に、直接、感得してもらうことは大切なことです。調停担当の裁判官が審判の段階でも担当裁判官となるのが実務の慣行です。

(2) 面会交流審判と裁判官

　面会交流の調停が不成立となれば、当然に審判に移行します。紛争の解決が審判という段階になれば、調停の場合と異なって、裁判官は、事件を自ら積極的に進行させます。紛争の解決基準として法規範が前面に出てくるわけです。その点については、一般民事事件の裁判官と本質的に同じであるといってよいでしょう。

　ところで、近時の家庭裁判所では、面会交流することを親の権利として捉え、子の福祉を形式的に捉えて、それゆえ、非監護親は、原則として、子と面会交流する権利があり、非監護親の権利の実現が原則として子の福祉に適うという前提で審理が進められる傾向にあるといわれます。このような考え方によれば、非監護親と子とが親子であれば、面会交流することは、親子であることだけで、原則として、子の福祉に適うのであり、面会交流が子の福祉に反するという場合は、面会交流を拒む監護親がその事実を主張して反証しなければならないという考え方につながりやすいことになります。このような請求原因とそれに対する抗弁というかたちを紛争構

107

造とする考え方に基づいた審判の進行は極めて訴訟的なものであるということができるでしょう。

(3) 面会交流の判断基準

　紛争解決基準としての法規範としては、面会交流が子の福祉に適うか否かということです。その判断には、様々な事実の収集が必要であり、裁判所の、後見的でありながら、かつ、職権的・積極的な審理が必要なのです。裁判官は、家庭裁判所調査官などの専門的スタッフの意見を聴きながら、非監護親と子とを面会交流させてよいか否か、させてよいとして、その頻度、場所、方法などを判断するわけですが、事例によっては、間接的面会交流、例えば、手紙のやり取りや子の写真やビデオの送付などによるのが相当であるという判断がなされることもあります。

　上記のような判断事項は、その子どもの特性、親の特性、家族の特性などを含む微妙な事項であって、それを見るだけでも、とても一般的・抽象的になされうるものではないということがわかるでしょう。それゆえ、たとえ、審判という紛争解決手続が、法規範が前面に出てくる解決手続であったとしても、事件の本質としては、当事者の自主的解決が最も妥当であることには変わりはありませんから、あまりにも、訴訟的な発想を基本とした審判の進行が妥当かどうかは疑問のあるところです。

　判断は、非監護親の権利の擁護・実現にあるのではなく、具体的な子の利益・福祉の実現とは何かという観点からなされるべきなのです。裁判官としては、そのことを念頭に置いて、後見的、かつ、職権的に事実の調査をして、積極的に子の福祉の実質に照らした判断をすべきでしょう。子の福祉といった複雑な視点を含んだ判断をステレオタイプ化するのはとても危険なことです。

　当事者代理人としての弁護士としては、白黒をつけることや、単に、自己のクライアントの利益だけを考えるのではなく、両親の紛争に巻き込まれた子の福祉を考えるという客観的スタンスで事件に関与するべきです。

Q37 家事調停委員及び参与員の権限と責任

面会交流の調停を担当する家事調停委員、面会交流の審判に関与することがある参与員にはどのような権限と責任とがあるのでしょうか。

A 調停委員は、調停委員会の一員として家事調停を担当します。しかし、調停を実質的に進行させるだけで、調停を成立・不成立などによって終結する権限は裁判官にあり、調停委員にはありません。

参与員は、裁判官の補佐役として家事審判事件に関与します。もちろん、審判を下す権限と責任とは裁判官にあるのですが、参与員は、その豊富な社会経験をもとに、裁判官に事件についての意見を述べて審判の参考に供するのです。

1 家事調停委員の権限と責任

(1) 調停委員の資格

広く調停委員には、民事調停委員と家事調停委員とがあります。民事調停委員は地方裁判所に所属して地方裁判所の一般民事調停事件を取り扱います。それに対して、家事調停委員は家庭裁判所に所属して家事調停事件を取り扱います。いずれの調停委員も、非常勤の国家公務員として、それぞれ指定された各地の裁判所に所属します。その資格や権限については、最高裁判所が定めた「民事調停員及び家事調停委員規則」（以下、規則といいます）のほか「民事調停法」「家事事件手続法」などによって法的に根拠づけられています。ここでは、特に断らない限り家事調停委員について述べます。

(2) 家事調停委員の選任

各地の家庭裁判所が、調停委員となるにふさわしいと思われる人物の選

任をして、それを、意見として最高裁判所に上申するという方法が採られています。上申を受けた最高裁判所は、特段の事情がない限り、それを拒否すべき理由はありませんから、結局、実質的には、各地の家庭裁判所が、家事調停事件を取り扱わせるのにふさわしいと考えられた人が選任されるのです。

その選任の方法は、いわゆる公募採用によっています。選任にあたっては、面接などの方法によって、できる限り、調停委員としてふさわしい人材を求めようとしています。そのほか、退職した家庭裁判所調査官、書記官を採用する方法も採られています。元家庭裁判所調査官や元書記官については、その人格や識見についての情報も得やすいと思われますから手堅い採用方法であるといえます。また、遺産分割事件などの法的知識を必要とする事件では、法律専門家の確保も必要です。その点では、退職した裁判官を採用することも多いです。なかなか困難なのは、弁護士からの採用です。というのは、調停委員には、必要な旅費や日当が支給されるのですが、支給される額と調停に費やされる労力とを対比すると、現在、弁護士などの業務を現役で営んでいる人にとっては、とても割に合わないのです。ボランティア精神が必要な場合も多いと思われます。そのように、調停委員としてふさわしい人材の確保は、現在も様々な努力がなされていますが、困難な問題です。

任期は2年(規則3条)ですが、上記のように適切な人材の確保が難しく、原則として、70歳までは再任用を繰り返されるのがほとんどです。

(3) 調停制度についての2つの考え方

調停委員の権限と責任を考えるについては、そもそも調停という制度はどういうものかということを理解しておかなければなりません。

調停の本質については、ざっくり分けると、「合意斡旋説」と「調停裁判説」という2つの大きな考え方があります。まず、「合意斡旋説」とは、調停とは当事者間の合意を斡旋するものであるというものです。合意斡旋説が、家事紛争の解決は、当事者間の合意を重視するのは家事紛争の解決は、その紛争の性質からして、当事者間の「合意」によって解決するのが最も適切な解決に導かれると考えるからです。そして、調停は、当事者が

合意に至る場であり、調停委員の任務は、その合意に至る過程を援助する
ものであると考えます。ですから、調停委員に必要とされるのは、合意を
「斡旋する技能」です。そうすると、規則のいう「紛争の解決に有用な専
門的知識経験」とは調停の技法のことを指しているということになります。

　それに対して、「調停裁判説」というのは、調停は本質的に裁判である
という考えです。極端にいえば、裁判所が判決する代わりに当事者の合意
というかたちを採っているだけだというのです。この紛争は、こういう内
容で解決されるべきものであるという裁判所の判断があり、その判断の内
容にそって当事者が合意するように当事者を「説得する」場が調停であり、
その説得が調停委員の役割だというものです。このような考え方が出てく
るのは、家事紛争を解決する基準は、一般の民事事件と同様に法規範であ
るという考え方がもとになっているのです。例えば、離婚の調停であれば、
果たして、民法 770 条の離婚の要件があるかを調停委員会は判断し、あれ
ば、離婚に向けて当事者を説得するのが調停であるということになります。
そうなると、極論すれば、離婚調停においては、調停の結果、円満にやり
直すという合意ができたとしても、そのような調停調書を作成するのは調
停の役割ではないということになります。それは、かつて、一般民事事件
においても、裁判所というところは裁判所の判断を示すところであるから、
判決こそその職責であるとして、和解による解決を蔑視していたという、
とても古い裁判所の体質が調停について復活したのが調停裁判説なのです。

　現在、合意斡旋説が通説です。しかし、調停裁判説が全く駆逐されて力
を失ってしまったのではありません。現行の調停に、調停裁判説的な考え
方が調停の運用を左右しているという面があるのではないでしょうか。

(4)「斡旋」か、「説得」か

　合意斡旋説を少し実践的に考えてみましょう。調停制度は、紛争当事者
が「合意」によって紛争を終わりにするために考えられた仕組みです。即
ち、紛争解決の出口が「合意」であることは、合意斡旋説も調停裁判説も
共通していますが、その「合意」に至る経緯が、合意の「斡旋」か、合意
の「説得」かというところに違いがあります。合意斡旋説は、合意の斡旋
という側面的な援助が調停であるというニュアンスを持ってきます。紛争

当事者は、自己解決能力を失っています。合意形成への援助とは、その自己解決能力を回復させることでもあります。ところが、この後見的な援助と説得との違いは必ずしも明確に認識されません。側面援助に説得の要素がないわけではありません。しかし、その説得が行き過ぎたり、合意斡旋の中身が説得一本やりになったりということが起こりえるのです。そうすると、たとえ、合意に至ったとしても、当事者がそれを強制と受け取ったりして、不満を抱えたまま裁判所を後にすることも珍しいことではないと思われます。「合意に至る経緯」は、とても繊細な隘路です。そこを進むには神経を張り巡らせた注意深さが必要なのです。調停委員の人格的高潔さなどのみによって満たせるものではなく、やはり、そこには「技法」が必要になるのです。

(5) 家事調停委員に求められる技量

さて、現在の調停を前提として、調停の在り方を考えてみましょう。調停を適切に行うためには、まず、何よりも、調停委員と調停当事者との間に人間としての信頼関係が形成される必要があります。

そして、調停委員は、調停の場をコントロールすることができなければなりません。調停の場をコントロールするといっても、単に、高圧的に、権威的に、当事者を説き伏せる「力」のことではありません。よく、調停委員は説得力が必要だといわれます。その説得力とは、当事者を説き伏せる力ではありません。また、当事者の心理を巧みに操って、調停委員が駆け引きをして合意に至らせるというようなものでもありません。当事者に、自主的解決能力を回復させ、当事者が自ら主体的に紛争を収束させるように側面から援助するのが調停ですから、当事者が納得のいく解決を当事者自らがもたらすように当事者双方の話合いを援助しなければなりません。それが、調停の場のコントロールであり、その力が調停委員の力量なのです。

(6) 調停委員の権限と責任

さて、調停委員は、秘匿性の高い当事者間の紛争に、何の利害関係もない第三者としての立場から首を突っ込んであれこれ介入をすることが許されています。それが、調停委員の最大の役割です。では、調停委員の「責任」とは何でしょうか。それは、後記するように、かなり曖昧なものです。

その責任の曖昧さは、翻って、どのような「権限」が調停委員にあるのか
という問題として跳ね返ってきます。

　具体的に考えてみましょう。調停を行うのは調停委員会であり、調停委
員会は、裁判官1人と調停委員2人以上で構成されます。そして、調停委
員会を構成する裁判官は、調停を主宰するという権限と役割を持っていま
すから、調停の形式的進行・実質的進行についての決定権限と責任とは裁
判官にあり調停委員にはありません。調停委員は、その調停担当裁判官の
指揮に従って、調停を形式的・実質的に進行させるだけですから、事件に
独立した法的主体として関与するのではないといえます。その意味では、
裁判官の手足にすぎないということもできると思います。あるいは、裁判
官の権限の一部を分与されたという見方もできます。結局のところ、調停
委員の権限や責任というものはあまりはっきりしたものではないのです。

2　参与員

　参与員は、調停委員と同様に、家庭裁判所の事件に関与することができ
る権限を持っていますが、ただ、調停ではなく審判に関与するのです。そ
の関与の仕方も、家事調停委員とは大きく異なります。まず、法律上は、
原則として、家事審判事件に参与員を関与させるべきこととなっています
（家事法40条1項本文）が、家庭裁判所が相当と認められる場合は、その意
見を聴かないで審判をすることができます。現在の実務では、子の氏の変
更、成年後見事件、名の変更、戸籍訂正、未成年者の養子縁組などの家事
審判事件の手続の際に、審判の前の準備段階で当事者から事情を聴くとい
う、いわゆる予備的審問として行われており、そのほか、あらかじめ提出
された書類を閲読したりして、裁判官が判断をするのに参考となる意見を
述べます（家事法40条1項）。このように、現在の実務では、参与員の関与
は極めて限定的なものになっており、調停事件に比べると一般の常識を反
映させるという点についても役割は限定的にすぎないというべきでしょ
う。参与員をどのように有効にシステムに生かすかということは今後の課
題です。

113

Q38 家庭裁判所書記官の 役割と権限

家庭裁判所書記官は、どのような役割と権限を持っているのでしょうか。

A 書記官は、法律の専門家として、裁判所法60条に基づき事件の進行を一手に管理する権限と責任があります。事件進行の管理は、事件に関する記録その他の書類の作成等をすることであり、事件の進行に関する事項は、書記官が作成した書類によってのみ公証されます。また、裁判官を補佐して、法令や判例などを調査するという仕事もしますが、圧倒的に重要なのは事件進行の管理でしょう。特に、家庭裁判所が扱う事件は複雑なものが多く、手続も複数の手続が事件に応じて定められていますから、地方裁判所の書記官とはまた異なる知識と経験が必要でしょう。

1 民事訴訟法の改正と家事書記官

1996（平成8）年の民事訴訟法の改正によって、督促手続を書記官の独立した権限とするなど、書記官の権限が拡大されました。それは法律専門家としての書記官の裁判官に対する独立性の確保であるといえるでしょう。

ところで、家庭裁判所における書記官業務は、裁判官との協働という側面が強いということができます。それは、家庭裁判所における紛争が、一般民事事件のように、抽象的にパターン化することが難しく、事件によって異なる紛争の特殊性を捨象することができないという家事紛争の特殊性によるところもあります。つまり、家庭裁判所の書記官が事件の進行を管理するには、いちいち裁判官のお伺いをたてる上命下達的な職務の遂行では紛争が迅速・適切に処理できないので、書記官の進行管理は事実上その裁量性が大きくなるのです。

2 家事事件受付

　家庭裁判所が扱う事件は、家族・親族関係の中で生起した身分（関係性）に関する問題ですから、様々な態様のものが含まれます。

　また、家事事件は、人々の家族生活という日常生活により密着したところで生起する家族社会での紛争です。家庭生活や親族関係において問題を抱えた人の多くは、まず家庭裁判所の窓口に相談に訪れることがあります。そのような場合、家庭裁判所の書記官は、その相談に対応して、相談者の話をよく聴き、それがどのような事件なのか、家庭裁判所の手続のどれに乗せるべきものなのかを判断して、しかるべき手続を案内しなければなりません。そのような窓口の業務にあたる権限を有しているのが、法律の専門家である書記官です。

　家事事件は人間の関係性の葛藤の事件なのですから、事件受付の初めの対応にあたる書記官は、そこで聴取できた事実関係から、単に法的側面からだけではなく、紛争当事者の人間関係のかたちを採り出して、事件の先を見通す能力が必要です。感情的になっている当事者を落ち着かせて、その感情を整理させるというカウンセリング的な役割も期待されるでしょう。

　現在、多くの庁では、典型的な事件の申立書をはじめ事件の進行に必要と思われる事項については、裁判所があらかじめ予測される一般的争点を挙げて、該当するものに✓をする方式のものになっているのが一般的です。できるだけ、一般の人にも事件の骨格や争点を明確に整理できるように工夫されたものです。しかし、簡略化されたものですから、紛争の内容を十分に伝えるものではありません。代理人弁護士としては、適宜、上申書などを活用して紛争の実態をあらかじめ上申しておくべき場合があるでしょう。

3 家事調停事件における書記官

(1) 事前準備

　家事事件受付から事件の配点を受けて、その事件の担当になった書記官

は、申立書その他の提出書類から事件の概要を把握します。ただ、前記のように、申立ての段階で裁判所に提出される申立書は簡略化されており、そこからは、事件の基本的な骨格、例えば、離婚事件においては、離婚について対立があるとか、親権について対立があるとか、面会交流について対立があるとかなどの基本的事項についての対立の存否、あるいは、一方にDVの危険性がある、相手方に申立人の住所がわからないようにしてほしいなど事件が進行する前に裁判所に知っておいてもらいたい事情などのほかの具体的な細かな事情は到底把握できません。いわば、裁判所が当面の事前準備をするための書面とでもいうべきものです。それゆえ、代理人弁護士としては事件の早期の段階で裁判所に把握しておいてほしい事情があれば、上申書をあわせて提出しておくか、電話で担当書記官に相談することも必要です。

　次に、担当書記官は、調停期日を調整し、初回の期日に当事者双方に初回期日を通知します。代理人がついていれば、代理人から手続委代理任状の写しをもらって、代理人に初回期日を通知します。初回期日は、申立て受付から少なくとも1か月程度は見ておかなければなりません。担当書記官は、担当裁判官から担当調停委員の指定を受けると、その調停委員に連絡をとります。

(2) 調停期日の進行

　調停の期日には、書記官は、当事者及びその代理人が出頭していることの確認をします。そして、当事者をそれぞれの待合室に案内すれば、あとは、その事件の担当の調停委員が待合室に当事者を呼びに行きます。

　事件記録は、それまでに、指定された調停委員が検討しています。もちろん、担当書記官も担当裁判官も検討しています。事件記録が担当調停委員に引き継がれた後の進行は担当調停委員に委ねられます。

　調停の進行について、調停委員では判断しかねる問題が生じた場合は、担当調停委員が担当書記官の指示を仰いで進行します。担当書記官は、自らの判断で指示をする場合もあれば、担当裁判官に相談して指示をする場合もあるでしょう。そのように、調停が始まれば担当書記官は背景に引くといってよいでしょう。

担当書記官は、特別のことがない限り、各調停期日の内容等について調書を作成することはありません。調停委員は、それぞれの期日にメモを作成していますが、そのメモは私的な覚書であって、調停記録の一部ではありません。ですから、調停記録の開示請求をしても、私的メモは開示請求の対象にはならず、調停委員のメモが開示されることはありません。それゆえ、調停が不成立になった場合は、その経緯は記録化されていませんので、当事者の代理人は必要に応じて調停の経緯を自ら記録しておく必要があるといえます。

　また、調停の経過については、書記官作成の調書でしか証明できませんので、代理人弁護士は重要なことは、調書に記載しておくように担当書記官に請求する必要があります。この調停経過の実質的記録化をどうするかということも調停運用上の問題として残されているといえます。

(3) 調停の終了

　調停が成立した場合、また、調停が不成立になった場合、調停は終了となります。調停が成立した場合は、担当している調停委員が、合意内容を担当書記官に説明して、多くの場合、説明を聴取した担当書記官は、主として法的観点から合意内容の適正を点検して成立調書の案を作成し、事件担当裁判官に報告してその妥当性を改めて裁判官の眼で点検してもらい、それでよいとなれば、裁判官が調停の場に臨席して当事者に調停条項を読み上げて確認をします。もちろん、その場には書記官が立ち会っている必要があります。

　調停条項の作成の権限と責任とは担当書記官にあります。調停調書はその日には作成できません。後ほど作成して代理人に作成ができたことを通知して代理人は調書を受け取りに行くことになります。

　調停が不成立の場合は、調停委員がその不成立になった経緯等を担当書記官と一緒に裁判官のところに説明に行きその了解を得て、裁判官が調停の場に臨席して不成立を宣言します。担当書記官は、不成立調書を作成しますが、代理人が必要であれば不成立調書の正本を取りに行かなければなりません。離婚事件における調停の不成立調書は、後に離婚訴訟を提起するために必要となります。離婚裁判の提起には、原則として、調停前置を

満たしておく必要があるからです。

4　家事審判事件における書記官

　審判は、当事者の合意を紛争解決基準とした調停手続が、その手続での紛争解決に失敗したので、次の段階として、裁判所が紛争解決の前面に出て、法を基準として紛争解決にあたるという手続です。その点では、一般民事訴訟の場合と同様ですが、民事訴訟が当事者主義であるのに対して、審判手続は職権主義である点において本質的に異なります。

　そこで、紛争当事者の代理人としては、事件が審判の段階になれば、基本的に、裁判所の訴訟指揮に従った対応をすることで足りるのですが、例えば、必要と思われる点については、こちらから積極的に裁判所に働きかけることが必要です。その点では、家事審判事件では、一般の民事訴訟よりも、裁判所と協働するというイメージであって、当事者と裁判所との距離が近いということもできます。

　前記のように（➡ Q36 参照）、審判事件は、裁判所が主導して進行されるので、当事者代理人としても、現在、裁判所が何をしているのかということに気を配っておく必要があります。そうでなければ、予期せぬときに、審判が出されてしまったということにもなりかねません。もちろん、多くの場合、裁判官が審判期日を開くか、書記官を通じて、もうこれ以上主張立証はないかと問い合わせるのがほとんどです。

　審判の段階になると、担当書記官が進行を管理するのは調停の場合と同様ですが、事件について争点を整理して審判の実質的な進行を担うのは、担当裁判官です（家事法 52 条）。もちろん、書記官が裁判官を補佐して進行を管理するのは変わりません。また、審問をすることもあり、そこには書記官が立ち会って審問調書を作成します。これらの点では、一般民事事件の書記官と異なることはないといえるでしょう。

118

Q39 家庭裁判所調査官の権限と責任

面会交流の調停・審判に関与することのある家庭裁判所調査官とはどのような仕事をし、どのような責任と権限があるのでしょうか。

A 家庭裁判所調査官は、心理学、社会学など人間関係諸科学の専門的な知識と技能を有しているスタッフです。そして、裁判官の命令によって家庭裁判所の事件に関与し、裁判官の判断を補佐する役割を持つ重要な役職にあります。いわば裁判官の片腕です。面会交流など紛争性の高い事件については、ほぼ調査官の関与があるでしょう。

1 家庭裁判所調査官とは

家庭裁判所調査官になるには、裁判所職員採用試験の総合職試験（調査官補採用試験）を受験して、その試験に合格しなければなりません。そして、裁判所で働くには、更に調査官補として裁判所に採用される必要があります。

そして、無事に調査官補に採用されると、裁判所職員総合研究所に入所し、心理学、社会学、法律学などの専門的知識やカウンセリング技法などの専門的技術を習得する一方、全国の主要都市の家庭裁判所に配置されて実務修習を受けます。2年間の修習を終えれば、家庭裁判所調査官に任官されることとなります。

家庭裁判所調査官は、家庭裁判所の少年事件、家事事件に関与するのに必要な人間関係についての理論だけでなく実技も身に付けている高度な専門家たちです。調査官は、法律家が苦手としている心理学や社会学などの人間関係に関する総合的な専門知識や人間関係紛争に関与する技能を有している人たちであることを認識しておいてください。

2　家庭裁判所調査官の仕事

(1) 紛争構造の把握

　家事事件は、当該紛争に関係している当事者の人間性をどう見るか、紛争当事者間の、現在の人間「関係」をどう見るか、その人間関係のどこかに紛争を解決する端緒があるのか、ないのかというように、法的視点とは異なった視点で事件に接することが必要です。

　家庭裁判所調査官は、紛争当事者に面接したり、家庭訪問をしたり、種々の資料を収集したりして、調査官という人間関係専門家の視点から見た当該事件の「紛争の構造」を把握する必要があるのです（家事法58条1項、2項、59条3項）。

　例えば、父母のいずれを離婚後の親権者とすべきかということについて見ると、民法766条1項は、父母の協議で定めるとし、その際の基準として「子の利益を最も優先して考慮しなければならない。」という規範的規定を置いてはいます。しかし、その規定はとてもオープンな抽象的規定であって、法的規範性としてはとても弱いものです。ですから、その内容を具体化するためには、夫婦、親子の関係性を調査しなければなりません。それによって、具体化された当該紛争当事者である夫婦・親子の関係性の在り方が紛争解決の基準になるのです。

　そのような、民法766条の抽象的規定の紛争解決基準の具体化は、法形成作用であるともいうことができるでしょう。しかし、重要なのは、民法766条の抽象的規定の具体化された内容は、それぞれの紛争当事者によって異なるということです。それを法規範と同一視することには問題があるでしょう。要するに、民法766条は法的規範としてはほとんど役に立っていないのです。家族法には、このような白地規定とでもいうべき規定が随所に見られます。

　そうすると、当該夫婦、父と子、母と子という事件に関係する人の人間関係の側面から見た紛争の構造を専門的な視点から判断する調査官の仕事は、紛争の解決において、極めて重要な働きをするのです。面会交流につ

いても同様のことがいえます（民法766条1項）。その夫婦の関係性、親子の関係性をどう見るかということが基準となって、面会交流の具体的な内容をどのように定めるべきかを判断しなければならないのです。

そのような判断基準の作成は、法律の専門家である裁判官が得意とするところではありません。それゆえ、紛争の適切な解決のためには、人間関係から紛争を構造化する専門家である調査官の介入が必要となります。もちろん、最終的な判断権者は裁判官ですが、調査官の意見は、裁判官の判断にとって重要な役割を持っているのです。

(2) 事件の進行への介入

また、調査官の仕事は、例えば、調停事件を例にとると、離婚事件の紛争当事者である夫婦の関係が複雑に感情的にこじれてしまい、当事者が自分たちの紛争の問題点に理性的に向き合うことができずに調停が頓挫してしまっているような場合、現在の調停実務は1回の期日の時間はおおよそ2時間程度、しかも、別席調停という方法を採っていますから、1人の当事者から事情を聴取する時間は限られており、そのような時間的制限の中では、調停委員が紛争当事者の感情のもつれを解消するには限度があります。そのような場合、調査官が、調停期日に立ち会って（家事法59条1項、261条1項、2項）調停委員の説得を側面から援助したり、期日外で当事者双方に面接したりして当事者双方の感情的なもつれを緩和して調停を軌道に乗せる役目を果たすことがあります。また、調停の進行にとって必要な事実を調査することもできます。これは、調停の進行に対する援助です（家事法258条1項、261条1項）。

事件の申立ての段階から、調査官の関与が必要だと判断される事件には、調停の第一回期日から調停の場に臨席することもあります。例えば、面会交流の調停などには、第一回期日から調査官が立ち会っていることが多いでしょう。以上のように、調停事件における調査官の働きには多彩なものがあります。

一方、事件が審判・人事訴訟になると、調査官の仕事は裁判官から命令された事項を調査するという限定的なものになり、その仕事は裁判官の背後に引いたものになり、審判ごとに同席することはありません。

以上のように、家庭裁判所の事件の適正な解決のためには、法律の知識・技能だけでなく更に広い人間関係諸科学の知見や技能が必要となり、調査官の存在は不可欠なのです。

3　調査の方法と進行

(1) 調査の始動

　調査は、事件担当裁判官の調査命令の発令によって始動します。調査命令は、当然に、調査事項を明確にして発令されなければなりません。しかし、調査命令は、多くの場合、「親権者の適否」「面接交渉の可否と程度・方法」など漠然としたかたちでなされますので、担当になった調査官は、担当裁判官と面談して、更に具体的な調査事項を絞ります。

　そのような調査官と裁判官との協議（家庭裁判所では、評議といいならされています）は、法律の専門家と人間関係の専門家との協議ですから、専門家同士の対等な関係での意見の交換の場であるべきです。

(2) 調査の方法

　調査の方法は、裁判官が発令した調査事項にもよりますが、当事者や必要な事件関係者と面接することが中心になります。紛争当事者との面接は欠かせないと思います。また、子どもが係る事件などでは家庭訪問や保育園訪問なども行われます。調査の期間も、担当裁判官と打ち合わせもするのですが、調査の終了までの期間は、通常の事件だと1か月以上はかかるようです。しかし、事件の個性は様々なので一概にいうことはできません。

　次に、調査官の仕事の特徴は、調査活動が広範で多岐にわたることであり、その仕事の性質上広範な裁量性が与えられているということです。いわゆる裁判所内部のデスクワークに限ることなく、積極的に外にも出て調査対象を訪問することもできます。

　要するに、仕事の裁量の幅の大きさこそ調査官の仕事の特色であり、そのような裁量性の大きさこそが、調査を形式的にせず、調査内容の専門性の充実をはかることができるのです。

　調査が終了すると、調査官は、調査の方法（経緯）やその内容、調査官

の専門家としての意見を「調査報告書」として裁判官に提出する（家事法58条3項、4項）のですが、裁判官と書類上だけの受け渡しをするのではなく、あわせて口頭でも報告がなされます。複雑な事件では、調査の途中で、裁判官と協議し、必要があれば、中間の調査報告と意見を提出し、更に必要な調査を続行することもあります。

(3) 調査官の独立性

上記のように、調査官は、裁判官と一体となって、協働して事件の解決に尽力するのです。裁判官が優れた法律学の専門家であると同時に、調査官も優れた人間関係諸科学の専門家なのです。ですから、裁判官と調査官とは、本来、身分的な上下関係や上命下達の関係にあるべきではないのです。

確かに、調査官の仕事は裁判官の調査命令によって発動しますが、それは単に仕事の端緒であって、そのことから、裁判官と調査官との身分的上下関係を導くことはできません。また、確かに、事件について最終的な判断を下すのは裁判官なのですが、問題はそれに至るまでの経緯です。果たして、調査官がその専門家としての立場から、どれだけ独立した調査報告書を作成したのか、そして、裁判官との間でどれだけ実質的で対等な評議がなされたのかが事件の解決の質を決定するのです。

現在、その点について、各家庭裁判所の運用実態がどのようなものなのかはうかがうことができませんが、家庭裁判所が、あまりに訴訟的に家事事件を処理するのであれば、調査官の専門性は死んでしまいます。それゆえ、この調査官の独立性という問題は、常に念頭におくべき家庭裁判所の問題なのです。

Q40 家庭裁判所の医務室技官の役割と権限

家庭裁判所には、精神科医などが医務室技官として置かれているようですが、どのような権限と責任とがあるのでしょうか。

A 医務室技官とは、精神科医師、看護師などの国家資格を持った技官です。医務室技官は、精神的に混乱していると見られる当事者がいる場合、その当事者に面接したりして、専門的観点から、その精神面を診断して、技官室でカウンセリングをしたり、他の医療機関につなげたりして、調停や審判の手続が円滑に進行することを側面から支える役割と権限を持っています。

1 家庭裁判所にはなぜ医務室技官が必要なのか

(1) 医務室技官の権限

医務室技官は、家庭裁判所の事件の処理の過程で、裁判官の求めに応じて、事件当事者や事件関係人の心身の状況について医学的診断をしたり、事実の調査をしたりして、事件の進行に関与し、事件の解決に役に立つ働きをしています（家事法60条、261条2項）。また、医務室では、家庭裁判所に来ている間に具合が悪くなった事件関係者に対する応急の手当なども行っていますが、医務室技官の権限は、何といっても、裁判官の命によって、事件の進行に関与することです。

しかし、家事事件手続法60条や261条2項の存在に照らせば、法は、医務室技官に対して、その専門性を生かした、もっと積極的な働きを期待していることは明らかだと思います。

(2) 医務室技官の必要性

では、なぜ、家庭裁判所にそのような専門性を持つ技官が配置されてい

るのでしょうか。一般に、医務室技官の必要性は、家庭裁判所を利用される当事者やその関係者には、精神的に不安定な人がいるので、何か突発的な混乱が起こることがあり、そのために待機しているのだと理解されていると思います。そのような理解に誤りはないでしょう。

　家庭裁判所に医務室技官が必要なのは、家庭裁判所の事件の特質から導き出されるのです。即ち、これまでも述べているように、一般民事事件とは異なり、家庭裁判所の事件は、紛争の適切な解決のためには、紛争当事者のその人たちの固有の具体的生活や具体的心理を無視しては適正な解決がはかれないという特色を持っています（➡Q 35 参照）。

　そこで、人間関係の専門家である家庭裁判所調査官が重要な働きをする（➡Q 39 参照）のと同じように、医学的視点から事件を診ることができる医務室技官もまた必要なことがあるのです。家庭裁判所調査官が心理学的・社会学的視点から事件を診るのに対し、医務室技官は、精神医学的視点を重点とした紛争当事者等の「人間性」とその「関係性」を観察し、それに医学的視点から介入するために存在しているのです。いわば、精神医学的視点から紛争を評価するのです。それにより、紛争解決の指針が与えられるのです。

　事件の解決には、心理学的・社会学的な視点と並んで精神医学的な視点が必要となる場合もあるのです。家庭裁判所の紛争の解決が目指すところは、基本的には、法による「裁断」ではなく、人間関係の「修復」であるといっても過言ではありません。そのようなときに、医務室技官の視点による紛争の構造的分析や助言は、紛争の解決のためにおおいに役立つでしょうし、また、医務室技官はそのような方向で活用すべきだと思います。

2　面会交流事件と医務室技官

　面会交流事件においては、親子（父子・母子）間の「関係性」が問題となるだけではなく、夫婦（あるいは元夫婦）間の「関係性」も問題となります。面会交流事件とは、単に、親子関係だけの問題だと狭く捉える見解もあるかもしれませんが、それは誤った考えです。なぜならば、面会交流

125

事件が事件としては終了したとしても、その後の面会交流の実施の問題があるからです。夫婦関係が険悪なままでは、いくら面会交流の条件を定めたとしても、その後の実施はおぼつかなく、結局、履行勧告から再調停への道を辿るのは目に見えているからです。強制執行は法的には不可能ではありませんが現実味はありません。やはり、夫婦関係が、少なくとも調停あるいは審判で定められた面会交流を実現できる程度の「修復」を遂げていなければなりません。また、その修復の程度を考慮した条件が定められる必要があります。そのためには、家庭裁判所調査官だけでなく、事例によっては医務室技官の助力が必要となります。

　例えば、面会交流をめぐって激烈に争っている夫婦の場合、一方が他方のことを、あるいは、双方が相手方を、精神的におかしいと攻撃することは珍しくありません。そうなると、その主張の当否が当然問題となります。当事者から診断書が提出されている場合もあると思いますが、それは、一方当事者の立場に立った診断書であって、夫婦の双方に客観的な立場から面接してだされたものではありません。そのような場合、医務室技官の意見が客観的意見として参考になるものです。

3　医務室技官の現状と課題

　医務室技官の家庭裁判所における位置、その重要性については、以上に述べたとおりですが、家庭裁判所の実務の現場の現状では、医務室技官のその権限と役割が十分発揮されているとはいい難いと思います。

　その理由は、家庭裁判所という司法機関が医務室技官のような他職専門家との協働ということについて不慣れであり、司法は司法で自己完結してしまう傾向があることです。それゆえ、精神科医、看護師という埒外の専門職を迎え入れるについて、彼らの仕事を司法機関の中でどうイメージしたらよいのかが不明確なままであるということです。ですから、他方の医務室技官の方も、具体的に自分たちの専門分野で家庭裁判所の仕事にどのように関与してよいのかという戸惑いを覚えざるを得ないまま、仕事を発進させざるを得ず、手探り状態で自らの職責の足場を固めざるを得ないのです。

126

Q41 面会交流実施の支援の意義と限界

面会交流実施の支援とは何を意味するのでしょうか。面会交流の具体的権利義務の内容が未確定の間でも可能なのでしょうか。

A 面会交流支援とは、当事者間の協議と調停・審判で、親子間等の面会交流の具体的権利義務が確定しているが、当事者間でその実施方法について協力が得られず第三者の援助が必要な場合に、これを支援することです。具体的権利義務の内容が確定していることが必要ですから、それについて争いがある限り、再度当事者間の協議・調停・審判で確定し直す必要がありますが、それはＡＤＲ（裁判外紛争解決手続）の問題です。

1 面会交流支援の意義

(1) 具体的権利義務の確定

どのような面会交流の方法と形式における面会交流の内容が認められるかに関しては、民法766条に規定されておらず、それは非監護親と監護親との協議によって具体的に定まります。そして、協議ができないときは、それに代わる調停又は審判において、確定されなければなりません。

(2) 確定前の支援はありえない

このように当事者間の協議・調停・審判によって具体的な面会交流の権利義務が確定されて初めて、それに対する支援ということが考えられることになります。その確定前に面会交流の支援をするということはありえないことにまず注意する必要があります。

ですから、面会交流支援というのは誤解を招きやすく、実質的には面会交流実施支援でなければなりません。

2　面会交流支援の限界

　面会交流をするかしないかについて争いがあり、非監護親が面会交流を求めるのに対し、監護親が面会交流を認めようとしない場合は、そもそも面会交流の権利義務の存否自体について争いがあり、その具体的内容は定まっていないのですから、支援のしようがありません。支援の対象が定まらないからです。その争いを何とか円満に解決してスムーズに面会交流ができるように支援しようということは、新たな権利義務の創設であり、それはADRの分野です。

3　ADR活用の可能性

　面会交流に関して当事者間に争いがあるときは、当事者間で協議ができないわけですから、あとは家庭裁判所の調停・審判で解決するほかないのですが、最近いわゆるADR法（裁判外紛争解決手続の利用の促進に関する法律平成16年法律151号）が制定され、民間団体で法務大臣から紛争解決手続業務の認証を受けたものは、面会交流義務の存否やその具体的方法や形式等の新たな創設について、有償で調停をすることができることになりました。

　しかし、国や地方公共団体等は、民間団体ではなく、ADR法に基づく認証団体にはなれず、調停行為をすることはできません。仮に双方からの依頼に基づいて行っても、行政機関による調停行為は違法となることに注意が必要です。

Q42 面会交流支援の第三者機関と支援の方法

面会交流支援の第三者機関とその支援方法にはどのようなものがあります
か。行政機関・民間機関別に見るとどう異なりますか。

A 面会交流の支援ができるのは、面会交流の内容である具体的権利
義務が協議・調停・審判で確定していることが前提ですが、これ
までの我が国の例ですと、行政機関と民間機関があります。この点は、二
宮周平編『面会交流支援の方法と課題——別居・離婚後の親子へのサポー
トを目指して』（法律文化社、2017）が詳しく、参考になります。

1 行政機関の支援の場合

(1) 厚生労働省の場合

厚生労働省は、2016年度の調査研究事業の一環として、民間機関であ
るFPIC（公益社団法人家庭問題情報センター）の面会交流実施の援助等
の企画を採用しました。FPICはADR認証団体でもあるので、ADRとし
て紛争の当初から権利義務関係を創設・調整することはできますが、行政
機関の場合それはできません（具体的な権利義務形成の調整活動に国家予
算を使うことはできません）。

そうすると、厚労省としては、既に当事者間の協議・調停・審判によっ
て具体的な面会交流の方法や形式等の中身が決まっているものについて、
当事者双方から援助の依頼があった場合にのみ支援する民間活動に対し予
算措置を講ずることができることになります。当事者の一方からのみの依
頼の場合は、権利義務関係の調整が必要になりますので、支援の対象から
外れるといえます。

(2) 地方公共団体の場合

　明石市など基礎自治体が面会交流支援を行い始めました。しかし、基礎自治体は ADR 認定団体にはなれませんので、もとよりここでの支援は、当事者間で既に面会交流の内容について具体的な権利義務が確定している段階以後に、その内容の実現のための支援ができるということに留意する必要があります。

　明石市の場合、具体的な支援策として、①取決め支援（面会交流についてまだ取決めをしていない親に対しては取決めを促す）、②相談支援（面会交流の取決めなどに関して相談をしたい親に対しては相談に応じる）、③子どもの気持ちを考える支援（面会交流を実施するにあたり、子どもへの接し方等に悩んでいる親に対しては、子どもの気持ちを考える機会を与える）、④子どもの情報共有の支援（子どもに関する情報共有ができていない親に対しては、子どもの気持ちを考える機会を与える）、⑤面会交流場所の提供支援（面会交流の場所を探している親に対しては、場所を提供する）、⑥連絡調整・受け渡し支援（相手方と直接連絡を取らなくてもよいなら面会交流をすることができる親に対しては、子どもの受け渡しや連絡調整を行う）などを行っています。

2　各種民間団体その他個人等の場合

　最近は面会交流の支援団体が多くなりました。公益社団法人、特定非営利活動促進法に基づく NPO 法人、その他の団体・個人がありますが、二宮・前掲書によれば、FPIC のほか、札幌おやこ面会交流の会あやの会、帯広おやこ面会交流の会しおんの会、面会交流支援室ぐっどペアレンツ・いわて、面会交流支援こどものおうち（熊谷）、ウイーズ（船橋）、保育支援センター（東京）、Vi-Project（大阪）、岡山家族支援センターみらい、面会交流支援センター香川、あったかハウス（名古屋）、こどもステーション（福山）、びじっと（横浜）、北九州おやこふれあい支援センターこふれ、M-STEP（柏）など多種多様です。

　このうち、FPIC は、東京・千葉・宇都宮・横浜・新潟・名古屋・大阪・

広島・松江・福岡の10か所に開設されています。主として家庭裁判所調査官のOBが支援者として活躍しているようです。

民間支援団体の場合は、ADR認証団体に指定されていればADRとして、面会交流をする方向、あるいはその逆の方向など当事者間の紛争を調整・調停することが可能です。

その場合は、もっぱら当事者間で決められた面会交流に関する具体的な権利義務の実施の方法等について、意見の食い違いがあり、円満に実施できない場合に、それが実施されるように双方の関係を調整する支援をすることができます。

3 民間機関の支援の方法

支援の方法としては、民間機関では一般的に次の3種を採用しています。

(1) 連絡調整型

面会交流の日程や場所等を決めるに際し、非監護親・監護親が直接連絡を取り合うことが困難な場合に、その代わりとして双方の連絡のやり取りをし、その調整を行います。

(2) 受渡し型

非監護親と監護親が顔を合わせることが困難な場合に、支援者が子どもの受渡しを担当します。事前の日時・場所・方法等の調整を行うが、面会場面には立ち会いません。

(3) 付添い型

面会交流場面にも付き添い、子どもの情操の保護に気を遣い、場所は動物園・公園・遊技場などを使うが、双方の自宅は避けます。

以上の方法が主たるものです。

Q43 面会交流実施支援にあたっての注意事項

非監護親と子どもとの面会交流の実施を第三者が支援するにあたっては、どのような点に注意すべきでしょうか。

A 面会交流実施の支援は、あくまで子どもの最善の利益を確保するために行うものですから、通常以下のような点に注意すべきであるとされています。支援の根拠と目的が明確であること、支援の経費と担当者が明確であること、支援の内容が適切であること等が特に重要です。

1 支援の根拠について

第三者による面会交流支援を実施に移すためには、面会交流に関する権利義務が明確に定められていることが必要であることは、前記 Q41、Q42 で解説したとおりです。その前提が満たされたとして、次に問題となるのが支援の根拠ですが、以下の2つの場合が考えられます。

(1) 支援契約の締結による場合

調停や審判で特定の第三者による支援が定められていない場合に、当事者双方と支援者が支援契約を締結することによって支援が可能になる類型です。この場合は、支援の内容等はすべて契約の内容によって定められますが、もとより「子の最善の利益」に適うものでなければなりません。

(2) 調停・審判で定められている場合

調停や審判で特定の第三者の支援義務が定められており、第三者が支援者となることを同意した場合の類型です。この場合でも、第三者は支援者となることを義務付けられるわけではありませんが、承諾すればそこに援助義務が発生します。この場合には、支援契約の内容等はすべて調停・審判に定められているところによります。

2 支援の目的について

　支援はあくまで、既に確定している面会交流の具体的な権利義務を実施するためのものです。面会交流をするかどうか、するとしてどのような方法と形式によって行うか等について、当事者間に協議・調停・審判によって親教育（親ガイダンス）について定められている場合に、それを実施することに対する支援でなければなりません。

　それらがまだ決められてもいないのに、それを具体化しようとするのはいわゆる ADR（調停行為）であって、行政機関は直接自ら行う権限も第三者に委託する権限もなく、民間機関でも Q41 - 3 で説明した ADR 認証団体として ADR 法の定める手続に従って行う場合以外は認められません。

3 支援の経費

　支援の経費は、行政機関の場合は国又は公共団体の予算からということになりますが、それは確定した面会交流内容の実施のための支援に限られ、ADR 行為に予算を付けることは目的外ということで、会計監査の対象となりかねません。

　民間機関の経費は、当事者の負担となり、実例では、両当事者の平等負担とする契約が多いようです。そうすると負担能力の乏しい監護親である母親のような場合には、負担能力のある非監護親父が全部負担することもありえます。民間機関の場合、内規で決められている場合も多いので、よく確認するべきでしょう。

4 支援の担当者

　各民間機関では、支援の担当者があらかじめ決められており、公表されています。ただし、資格に特に制限があるわけではありません。児童心理学や臨床心理学など子どもの問題の専門家が望ましいとはいえますが、必

ずしもそうとは限らないため、個々のケースに必要なサポートをよく見極め、必要であれば外部の知見を得るよう努めましょう。

5　支援の内容

面会交流支援の内容については、前記 Q42 - 3 記載の連絡調整型、受渡し型、付添い型を中心に行われています。

支援の期間は、面会交流支援の性質上、支援を必要とする限り、制限を設けないのが本来の姿でしょう。事件数が多かったり、経費がかかりすぎるとかの諸事情で、1 年以内とか、2 年以内とか、当事者が自立できるまでとか、期限を設ける場合もあるようです。そうすると子どもがまだ支援を必要と指定しているのに、支援期限が来たからといって、支援を打ち切ることは、それによって子どもは無支援状態に追い込まれ、子の最善の利益に反することになりかねません。

原則的には、子どもあるいは親が必要とする限り、無期限に支援するのが妥当です。支援者側の都合で支援を途中で打ち切ることは無責任といわれても仕方ないでしょう。これでは子どもを途中で放り投げてしまうことになるからです。一旦子どものために支援を始めた以上、最後まで責任を持つのは当然のことです。

6　親教育（親ガイダンス）

面会交流の支援を実効性のあるものにするために、監護親や非監護親に対して、面会交流の意義や効用等について、支援を開始する前に親教育（親ガイダンス）を実施する援助機関が多いようです。親教育という言葉は、上からの視線というニュアンスがあり適当でないとして、最近では親ガイダンスという言葉を使う例が多いようです。

第3章 代理人弁護士の役割

Q44 面会交流事件と 代理人弁護士の役割

家庭裁判所に係属する高葛藤の面会交流事件が増えています。弁護士が代理人として関与する場合、弁護士の役割をどのようなものと考えればよいのですか。

A 弁護士には、良心に従い、依頼者の権利及び正当な利益の実現に努めること、依頼者の意思を尊重して職務を行うことが求められます（弁護士職務基本規程 21 条、22 条）。面会交流事件でも、依頼者の意思を尊重し、その希望が少しでも実現できるよう援助する役割を担っています。

1 家庭裁判所に係属する面会交流事件の急増

(1) 民法 766 条の改正

2011（平成 23）年 5 月、民法 766 条が改正され、父母が協議上の離婚をするに際して定める監護についての必要な事項の具体例として「父又は母と子との面会及びその他の交流」が監護費用の分担とともに明示され、父母間で協議が調わないとき、又は協議ができないときには家庭裁判所が定めることとされました（民 766 条 1 項、2 項）。明文の規定がない頃から、裁判所は、子の監護に関する処分の 1 つとして面会交流に関する申立てを認めており、上記の法改正は、実務を追認するものであったといえます。

(2) 面会交流事件の急増

上記の民法改正や少子化と子どもへの関心の高まりなど、様々な要因から、近年、家庭裁判所に申し立てられる面会交流事件の件数が急増しています。面会交流を含む子の監護者の指定その他の処分事件の新受件数は、ここ 10 年で 50％以上も増加しています。裁判所が扱う事件数が全体的に減少している中で、この数字は際立っています。

(3) 当事者の対立が激しい事案が多いこと

　わが国には、協議離婚という非常に簡便な離婚制度があります。そのため、例年、離婚の約9割は協議離婚が占め、家庭裁判所が関与する調停離婚や裁判離婚は1割程度にすぎません。

　当事者間で話し合いができる夫婦が、わざわざ時間とお金、裁判所まで出向く労力をかけて調停など裁判所の手続を利用することは考え難いため、裁判所に持ち込まれる事案の多くは、DVや虐待が存在したり、父母間が非常に高葛藤な状態にあるなど、紛争性が高く、夫婦間では話し合いが難しい事案です。2016（平成28）年度の司法統計年報によると、妻からの離婚調停の申立て動機のうち「暴力を振るう」が21.6％「精神的に虐待する」が25.6％を占めています。

　離婚について調停が行われている事案でも、調停委員の促しなどにより面会交流が実施されている事案もあります。そのような事案では、非監護親から面会交流調停まで申し立てられません。面会交流が離婚調停とは別に事件として係属している事案は、紛争性の高い事案の中でも、特に、子どもをめぐる対立が激しい事案であることが多く、面会の可否やその内容等をめぐり、当事者間で熾烈な争いが繰り広げられることが珍しくありません。私たち弁護士は、そのような激しい対立事案に代理人として関わることになります。

2　面会交流事件における代理人弁護士の役割

(1) 依頼者との関係

　弁護士と依頼者との関係について、弁護士職務基本規程は「弁護士は、良心に従い、依頼者の権利及び正当な利益を実現するよう努める」（弁護士職務基本規程21条）とし、「弁護士は、委任の趣旨に関する依頼者の意思を尊重して職務を行うものとする」（同規程22条1項）と定めています。

　弁護士は、依頼者からの委任を受け、その代理人として事件に関与するのであり、信頼関係の存在が基礎となっていますから、依頼者の意思を尊重し、依頼者の利益の実現に努める役割を担うことは、弁護士職務基本規

程を待つまでもなく、当然のことです。一般の民事事件を想定した場合、あえて代理人弁護士の役割は何かなどと考えることもないのでしょうが、面会交流事件では、若干、様相が異なってきます。

(2) 代理人弁護士の役割は実務の運用に協力することか

　面会交流を含む子どもをめぐる事件につき、弁護士に、家庭裁判所実務の運用に協力する役割を期待する見解もあります。例えば、元裁判官である弁護士の田中由子は、「弁護士も法律専門家としてこれらの法の趣旨をよく理解し、制度の円滑な運用に代理人として適切に関与していくことが要請され、それに大きな期待が寄せられている」「弁護士が法律専門家として子どもをめぐる紛争に係わり、貢献することは、事件の適切な処理のため有意義で必須と言えるばかりか、これら事件の実際の処理に当たる家庭裁判所にとっても大変有り難い存在として大いに期待される」と述べます[1]。

　面会交流につき、近時、家庭裁判所では、子どもの福祉を害する特段の事情がない限り面会交流を実施するいわゆる原則的実施論に基づく実務運用が広がっています。上記の見解によれば、面会交流事件で弁護士に期待される役割とは、原則的実施論に基づく実務の「円滑な運用」に「適切に関与」すること、すなわち、面会交流に消極的な依頼者に面会交流の意義を説明し、理解を求め、早期に面会交流が実現されるよう活動することとなるでしょう。実際、代理人の基本姿勢として、面会交流の実施により子どもの福祉が害される特段の事情がある場合を除き面会交流の実施に尽力することが大切などと説く見解もあります[2]。

　他方、このような見解に対し、「弁護士業務の在り方としては、きわめて非現実的である。このような依頼人対応をすれば、紛争性の高い事案では、依頼希望の相談者は、弁護士に依頼しないであろう」「弁護士は、裁判所の方針に不満を抱く相談者の矢面に立って、裁判所に代わって論争し、相談者をなだめ、その不満を放棄させるだけの存在になってしまう」し、「不満のない相談者であれば、裁判所がその方針を実行してくれるのだから、代理人の意義はきわめて薄い」との指摘があり[3]、筆者も同感です。

　依頼者は、ひとりで裁判所と対峙することへの不安、怖れから、自らの

138

味方となり、知識、経験をふまえたサポートを得ることを期待し、費用を負担してまで弁護士に依頼するのです。その弁護士が裁判所と同様の立場で事件に関わったとしたら、当事者は弁護士なしで調停等に臨んだとき以上のプレッシャーや、更には孤立感さえ感じることになるでしょう。また、様々な観点から批判が加えられている現在の実務運用[4]を所与の前提に、その実現への協力を期待されることには違和感を覚えます。

(3) 期待される代理人弁護士の役割

弁護士職務基本規程にもあるとおり、弁護士の役割は、第一義的には、依頼者の意思を尊重し、その利益を実現することです。家庭裁判所に代わり、その方針を依頼者に理解させ、その実現を目指すことではありません。

弁護士は、依頼者の意思を尊重し、依頼者の希望を背景に、事実を伝え、法的な主張を組み立て、裁判所を説得しなければなりません。もちろん、このことは、ただ、依頼者のいうがままの主張を続けることを意味するのではありません。弁護士として事件の先を見通し、依頼者の希望の実現可能性をふまえ、依頼者と協議しつつ手続を進めます。当初立てた方針を修正せざるを得なくなり、依頼者を説得することもあるでしょう。しかし、その場合も、あくまで、依頼者の利益、予想される中での最善の利益を実現するために代理人として活動するとの立ち位置を崩すべきではありません。そのように関わるならば、仮に、依頼者を強く説得し、要求の修正を促さなければならないとしても、信頼関係が大きく壊れることはないはずです。

面会交流事件での代理人弁護士の役割は、裁判所の方針を実現することではなく、他の事件と同様、依頼者の利益の実現を目指すことです。

このことは決して忘れてはならないことです。

---

[1] 田中由子「子どもをめぐる紛争と弁護士の役割」安倍嘉人・西岡清一郎監修『子どものための法律と実務――裁判・行政・社会の協働と子どもの未来』(日本加除出版、2013) 134 頁以下

[2] 片山登志子・村岡泰行『代理人のための面会交流の実務』26 頁以下（民事法研究会、2015)

[3] 渡辺義弘「高葛藤事案における代理人弁護士の任務」判時 2260 号（2015) 19 頁以下

[4] 梶村太市・長谷川京子・渡辺義弘「子ども中心の面会交流論（原則的実施論批判)」判時 2260 号（2015) 3 頁以下、可児康則「面会交流に関する家裁実務の批判的考察」判時 2299 号（2016) 13 頁以下など。

Q45 代理人弁護士の活動の概要

代理人弁護士は、面会交流事件において、依頼者である当事者の利益を守るためにどのような活動をするのですか。

A 事実関係を的確に把握し、依頼者の希望をふまえつつ、その利益実現のため、家庭裁判所に対する説得を試みます。近視眼的な視点だけではなく、長期的な視野に立った援助を行います。

1 依頼者が非監護親である場合

(1) 依頼者の利益

依頼者が非監護親の場合、依頼者の希望は、通常、子どもとのコンタクトの機会を持つことでしょう。したがって、依頼者と子どもとの面会交流が実現できるよう代理人として活動することになります。

近時の家庭裁判所実務からすれば、面会交流の希望さえ伝えればよいようにも思われますが、それでは十分ではありません。面会交流が親ではなく、子どものために認められるべきことは争いのないところですから、当該事案において、面会交流が、子どもにとっても有益であることを、従前の子どもと非監護親との関係等から具体的に説明する必要があります。監護親が面会交流に消極的な姿勢をとっているのであれば、調停委員を通じて理由を確認し、非監護親の対応で取り除けるものであれば、依頼者に対応を促します。

(2) 長期的な視野に立つべきこと

非監護親の多くは、少しでも早く、少しでも長く、そして、少しでも回数を多く、子どもと面会することを希望します。そのような非監護親の希望は心情としては理解できないわけではありません。

140

しかし、面会交流は、親のためのものではなく、あくまで子どものため、子どもの福祉の見地から認められるものです。子どもの年齢や負担、希望など様々な事情から、必ずしも非監護親の希望どおりの面会が実現するわけではありません。監護親が面会に強い不安を感じている場合、「早く」「長く」「多く」と強く要求したために、かえって監護親の不安を増大させ、面会交流に対する姿勢を一層消極的にしてしまうこともあります。そのような監護親の対応を非難したからといって面会交流が実現するわけではありません。監護親の不安感も理解した上で、できることから少しずつ進めていくといった対応も必要です。

(3) 間接強制での面会交流実現は難しいこと

面会交流につき、非監護親が自らの過大な要求に拘泥した結果、当初は面会交流に応じる意思を持っていた監護親が面会に消極的になってしまったり、双方の希望の開きから、調停の成立が困難になることがあります。

もちろん、面会交流事件は、調停が不成立となれば審判移行しますので、裁判官により一定の判断はなされます。しかし、審判で面会の内容を定めても、実現できなければ意味がありません。調停で解決できた場合、審判に至った場合よりもその後の面会交流の実現可能性は高いと感じられます。

あまり杓子定規には考えず、監護親側の状況も尊重し、柔軟に対応することが必要です。

間接強制を許容した最高裁決定（最決平成25年3月28日民集67巻3号864頁）以来、調停での話し合いを重視せず、審判での結論を求める代理人が増えているとも聞きます。しかし、間接強制が面会交流の再開に結びつくことは決して多くはありません。むしろ、話し合いができる程度の柔軟さを持ち合わせていることが面会交流の再開につながります[1]。

依頼者の心情は十分尊重しつつも、先の見通しを伝え、協議し、柔軟な対応を心がけることが、最終的に、依頼者の利益につながります。

2 依頼者が監護親の場合

(1) 依頼されるのはどのような場合か

　面会交流の実施に何も問題がない事案では、監護親が弁護士に委任することは考えられません。弁護士が依頼を受けるのは、子どもが面会交流に消極的である、DV虐待が存在していた、非監護親への不信や悪感情が激しい（高葛藤）など、面会の実施に何らかの障壁が存在するような事案です。

(2) 子どもが消極的意思を示している場合

　子どもの消極的な意思を裁判所に伝えることは当然です。ただ、監護親から伝えただけでは非監護親が納得しないことが多いので、家庭裁判所調査官（以下、調査官といいます）による子の意向調査の実施を裁判所に働きかけるなどの対応が必要です。意向調査の結果、子の消極的な意向が明らかになった場合には、それをふまえて対応します。

　監護親には消極的意向を示していた子どもが、調査ではこれを示さないこともあります。調査官の調査の仕方に問題があれば指摘するのは当然です。場合によっては、第三者に意見書等の作成を依頼し、提出することも必要となります。調査の仕方に特に問題がない場合、必ずしも面会交流に消極的ではない子どもの意思をふまえ、依頼者と協議します。子どもの意思を尊重したいと考える監護親も多いので、子どもが望むのであれば、自分は嫌だけども面会には応じようとする監護親もいます。この場合も、非監護親と関わりたくない監護親の気持ちは十分尊重し、直接関わらずとも面会交流できる方策をともに考え、提案する必要があります。

(3) ＤＶや虐待が存在する場合

　子どもに対する非監護親の直接の虐待や、監護親に対するDVが存在していることもあります。家庭裁判所に係属している事案にはDV事案も多く含まれています。いわゆる面前DVは子への虐待でもありますので、面会交流については慎重な対応が要請されます。なお、言葉によるDVに接した場合の子どもの脳へのダメージは、身体的なDV目撃よりも大きいと

の研究結果も報告されており（➡ Q50-2(2)参照）、面前 DV を考える際、言葉による DV を軽視すべきではありません。

　ところで、直接の虐待事案は格別、DV 事案の場合、DV の程度や、子どもの意向によっては、面会交流が避けられないこともあります。このような場合でも、被害者である監護親の心情、加害者である非監護親に対する恐怖やストレスを十分理解する必要があります。安易に当事者間で連絡をとり合って、面会させるのではなく、第三者機関の関与を求めるなど、監護親の負担にならない方法を考え、提案する必要があります。

　DV 事案や、虐待事案で、面会交流を行うことが子どもの福祉に適うとは評価できない場合、子どもにとってのマイナス要因を裁判所にきちんと説明します。写真や診断書など、客観的な証拠が存在するのであれば提出し、面会交流の実施が子どもの福祉に適わないことを主張立証する必要があります。証拠がない場合でも直ちに諦めず、子どもの意向調査などを通じ、子どもにとっての負担感も明らかにしていく必要があります。自らや監護親に暴力を振るっていた非監護親との交流を望まない子どもは多いです。

(3) 高葛藤の場合

　拭いがたい非監護親への不信感、悪感情から、面会交流を受け入れるのは、監護親にとって大きな苦痛を伴います。その情緒を不安定にし、子どもの監護養育に向ける力を削がれてしまうことさえもあります。十分な監護を受けられなくなることは子どもにとってもマイナスです。面会交流による間接的な子どものリスクについては、きちんと、裁判所に伝えなければなりません。

　もっとも、現在の実務では、高葛藤事案でも、非監護親が面会交流を強く求める場合、これを避けることは容易ではありません。そのことは、依頼者に説明する必要があります。その上で、監護親の心情に寄り添いながら、少しでも想いを汲んだ解決に向けて努力することが求められます。

3　長期的視野に立った援助を

　子どもは日々成長します。ルールを決めても、それが未来永劫続くわけではありません。将来、子どもとどのような関係を築くことができるか、先を見据えた対応が必要があります。

　当事者が"いま"に拘ることは仕方のないことですし、やむを得ないことです。しかし、代理人弁護士は、一歩引き、当事者よりも長期的な視野に立ち、依頼者の利益を考え、その実現を援助していく必要があります。

1　可児康則「面会交流に関する家裁実務の批判的考察」判時 2299 号（2016）13〜27 頁

Q46 依頼者と代理人の見解が異なる場合の対応

代理人の個人的見解と依頼者の見解が異なることがありえますが、いわゆる弁護士倫理との関係でどのような点に留意する必要があるのでしょうか。

A 弁護士は、委任の趣旨に関する依頼者の意思を尊重して職務を行うものとする（弁護士職務基本規程 22 条 1 項）とされていますから、依頼者と見解が異なる場合、最後は、依頼者の見解に従って事件を処理しなければなりません。それができないのであれば、早めに辞任する必要があります。

1 代理人弁護士と依頼者の見解の相違

代理人弁護士の個人的な見解と依頼者の見解が異なることは、面会交流の問題に限らず、往々にしてあることです。ただ、面会交流については、いわゆる家庭裁判所の原則的実施論に近い考え方を支持する弁護士もいれば、それに批判的な弁護士もいるため、他の争点に比べ、依頼者との見解に齟齬が生ずる可能性が高いといえるかもしれません。

2 依頼者と見解が相違した場合に取るべき対応

代理人弁護士の個人的見解と依頼者の見解が食い違う場合には、まずは、自らがそのような見解を支持する理由を依頼者に対してていねいに説明する必要があります。また、他方で、依頼者の見解についても、ていねいに聴く必要があります。依頼者との議論を通じ、双方が納得し、方針が定まれば、あとは、その方針に従って手続を進めることになります。

議論を経ても代理人弁護士の見解と依頼者の見解との溝が埋まらない場

合もあるでしょう。弁護士は、委任の趣旨に関する依頼者の意思を尊重して職務を行うものとされていますから（弁護士職務基本規程 22 条）、自らの見解と異なろうとも、最後は、依頼者の見解に従い、代理人として活動しなければなりません。弁護士の職務の専門性から、弁護士の職務には、相当の範囲において自由裁量が認められます。しかし、それは、依頼者の請求をどのように法的に構成するか、主張書面に何をどのように書くか、手続の進め方等についてです。面会交流の拒否やその具体的内容などについては、当然、依頼者の見解を尊重しなければなりません。

依頼者の見解に沿った活動ができないのであれば、依頼者の利益のためにも、弁護士としては、速やかに代理人を辞任する必要があります。そして、依頼者が、自らの見解に沿った対応をしてくれる別の弁護士に早期に依頼できるようにすべきです。

依頼者の意思に反するにもかかわらず、自らの見解に沿った対応を行うことは当然のことながら許されませんし、自らの見解を依頼者に押し付けることも避けなければなりません。

3　意見の押し付けに注意が必要

依頼者は、弁護士に対し、意見をいいにくいものです。弁護士の意見を「絶対」と捉えてしまう依頼者もいます。

自分の意見を押し付けることになっていないか、常に自戒しつつ、手続を進める必要があります。

Q47 親と子の立場が異なる場合の対応

親の立場と子の立場が異なるときは、弁護士はどの立場で代理すればよいのでしょうか。

A 代理人弁護士は、あくまで、依頼者である親の立場で代理することになります。もっとも、親の言い分をただ主張し続けるだけでは依頼者である親の利益になりません。子どもの立場も念頭に置きつつ先の見通しを立て、何が依頼者にとっての利益かを十分に考えた対応することが必要です。

1 面会交流の判断基準

面会交流は、親の欲求を満たすためではなく、あくまで、子どもの健全な成長のために認められるべきものです。また、親どうしがいくら子どもの面会を取り決めたとしても、それが子どもの意思に反する場合、子どもが年少の場合を除けば、取決めを実現することは困難です。したがって、面会交流の取決めを行うにあたり、子どもの真意、心情など、子どもの立場を考慮することは必要不可欠といえます。家庭裁判所でも、面会交流の可否や、その内容は、子どもの福祉を基準に判断されます。

2 代理人弁護士の対応

(1) 親の代理人であること

代理人弁護士は、子どもではなく、あくまで、親から依頼を受けた親の代理人です。したがって、親の立場と子どもの立場が食い違う場合、親の代理人である弁護士は、当然、親の立場で代理することになります。

ただし、前記のように、面会交流の判断基準は子どもの福祉ですから、親の立場と子の立場が異なるとき、裁判所の判断は、子の立場に近いものとなる可能性が高くなります。例えば、監護親が面会に消極的であっても、子どもが面会を強く望むのであれば、裁判所の判断は面会交流を認めるものになる可能性が高いといえます。逆に、非監護親がいくら面会を強く望んでも、子どもが面会に消極的であれば、面会は認めない、すなわち、非監護親の申立てを認めない結論となる可能性が高くなります。

(2) 代理人弁護士がとるべき態度

　子どもの立場に沿った判断が予想される場合に、親の立場、親の希望だけを主張し続けることが必ずしも依頼者である親の側の利益にならないこともあります。代理人弁護士としては、仮に審判になった場合の裁判所の判断を見通し、これを依頼者である親に伝えた上で、どのような主張をするのがよいのかを依頼者と協議し、手続を進める必要があります。

　監護親の希望に反し、面会が避けられないのであれば、監護親にとって負担とならないように面会交流を支援する第三者機関の利用等も念頭に置きつつ提案することもあるでしょう。また、子どもの消極的な意向により、直接の交流が否定されることが予想される場合でも、状況によっては、将来的な関係改善の可能性も考え、例えば、電話やメール、手紙のやり取り、写真の送付等の間接的な交流について提案も検討します。

　親の代理人であるからといって、その言い分を強硬に主張し続けるだけならば、弁護士が代理人になる意味がありません。当事者にとって弁護士が代理人になるメリットは、先の見通しをふまえた適切な選択肢の提示や、アドバイスが得られることです。

　代理人弁護士は、子どもの立場も念頭に置きつつ、短期的な利益だけではなく、長期的な利益を見据えながら、先の見通しをふまえ、依頼者と協議し、その利益の実現をはかって行く必要があります。

Q48 弁護士に必要な 人間諸科学の知識

弁護士は、法律の専門家ですが、子どもの心理や精神の発達等の人間科学的な側面につき専門家ではありません。その勉強のためには、どうするとよいでしょうか。

A 家庭裁判所実務では、人間諸科学の専門家と扱われている家庭裁判所調査官による調査結果、分析、意見などが重視されています。これを批判的な視点も持ちつつ考察し、問題点や疑問を指摘できる程度には人間諸科学について勉強する必要があります。その際、調査官らの研究論文に目を通すことは有益です。

1 弁護士は人間諸科学についてどの程度勉強すべきか

(1) 面会交流と人間諸科学の知見

　子ども中心の面会交流を実現するためには、面会交流の主役である子どもの意思、心情の把握は必要不可欠です。子どもの意思、心情を無視した面会交流は子どものための面会交流ではありません。

　他方で、面会交流をめぐる紛争は、両親間で争われるため、面会交流についての意思、心情の表明は、両親の紛争に巻き込まれるという側面もあります。子どもの気持ちは、家族の形態の変化、住環境の変化、更には、両親間への忠誠葛藤など、様々な影響が及び、真意、心情を把握するには、時間と労力、そして、子どもの心理や精神の発達等の人間科学的な側面についての知見が必要不可欠です。

(2) 弁護士が学ぶべき人間諸科学の知見

　法律の専門家である弁護士が、児童精神科医や臨床心理士のような知見を身につけることは困難ですし、そこまでは求められません。専門職とのネットワークを作ることにより、専門的知見をふまえた意見を得られるよ

うにすることで適切な対応が可能です。

　子どもの意思、心情の把握は、裁判官から命令を受けた家庭裁判所調査官（以下、調査官といいます）の調査によって把握され、分析され、家裁の手続に顕出されます。調査官は、裁判所内部において、人間諸科学の専門家として扱われています。

　調査官による調査は、短時間の面談によって行われますが、その程度の調査で子どもの真意、心情が把握できるのか、子どもの心理の専門家からは、子どもの真意、心情の把握は時間をかけて行われるべきことが指摘されています[1]。

　調査官が行った調査を盲目的に受け入れることは危険であり、問題がないかを検証することは必要不可欠です。しかし、人間諸科学について全く知識がなければ、調査官の調査結果、意見をそのまま受け入れざるを得なくなってしまいます。少なくとも、問題点や疑問を指摘できる程度の知識を得ていくことは必要です。

2　どのような本を読んだらよいか

(1) 児童臨床専門家の各種論文

　Q 50 で紹介する児童精神科医の渡辺久子、精神科医の田中究、臨床心理士の平井正三、福井大学子どものこころの発達研究センター教授で小児科医の友田明美の各論考などがあります。DV が子どもに及ぼす影響や、子どもの真意、真情把握の重要性等を学ぶことができます。

(2) 調査官らによる研究論文

　裁判所職員総合研修所監修の家裁調査官研究紀要には、子どもの調査に関連する調査官らによる研究論文がいくつも発表されています。最近でも、吉田央ほか「家事事件における小学校の子を対象とした調査の留意点」（家裁調査官研究紀要18号1頁以下）、山﨑伸一ほか「子をめぐる紛争の解決に資する交流場面調査の効果的活用について――アタッチメント理論を活用した調査の構造化、評価及び子の視点からの提言」（同 113 頁以下）、宮﨑紀子ほか「配偶者間暴力や児童虐待が問題となる調停事件における子の調

150

査方法の研究」（同 19 号 1 頁以下）、森田容子ほか「離婚に関する事件の親及び子の表現の理解に関する研究」（同 21 号 1 頁以下）などがあります。

　これらの研究論文は、原則的実施論に基づく実務運用を所与の前提にしており、面前 DV を含む暴力の危険性の過大評価を戒め、親子の交流を優先させようとするなど、その姿勢に疑問を感じるところもあります。しかし、調査官がどのように考え、どのように子どもの表明した意思を分析しているのか、調査官が念頭に置く科学的知見はいかなるものかなど、調査官の手法を学ぶことができます。

　家庭裁判所実務において調査官による調査結果と調査官の意見が重視されていることは事実です。そのような調査結果を調停委員会とは異なり、批判的な視点も持って考察し、問題点や疑問があれば指摘すること、そこに弁護士が人間諸科学の知見を学ぶ目的がある以上、調査官の調査の仕方、考え方を理解しておくこと、調査官が活用する人間諸科学の知見を彼らの論文から知っておくことは有益です。

---

[1]　渡辺久子「子どもの本音・声を歪めない面会交流とは？——乳幼児精神保健学からの警鐘」梶村太市・長谷川京子編著『子ども中心の面会交流——こころの発達臨床・裁判実務・法学研究・面会支援の領域から考える』（日本加除出版、2015）30 頁、33 頁、平井正三「子どもの主体的な声を聞くこと——臨床心理学の関わり方」小川富之・髙橋睦子・立石直子編『離別後の親子関係を問い直す——子どもの福祉と家事実務の架け橋をめざして』（法律文化社、2016）31 頁

Q49 家庭裁判所調査官と 向き合う姿勢

弁護士は、依頼者の利益を守るために、時として家庭裁判所調査官と意見交換や議論をする場合があります。どのような姿勢で臨んだらよいでしょうか。

A 家庭裁判所調査官は、人間諸科学の専門家とされていますが、原則的実施論に基づく実務運用が進む中、結論ありきで子どもが表明した意思が解釈され、分析される例も散見されます。調査官による調査結果を鵜呑みにするのではなく、調査方法、分析、意見等に問題がないか十分に検証する姿勢で臨むことが必要です。

1 調査官による子の意向等の調査

　面会交流事件において、子どもの真意、心情をはじめ、子どもの状況は非常に重要です。現在の家裁実務では、子どもの意向等に関する調査は、裁判官の命令により家庭裁判所調査官（以下、調査官といいます）が行います。

　代理人弁護士としては、調査官に対して適切な情報を提供し、充実した調査を行ってもらう必要があります。

　調査官は、子どもと実際に面談をした上で、調査結果を書面で報告するわけですが、子どもが発した言葉をそのまま子の意向として報告するわけではありません。調査官による分析、解釈が施されます。子どもの年齢がある程度以上であれば解釈等の余地は少なくなり、子どもが発した言葉に沿った意向が報告されることが多くなりますが、子どもの年齢が低い場合、子どもが面会交流に消極的な意向を示しているにもかかわらず、「監護親の影響」などと"分析"し、子どもの表明した意思を解釈し、面会交流実施の妨げとならないような意見が述べられることもあります。

152

調査官には、子どもの示した意向を人間諸科学の知見に基づき分析し、面会交流が子どもの福祉に適うか否かの視点から判断し、意見を述べることが期待されています。しかし、近年の原則的実施論に基づく実務運用が続く中、面会交流の実施方針に沿ったあるいは少なくともその阻害要因とならないよう子どもの意向を解釈する調査官もいないとは言い切れないのが実情です。

2　代理人弁護士がとるべき態度

調査官の調査に問題がある場合、その問題点を速やかに、かつ、的確に指摘する必要があります。

もっとも、専門家とされる調査官の分析、意見に対し、その問題点を指摘するだけでは、机上の理論、素人の意見などと軽んじられ、耳を傾けてもらえない可能性もあります。

したがって、子どもの心理等につき、高い専門的知見を有する裁判所外の児童臨床専門家の意見を「意見書」等のかたちで裁判所に提出することなどにより、より説得力を持って調査官意見の問題点を裁判官に理解してもらう必要があります。

3　調査結果を検証する姿勢を持つこと

調査官等の専門性に敬意を払う必要はありますが、家庭裁判所という組織の一機関である以上、組織の意向に沿った意見になりがちであることは避けられません。調査官の意見を "専門家の意見だから" と鵜呑みにするのは危険です。

調査官による調査結果を検証する姿勢を持つことが必要です。検証の結果、調査の仕方、調査官による分析、意見に疑問があれば、裁判所外の専門家の意見等も聞きつつ、裁判所に対し、きちんと指摘していく必要があります。

Q50 面会交流によるリスク

精神医学や脳の機能変化等の専門家は面会交流による弊害等について、どのような発言・指摘をしているのでしょうか。

A 　児童精神科医や臨床心理士など児童臨床の専門家から面会交流の弊害、原則的実施論に基づき面会交流を強行することへの懸念が表明されています。また、ＤＶ曝露等が子どもの脳の発達に影響を及ぼすことも指摘されています。懸念を表明している専門家の論文に目を通し、何が問題なのかを理解することは、子ども中心の面会交流実現のため必要不可欠です。

1　原則的実施論と面会交流による弊害への懸念

　面会交流は子どもの健全な成長に有益であるとし、子どもの福祉を害する特段の事情がない限り面会交流を認めるとのいわゆる原則的実施論に基づく実務運用が続く中、法律家だけでなく、精神医学や脳の発達に関する専門家などから面会交流による懸念が表明されるようになっています。

2　面会交流への懸念

(1) 精神医学の立場から

　児童精神科医の渡辺久子、精神科医の田中究、臨床心理士の平井正三らが意見を述べています。

　渡辺は、「子どもが面会交流を拒否するとき、その第一の理由は、父母の高葛藤が鎮静していない状況そのものがその子にとって地獄のような拷問に等しく、意味のある面会交流などありえないからである。離婚裁判は、

154

父母が協議や調停などでは解決できなかった大きな困難・高葛藤を抱えて行き着くところである。家庭裁判所は、子どもの拒否にもかかわらず面会交流を強要して子どもの不安を一層増幅させてはならない。子どもの拒否を無視した強制的な面会交流は、子どもにとって理不尽であり行き場のない憤りを植え付け、大人への信頼を失ってしまうという点で非常に有害である」と指摘する。そして、面会交流の拒否には子どもの身体感覚記憶に基づく根拠があると指摘し、具体的事例を挙げつつ「家庭裁判所がまず子どもを第一に尊重する姿勢を持たなければならない」とし、「乳幼児の心と脳の発達を最新の研究知見に基づいて理解し、子どもの本音・声を歪めずに聞き取って初めて、子ども中心の面会交流が実現できる。私たち大人には、子どもの発達にとって大切な生育環境を安定させ子どもの心と脳を守る責任がある」と述べています[1]。

田中は、氏が児童精神科臨床で出会った2つの事例を紹介しつつ、「(DVの目撃、親の別居や離婚といった) 逆境体験といった強いストレス状況にある子どもにとって、さらにそこに面会交流が、本人の同意のないまま、大人の都合によって要求されることは、ようやく安定した生活の可能性に期待し始めた子どもにとって極めて重い心的なトラウマをもたらす出来事である。このことは、一層子どもに負荷をかけ、子どもの身体や精神に障害を与える可能性がある。これらは、その時ばかりではなく、将来にまで影響を及ぼす可能性があることが、文献によって明確に示されている」「少なくとも、面会交流を行うことが、子どもに対してそのようなトラウマ的体験を延長させて繰り返させて、精神症状を悪化させる危険がある場合には、精神医学的に認め難い。面会交流の是非を判断する場合には、これらの影響とそのリスクが正当に判断されること、子ども本人の同意を得ることが必要である」と述べています[2]。

平井は、両親の紛争事例における氏の実践例を挙げつつ、子どもの意思や心情の把握に子どもの心理に関する科学的知見を活かす必要性を論じた上で、「子どもの心を知るには、じっくりと時間をかけて、子どもの話や遊び、振る舞いに関心をもっていることを示していき、子どもが心を開いてくれるのを待つことが重要」「子どもが望まない面会交流を子どもの意

思に反して行い続けることも、子どもの情緒発達に重大な悪影響を与えうることに、私たちはもっと注意を払う必要があるかもしれない」と指摘しています[3]。

(2) 脳の発達の観点から

　小児科医である福井大学子どものこころの発達研究センターの友田明美は、米国ハーバード大学と共同で、性的虐待や厳格体罰、暴言虐待、両親間のDV曝露が人間の脳に与える影響を、MRIを用いた脳の画像診断の方法で調査し、これらの出来事が脳の発達に影響を及ぼすことを明らかにしました。友田は、DVに曝されて育った小児期のトラウマが脳の視覚野の発達に影響を及ぼすこと、特に11歳から13歳の時期のDV目撃体験が視覚野に最も影響を及ぼすことを指摘しています、また、暴力を目にしたときよりも、言葉の暴力に接したときの方が脳へのダメージは約6倍になるとの意外な結果も報告しています[4]。面会交流事件では、身体的なDVに比べ、非身体的なDVが軽く扱われる傾向にありますが、非身体的なDVの子どもの脳へ与える影響の大きさからすれば、そのような家庭裁判所実務の態度が問題であることがわかります。

　友田教授は、加害親とのコンタクトを強いることは基本的には子どもの回復に有害であること[5]、面前DVに安全域などなく、加害者との接触について、「親はもう大丈夫という時期を待つべき」であり、その判断は親自身ではなく専門的な医療者・心理士が行うべきであると指摘しています[6]。

---

[1] 渡辺久子「子どもの本音・声を歪めない面会交流とは？」梶村太市・長谷川京子編著『子ども中心の面会交流——こころの発達臨床・裁判実務・法学研究・面会支援の領域から考える』（日本加除出版、2015）28〜42頁

[2] 田中究「DVと離婚、子どものトラウマへの配慮と面会交流」同書43〜57頁

[3] 平井正三「子どもの主体的な声を聴くこと——臨床心理学の関わり方」小川富之・髙橋睦子・立石直子編『離別後の親子関係を問い直す——子どもの福祉と家事実務の架け橋をめざして』（法律文化社、2016）15〜35頁

[4] 友田明美『子どもの脳を傷つける親たち』NHK出版新書（2017）46頁

[5] 友田明美「家族の葛藤と子どもの心と脳の発達」小川・髙橋・立石、前掲書21〜22頁

[6] 友田明美「児童虐待による脳への傷と回復へのアプローチ」自由と正義（2015.6）17〜24頁

Q51 法律相談などで面会交流をどう扱うべきか

法律相談などで、親子の面会交流をどのように取り扱ったらよいですか。

A 面会交流が認められるのは子どもの成長に有益だからです。しかし、すべての事案で面会交流が有益とは言い切れません。事案ごと、子どもごとに状況は異なります。「面会すべき」「面会は避けられない」などといったスタンスではなく、事案ごと、子どもごとに考えることを常に意識し、「その子」に合った解決を考えることが重要です。

1 非監護親からの相談の場合

(1) 面会交流は親の権利ではない

　面会交流を自らの権利、監護親との紛争において獲得すべき利益のように考える非監護親もいます。しかし、面会交流は親の権利ではありません。あくまで子どものためのものです。最高裁は、調査官による判例解説において、面会交流の「内容は監護者の監護教育内容と調和する方法と形式において決定されるべきものであり、面接交渉権といわれるものは、面接交渉を求める権利というよりも、子の監護のために適正な措置を求める権利」（最決平成12年5月1日民集54巻5号1607頁の判例解説）との見解を示しています。親の権利であるとの見解には立っていません。改正された民法766条も親の権利であるとは規定していません。

(2) 非監護親へのアドバイス

　子どもと会いたい心情は理解できますが、その気持ちを満たすために手続を進めようとすると、子どもの気持ちが後回しにされてしまいますし、監護親に対しても攻撃的になりがちです。

監護親による監護養育状況を尊重しつつ、それにプラスになる方向での交流を行う必要があります。このことを相談者にきちんと説明する必要があるでしょう。

何らかの事情により子どもが面会を望んでいない場合、あるいは、同居中のDVなどにより監護親の恐怖心が強く面会交流によって子どもの監護にマイナスの影響が生ずるような場合、自分の「権利」を主張し、面会を強く求めすぎることは、かえって面会の実現を遠ざけます。これらの事情を考慮し、待つ姿勢も大事であることも伝える必要があります。

2 監護親からの相談の場合

(1) 子どもの気持ちを中心に考えるべきこと

監護親から相談を受けた場合はどうでしょう。この場合にも、やはり、子どもの気持ちを中心に考える必要があります。子どもが非監護親との交流を望むのであれば、その気持ちを尊重し、できるだけ交流を図ることができるような対応を促す必要があります。

(2) ＤＶ等が存在する場合

相談者の話から同居中のDV等の存在が明らかになった場合、慎重な対応が必要です。面前DVが子どもに与える影響、精神医学や脳の発達の専門家による懸念などからしても、「面会は避けられない」「面会はさせるべき」などと安易に面会交流の実施を促すことは避けるべきです。DV等により子どもにどのような影響が及んでいるか、子どもの様子、相談者自身の心身の状態、非監護親に対する恐怖心、暴力等のリスクなど十分に聴き取る必要があります。

子どもが非監護親との交流を望んでいない場合、直接の面会交流を回避するためにどのような対応をすべきかをアドバイスすることになります。

子どもが非監護親との交流を望んでいる場合も、監護親の心身の状況や暴力のリスクから、面会交流の実施が子どもと監護親の安全な生活を脅かし、監護環境にマイナスを生じさせるような場合には、直接交流の可否については慎重に検討する必要があります。間接交流といった方法もありう

ることを相談者には伝える必要があります。そこまでのリスクがない場合であれば、面会交流を実施することもありうるでしょうが、相談者である監護親は、面会のために加害者である非監護親と接触しなければならないことを恐れていることも多いので、第三者機関の活用など、直接接触しなくても面会交流ができる方法をアドバイスすることが必要です。そのためには、そのような機関についての情報を日頃から収集しておく必要があります。

3 「その子」に合った解決を考えることが重要

　子どもの状況は、事案ごと、更には、子ども一人ひとりで違っています。面会交流を実施するか否か、どのような方法で実施するかは、一概に決められるものではなく、事案ごと、子どもごとに判断するほかありません。

　家庭裁判所実務が原則的実施論に基づく運用をしているからと、「必ず面会させなければならない」といった姿勢で当事者から相談を受けることは好ましくありませんし、子ども中心の面会交流の実現を遠ざけます。

　十分に事情を聴き取り、事案ごと、子どもごとに考えることを常に意識し、相談を受けなければなりません。

　抽象的な子どもではなく、具体的な子ども、「その子」に合った解決を考えることが必要です。

第4章

紛争類型ごとの面会交流の問題点

Q52 乳幼児と非監護親との面会

相手の父親は子どもが生まれる前から別居していますが、面会を希望しています。子どもがまだ0～3歳位までの乳幼児の場合、どのような点に注意したらよいでしょうか。

たとえ父親が子どもの顔を知らなくても、面会交流を拒否する理由にはなりません。
ただし、面会交流を行うには、母親の積極的な協力が必要となります。

1 本設例での父親との面会について

母親の側からすれば、「子どもに会いたいというのは最初だけで、子どもが成人するまで長い期間があるのに、面会が続かず中途半端になるのではないか」という懸念や、「養育費の支払いを確保するためには、面会をさせて動機付けをするほうがいいのではないか」「赤ちゃんと接したこともない父親に十分な面会ができるのだろうか」「父親とわかっていない赤ちゃんと面会して、赤ちゃんにとって意味があるのか。もっと大きくなってからでいいのではないか」などといろいろな考えが交錯するかもしれません。

ただ、たとえ父親が子どもの顔も知らない状況であったとしても、父子関係はなくなるものではありません。父親が子どもの顔も知らないというだけの理由では、法律上は面会を拒む理由にはなりませんし[1]、将来の話になりますが、父親が死亡したときには相続が生じるといった問題もあります。

2　物心つく前の赤ちゃんとの面会に意味はあるか

　「子どもたちの幸せにつながる状況は、両親のあからさまな争いが最小限で、育児のしかたに関して最大限一致しており、どちらの両親にもいつでも会うことができ、適切にかかわりを持ち続けている状況である」[2]と指摘されています。面会が持つ意味は、個々の状況によって様々で、一般化することが難しい面もありますが、今は「物心がついていない」としても、子どもは、成長とともに、自分の父親はどんな人か、今どこにいるかといったことを考えるようにもなるでしょう。子どもが父親の実像を作るための適切な手助けが必要ともいえます。

　たとえ新生児であっても、父親との面会は、将来の子どもとの関係を作っていく上での準備作業と考えることもできるでしょう。子どもが一定の年齢に達してから、突然「お父さん」といわれる人と出会うという体験をするよりは、父親と自然と面会を積み重ねていくほうが望ましいといえるでしょう。

3　もし面会が続かなかったら…という懸念

　父親の面会への意欲は、最初だけで、面会が続かないのではないかという心配もあるかもしれません。ただ、面会が続くかどうかは、現時点ではわからないことですし、仮に面会が続かなくても、子どもを監護する親は、非監護親がどんな人かを子どもに話をしたり、面会が困難になっている事情を適切な言葉で子どもに説明したりすることが必要となることもあるでしょう。面会は、親子関係を形成していく上で重要ですが、同時に多くの選択肢のうちの1つの手段でしかありません。面会が続かなくても、子どもにとって父親との関係をどう作っていくのかという作業は続くのです。

4 具体的な面会に向け父母の協力は必須

　乳幼児の面会交流をうまく実施するには、乳幼児を監護する母親側の十分な協力が必要になります。本設例では、父親は赤ちゃんとの接し方に慣れていない可能性があります。ミルク、離乳食等食事の与え方やそのタイミング、おむつの取り替え等、母親が同席して手助けが必要となることも少なくないでしょう。面会を実施する上では、単に日時と場所を決めるだけではなく、どのような面会を行い、母親がどの部分を手助けするのかについても、あらかじめ話し合い、確認することが必要です。父親の側もこれまで接触したこともない乳幼児と「面会」するのですから、赤ちゃんとの面会がそう簡単にすすまないことを理解するべきです。また、父親と母親との紛争状態が深刻な場合で、第三者の立ち会いによりこれが解消するのであれば、第三者の手助けを得ることも必要になることもあると思われます。

　乳幼児の場合、以上述べてきたとおり、子ども自身が身近な監護親の多くの助けを必要としているほか、非監護親と子どもとの交流がもともと希薄であることも少なくないと思われます。

　そのため、準備が双方の協力のもとにできることが面会交流実施の前提となりますので、この点が整わない場合には、まずは写真を送るといった間接的な交流から始めることを検討すべきでしょう。

　乳幼児期の非監護親との交流は重要ですが、双方の協力による準備ができないまま面会することは、子どもの福祉につながらないおそれがあり、また現実的でもありません。

---

[1] 民法766条1項は、「父母が協議上の離婚をするときは、(中略) 父又は母と子との面会及びその他の交流、(中略) の他の子の監護について必要な事項は、その協議で定める。この場合においては、子の利益を最も優先して考慮しなければならない」と定めているところ、これまで父子の接触する機会がなかったわけですから、子の利益を損なうような事情は通常は見いだしがたいと考えられます。

[2] H.R. シャファー著、無藤隆ほか訳『子どもの養育に心理学がいえること』(新曜社、2001) 157頁

Q53 就学前後の児童との面会

5～6歳の就学前の子が、相手と「会いたくない」と言っている場合、どう対処したらよいでしょうか。子どもが就学に至っている場合、面会交流の実施にはどのような配慮が必要ですか。

子どもの「会いたくない」という言葉の背景にどういう気持ちがあるのか、しっかりと考えることが重要です。
就学段階になったときには、学校行事などにも配慮が必要となります。

1 子どもの意思の尊重

　民法766条1項は、父又は母と子との間でなされる面会交流その他の交流を定めるにあたっては、子の利益を最も優先して考慮しなければならないとしています。そして、子の利益を検討するにあたり、子どもの意思が非常に重要な要素の1つとなります。
　児童の権利条約は、12条1項において「締約国は、自己の意見を形成する能力のある児童がその児童に影響を及ぼすすべての事項について自由に自己の意見を表明する権利を確保する。この場合において、児童の意見は、その児童の年齢及び成熟度に従って相応に考慮される（given due weight）ものとする。」と定めています。

2 「会いたくない」子どもの本当の気持ちを推し量る

　まずは、子どもの「会いたくない」の言葉の背景にどういう気持ちがあるのかをよく確認すること、考えてみることが必要です。
　「会いたくない」と話している背景に、非監護親による面会時の子どもへの不適切な働きかけ（監護親に対する強烈な非難を述べる等）があるか

もしれません。このような場合は、不適切な行動を是正するよう親どうし
で話し合いをする必要があります。

　また、面会交流をきっかけに、過去に不適切な養育（虐待）がなされて
いたことが背景にあることが発覚したという場合であれば、子どもの意向
や過去の行為の実情をふまえ、面会交流をそのまま続けることが不適切な
場合もあるでしょう。

　他方で、監護親が面会交流に否定的な態度をとってしまっていると（た
とえ口に出さなくても、態度を読み取っている場合もあります）、子ども
が監護親の意向を気遣い「会いたくない」と言ってしまうということも考
えられます。また、非監護親との面会で、子どもなりに困ったことがある
のかもしれません。例えば、非監護親と豪華な外食をしたけれど、非監護
親から「内緒にしておいて」と言われ、子どもにとっては大きな秘密を抱
えてしまい、困ってしまっていることもあるかもしれません。

　子どもからしっかり話を聞いて、子どもが「会いたくない」として引っ
かかりが生じている障害を取り除くことができるのであれば、それを取り
除くよう両親が努力をするべきでしょう。

　子どもがアンビバレントな気持ちになっている状況下における子どもの
意思の尊重とは、子どもの表面的な言葉だけに目を奪われるのではなく、
その発言の真意をよく考え、その背景を理解した上で、大人が決めること
を意味するものと考えるべきでしょう。もちろん、その際に子ども自身が
納得することが重要であることはいうまでもありません。

　本当は面会したいのに、言葉尻だけを捉えて面会を実施しないこととし
てしまえば、余計に子どもに混乱をもたらすことになってしまいます。ま
た、その逆に、会いたくないと訴えているのに、それを受け入れてもらえ
ず、面会交流をすることも子どもにとって不適切です。

　子どもの真意を知ることは難しいときもありますが、子どもの気持ちを
しっかりと聞く、受け止めるということが何より大切なのではないでしょ
うか。

　なお、しっかりと子どもの気持ちを聞くことは、非監護親との話し合い
にも役立つことになります。「子どもが会いたくないと言っている、なぜ

166

だかわからないが、子どもがそう言う以上、面会はできない」では、面会ができない非監護親としても納得しにくいでしょう。

3　面会以外の方法

　子どもからよく話を聞いて、子どもの会いたくないという気持ちを尊重して面会を断念せざるを得ない場合でも、電話やメール等でのやり取りを行う可能性について、検討すべきでしょう。面会はできないとしても、子どもの状況をよく見ながら、その他の方法での関係性の維持、構築が望まれるところです。

4　子どもが就学段階に至っている場合の配慮

　子どもが就学段階になると、友達との関係などが広がっていきます。学校行事もあるでしょうし、子どもによっては習い事を始める場合もあるでしょう。面会交流の日時、場所の設定については、子どもの1週間、1か月の生活リズムをよく考えて、行う必要があります。非監護親からすると、貴重な面会の機会ですが、子どもの生活リズムを崩して面会を続けると、結局は面会交流が長続きしないというおそれもあります。

　子どもが会いたくないと話をしている背景に、友達と遊ぶ時間がなくなってしまうとか、習い事などの関係で忙しい上に面会交流を行うために、疲れてしまっているということもあるかもしれません。

Q54 15歳に達した子どもとの面会

子どもが15歳に達している場合はどのような配慮が必要になりますか。
それは年齢に応じて異なりますか。

A 子どもの意思が大きな意味を持ちます。
ただし、精神的に不安定な時期でもあり、子どもの気持ちにしっかり寄りそうことが重要です。

1 15歳という年齢と意見の尊重

　民法では、年齢が15歳になると、親権者の承諾等を得ることなく、氏の変更（民791条1項、2項）、養子縁組の承諾（民797条1項）、離縁（民811条1項）、遺言（民961条）を行うことができます。

　他方で、面会交流を含む子の監護に関する処分については、父母の協議によって決めるとし、家庭裁判所がその内容を決めるときは、子どもが15歳以上の場合は、その陳述を聴かなければならないとされています（家事法152条2項）。

　子の監護に関する処分について、15歳以上の子どもであっても、法律上は「意見を聞く」という枠組みにとどめている以上、この点に関して子どもに自己決定権があるとまではいえません。ただ、養子縁組の承諾等が子どもだけでできるとされていることから、その意見には相当の重みがあると考える必要があります。

　子ども自身が「面会する」「面会しない」と決めてしまえば、親がそれを止めることは実際問題として、困難でしょう。

　監護親の知らないところで面会をするとか、逆に無理に面会を実施しようとして親子の関係性をこじらせるよりは、基本的には子どもの意向に

沿って対応していくことになるでしょう。

　拒否的になっている理由がどうあれ、いやな気持ちを持ったまま面会を無理にさせることは、よい結果をもたらさないとも思われます。

2　子どもに寄りそう

　ただ、他方で、15歳といっても、通常は経済的には親に全面的に依存していますし、思春期でもあります。子どもが精神的、心理的に不安定な面を見せる場合もありますので、子ども任せにするのではなく、子どもの心情を聴く必要もあるでしょう。

　中高生以上になると、教育費等生活費を出してほしいという経済的動機で面会すべきか悩む子どもも少なくありません。また、それが監護親の助けになるのではないかと、本当は面会をしたくないのに、それを言えずに面会をしようとすることも中にはあるでしょう。

　このような場合に面会を続けるべきかどうかを決めることは、そう簡単・単純な問題ではありませんが、少なくとも、監護親としても、子どもが持っている複雑な気持ちを聞いて、一緒に悩み考えることが重要です。

Q55 子どもが非嫡出子の場合

これまで父とは一度も会っていない非嫡出子の子どもが、「父と会ってみたい」と言った場合、どのような対応をしたらよいでしょうか。

A 認知がなされているか否かによって法律上の地位が異なるので注意が必要です。あわせて子どもにとっては、出自に関する情報を知ることが重要であることに留意すべきです。

1 民法上の父親とは

　民法では、非嫡出子（妻が婚姻中に懐胎したのではない子）との父子関係については、認知によって、法律上の父子関係が生じるものとしています（民779条）。

2 非嫡出子と「父」との面会交流（法律の規定）

　したがって、本設例にある「父」について、認知がなされていなければ、法律上の父とはいえません（ただし、将来認知がなされれば法律上の父親になるという可能性を有する存在ではあります）。この場合、法律上の父ではないため、仮に「父」が面会交流を求めても、面会は認められないこととなります（民766条1項）。

　もちろん、法律上の父ではないとしても、関係者の了解のもとで、面会を実施することは可能です。

　他方で、認知がなされた場合は、民法788条が766条を準用していますので、離婚の場合の父母によるのと同様の手続で、面会交流を含む子の監護の内容を定めることとになります。

3　生物学上の父親であること

　子どもにとっては、自分の出自を知ることは重要です。非配偶者間人工受精によって出生した子どもたちから、「出自について隠されてきたことで、非配偶者間人工受精で生まれたことを知る以前の人生そのものが土台から 全て崩れてしまったような心情に至った」「自分の存在さえ否定してしまうようになったこと、そのために不眠や食欲不振に悩まされたり、悲しみと怒りで涙が止まらなくなったりという症状が出て、うつ状態と診断されるほどであった」等の声があがっています[1]。出自がわからなかったり、それについて真実と異なる説明を受け、のちにそれが事実ではないとわかったりした場合、子どもに大きな悩みをもたらす可能性があります。

4　子どもの気持ちの背景を聞く

　本設例の場合、まずは、子どもの会いたくなった気持ちの背景をよく確認する必要があります。

　この発言は、母親にとって、場合によっては、唐突な内容、「困った内容」かもしれませんが、子どもにとっては、非常に自然な発言ともいえます。子どもにとって、父親はどんな顔をしているのか、何をしている人なのか等父のイメージを持ち、これを自分の中に位置づけることは重要なことです。子どもの話を肯定的に受け止めて、しっかりと気持ちを聞く必要があります。

5　面会の準備やフォロー

　仮に面会を進めるとしても、その準備や面会後のフォローに十分な留意が必要となります。

　「父」とは、面会の位置づけ（面会で「父」はどういう話をするつもりか等、今後も面会を継続するのか）についてあらかじめ調整し、また母親

が子どもに、面会にあたってどのような説明をしているのか等につき、話をしておく必要があります。

また、子どもとも、「父」とどうして結婚に至らなかったのか、いま一緒に生活できないのはなぜなのか、「父」はどういう人なのか等について、子どもの状況を見つつ、必要なタイミングで話をしておく必要があるでしょう。

面会後も、実際に父と会ってみてどう感じたのかを話をしたり、その後の子どもの様子に変化はないか等によく注意を払ったりする必要があります。

一度も会ったことのない父親との面会ですから、一度会ってみたとして、子どもがその後も続けて会ってみたいとなるかどうかも不透明で、続けて会ってみるかどうかを考えるのに、子どもにとって多くの時間を必要とする場合もあると思われます。

その意味では、一般的な面会交流の場合以上に、最初に会った後のフォローや今後も面会を続けるかどうかの検討をていねいに行うべきでしょう。

なお、面会とは別に、認知するかどうかという問題が出てくる可能性もあり、この問題に向き合う必要が出てくることもあるかもしれません。

---

1 「第三者の関わる生殖医療技術の利用に関する法制化についての提言」（2014（平成26）年4月17日 日本弁護士連合会）

Q56 夫婦間にDVがあった場合

父あるいは母による、相手方配偶者への暴力（DV）があった場合、それでも面会を強要する加害側の親にどのように対応したらよいでしょうか。

A DVがなされている事案では、加害側の親との交流が子どもを傷つけたり、加害親のゆがんだ家族支配を再現する可能性があり、その可否については慎重に検討する必要があります。

1 夫婦間の暴力（DV）と子どもへの影響

　子どもとの面会を考える上で、夫婦間の暴力が子どもに対し、どのような影響を与えるのかを考える必要があります。

　夫婦間のDVが認められるケースにおいては、まずは、相当の割合でDV加害者から子どもへの直接の虐待行為があることを認識する必要があります。

　『男女間における暴力に関する調査報告書』（2015（平成27）年3月内閣府男女共同参画局）によると、これまでに配偶者から被害を受けたことがあり、子どもがいる人（472人）のうち、27.3％の人が子どもに被害体験があると回答しています。その被害内容は、心理的虐待が23.1％、身体的虐待13.8％となっています。

　また、子どもに対する直接の虐待行為が認めにくい場合であっても、夫婦間のDVを子どもが目撃していることやDVに象徴される重篤な葛藤を抱えた家族関係に子どもが巻き込まれることによる被害についても留意をする必要があります。

　このような被害状況にさらされた子どもにとって、本人の同意のないままに大人の都合によって面会交流を要求されることは、子どもにとって極

めて重い心的トラウマをもたらす出来事であるとの指摘[1]を十分ふまえて、慎重に判断する必要があります。

　具体的には、子どもに対し、直接不適切な行為があったのか、それはどのようなものであったか、配偶者に対する暴力・暴言がどのようなものであったか、どの程度の期間継続していたのか、子どもに何らかの症状が出ているのか、配偶者と同居していた時期と別居した時期とで子どもの様子に変化があるか、そして子どもは面会についてどのように考えているのかといった点をよく見極める必要があります。

　また、DVが問題になっているケースでは、別居後の離婚や子どもの親権、監護についての紛争状況が先鋭化していることもあり、このような状況についても、考慮する必要があります。

　子どもにとって、双方の親から愛されているという安心感を得ることが望ましいことは確かですが、DVや子ども自身が非監護親から虐待を受けているケースでは、親との交流がかえって子どもを傷つけることになったり、虐待親によるゆがんだ家族支配を再現したりする可能性があります。子どもの長い人生の中を見通した上で、その時点その時点での子どもの状況をふまえて、加害親とどう関わっていくのかを検討する必要があります。

　また、面会交流に関して、被害親と加害親とが連絡をとり合ったり、顔を合わせたりすることが、被害親に大きな心理的圧迫を加えたり、心理的に傷をつけたりすることにつながる可能性が十分にあります。この点にも配慮の上、面会交流の可否について検討すべきです。

2　DVを目撃することの子どもへの影響

　配偶者による子どもに直接的な不適切な対応がなくても、子どもがDVを目撃していることが子どもに影響を及ぼすと指摘されています。

　例えば、アラシア・F・リーバマンほか著『虐待・DV・トラウマにさらされた親子への支援』（日本評論社、2016）では、対人関係の中に起こる暴力は、トラウマ要因であり、暴力を振るわれた人にも、それを目撃した人にも、特異な精神病理の影響を与えるとの指摘が引用されています[2]。

174

シンディー・L・ミラー－ペリンほか著『子ども虐待問題の理論と研究』（明石書店、2003）でも、「夫婦間暴力にさらされる子どもは、そうでない子どもに比べて、行動上の問題をおこしやすく、しばしば複数の問題を併発する」との指摘が引用されています[3]。

小児期に継続的に両親間のDVを長期間（平均4.1年間）目撃経験したDV曝露者の脳では、右の視覚野が顕著に減少していたとの研究もあります[4]。更に、暴力を目にしたときよりも、言葉の暴力に接したときのほうが脳へのダメージは約6倍になるとの結果も報告されています[5]。

そして、児童虐待防止法2条4号においても、「児童が同居する家庭における配偶者に対する暴力」を心理的虐待の1つと定義しています。

以上の指摘をふまえると、配偶者に暴力を振るっていても、子どもには暴力を振るっていないので面会をしても子どもは傷つかないと単純にいうことはできず、子どもが暴力を目撃することによる影響を十分考慮する必要があります。すなわち、暴力の態様、期間、子どもが何を目撃していたのか、夫婦が同居していた時期にどのような養育を受けていたのか、子ども自身はどのような症状を出しているのか、子どもは面会を希望しているのか等の個別的な事情を慎重に考慮し、面会交流の可否を検討すべきです。

3 審判例

面会交流を実施する場合に、暴力を受けていた母親の精神的負担に配慮して、面会交流を認めなかった審判例としては、次のものがあります。

未成年者の実父が、未成年者との面接交渉を求めた事案において、実父母の離婚の原因が実父の暴力にあり、実父も自己が加害者であることを認め、実母に対する暴力を反省し、治療を受けているものの、なお加害者としての自覚が乏しいこと、実母はPTSDと診断され、心理的にも手当てが必要な状況にある等から現時点で面接交渉を実現させることは実母に大きな心理的負担を与え、その結果、未成年者の福祉を著しく害するおそれが大きいとして、申立てを却下した事例（東京家審平成14年5月21日家月54巻11号77頁）です[6]。

また、父の暴力的言動や、母の父に対する不信感や嫌悪感が深刻で父母間の協力関係は期待しがたく、第三者機関等の関与があっても円滑な父子面会の実施は期待しがたい等として、申立人の面会交流の申立てを却下した事例（仙台家審平成 27 年 8 月 7 日判時 2273 号 111 頁）があります。

　なお、近時、面会交流を認めることが当然の原則であるかのような決定例や実務の動きもあります。この考え方は、子どもや親の個別事情を十分検討しないまま、「まずは面会交流を認める」という対応につながりがちであり、このような考え方そのものに問題があると考えますが[7]、とりわけ DV ケースにおいては、既に述べたとおり、慎重な判断が必要であることに十分留意すべきです。

　更に、DV ケースにおいて、面会交流の実施に慎重な判断が必要ですが、仮に間接交流も含め、子どもと加害親とが一定の交流をする場合には、監護親及び非監護親双方に対する継続的な支援が必要であり（面会の段取りや立会いだけではなく、面会前後を通じて子どもの気持ちを聞いたり、相談にのったりすることや、それぞれの親が持つ心理的な負担や葛藤等への支援等）、継続した支援体制があるのかということも検討する必要があります。

4　DV保護命令との関係

　配偶者暴力防止法によって、当該配偶者に子どもへの接近禁止命令が出されている場合、家庭裁判所の調停や審判で子どもとの面会が認められるのかという問題があります（同法に基づく子どもへの接近禁止命令は、「配偶者・被害者の子に対する親権そのものに影響を及ぼすものではありません」とされています）[8]。

　家庭裁判所での審判や調停で面会交流が認められた後に、被害者の子への接近禁止命令が発せられた場合は、一般的には、面会交流が認められていることを前提として、その後の事情の変更等を考慮した上で命令がなされたと考えられるので、面会交流をしようとして子の住居に近づくことは認められない（この場合は、家庭裁判所に新たに面会交流を認める審判を

得る必要がある）とされています。

　逆に、子への接近禁止命令が発せられた後に、家庭裁判所において面会交流を認めた場合、一般的には接近禁止命令が発せられていることを前提として、その後の事情の変更等を考慮し、これを認めたと考えられることから、通常の態様による限り、保護命令違反にならないと考えられるとされています[9]。

5　面会以外の交流の方法について

　面会交流の方法は、一般には、必ずしも実際に非監護親と子どもとが直接に面会するという方法に限られるものではありません。直接の面会はしなくても、手紙や写真をやり取りするという間接的な方法もあります。

　暴言と対物暴力を主とするDV高葛藤事案で、監護親がPTSDで通院を要し子らが心因反応を発症している場合に、面会交流への協力で監護親の負担を増大させることが子らへ悪影響を及ぼすことを考慮して、直接交流を認めず、限定的な間接交流に止めた決定例（東京高決平成27年6月12日判時2266号54頁）があります。

　なお、写真や手紙を送付する等の「間接交流」であっても、未成年者や監護親に悪影響を及ぼす場合もあるので、先に指摘した諸要素を検討する必要があり、「間接交流」であるから問題がないということはできません。監護親が住所を知らせていない場合には、住所を知らせずに、書類のやり取りをすることが可能か、それを助ける人がいるのか等も検討が必要です。

1 田中究「DV と離婚、子どものトラウマへの配慮と面会交流」梶村太一・長谷川京子編著『子
  ども中心の面会交流─こころの発達臨床・裁判実務・法学研究・面会支援の領域から考える』
  （日本加除出版、2015）56 頁
2 アラシア・F・リーバマン、シャンドラ・道子・ゴッシュ・イッペン、パトリシア・ヴァン・ホー
  ン著、渡辺久子監訳『虐待・DV・トラウマにさらされた親子への支援──子ども‐親心理療
  法』（日本評論社、2016）18 頁。Robert S. Pynoos et al. "A Developmental Psychopathology
  Model of Childhood Traumatic Stress and Intersection with Anxiety Disorders" Biological
  Psychiatry Vol.46
3 シンディー・L・ミラー−ペリン、ロビン・D・ペリン著、伊藤友里訳『子ども虐待問題の理
  論と研究』（明石書店、2003）354 頁。Gleason, W.J. "Children of Battered Women" Violence
  and Victims Vol.10. なお、暴力的な家庭という環境にもかかわらず、うまく適応しているよ
  うに見える子どもたちも存在するとの研究の存在も指摘しています。
4 Akemi Tomoda , Ann Polcari, Carl M. Anderson, Martin H. Teicher "Reduced Visual
  Cortex Gray Matter Volume and Thickness in Young Adults Who Witnessed Domestic
  Violence during Childhood" Plosone, 2012
5 友田明美「家族の葛藤と子どもの心の脳の発達」小川富之・高橋睦子・石立直子編『離別
  後の親子関係を問い直す──子どもの福祉と家事実務の架け橋をめざして』（法律文化社、
  2016）
6 ほかに横浜家裁平成 14 年 1 月 16 日決定（家月 54 巻 8 号 48 頁）
7 このような裁判例に対する批判的見解を述べるものとして、坂梨喬「原則的面会交流論の
  問題性」梶村・長谷川、前掲書 230 頁以下
8 南野知恵子ほか『詳解 DV 防止法 2008 年版』（ぎょうせい、2008）299 頁
9 同書 301 頁

Q57 性的虐待があった場合

親が子に対して、性的虐待を行っていた場合、どのような配慮が必要ですか。性的虐待の証明が難しい場合、どうしたらよいでしょうか。

子どもが安心できる環境をまず整えるべきで、面会交流は避けるべきです。

1 性的虐待とは

児童虐待防止法2条2号は、性的虐待を「児童にわいせつな行為をすること又は児童をしてわいせつな行為をさせること」と定義しています。

具体的には、
・子どもへの性交、性的行為（教唆を含む）。
・子どもの性器を触る又は子どもに性器を触らせるなどの性的行為（教唆を含む）。
・子どもに性器や性交を見せる。
・子どもをポルノグラフィーの被写体などにする。
等の行為を指しています[1]。

なお、厚生労働省の統計でも、性的虐待に関し、以下のとおりの相談対応件数が把握されています。0〜3歳未満の子どもを含み、幅広い年齢に被害が見られることに留意すべきです。

平成 27 年度　福祉行政報告例

第 22 表　児童相談所における児童虐待相談の対応件数、
　　　　被虐待者の年齢×相談種別別

	総　　数	性的虐待
総　　数	103286	1521
0～3 歳未満	20324	31
3～学齢前児童	23735	148
小　学　生	35860	451
中　学　生	14807	466
高校生・その他	8560	425

2　基本的には面会を避ける

　性的虐待といっても、先に指摘したとおり、その形態は様々であり、し
ばしば身体的虐待、心理的虐待を伴います。性的虐待を受けた子どもはす
べて被害を被っていますが、すべてがトラウマ化するわけではありませ
ん[2]。また、子どもが実際に安全であるか、安全と感じられない限り、治
療的介入もほとんど意味をなしません[3]。

　第三者が立ち会う等して子どもの「安全」が確保されれば面会は可能で
はないかとの考えもあるかもしれません。しかし、「被害児、加害者でない
親、虐待を受けていないきょうだいに対する加害者の情緒的および心理的
支配が、長い目で見た場合の最大の脅迫」[4]と指摘されています。性的虐
待の開示後、子どもは非常に傷つきやすい状況にあり、加害者である親が
いなくなると情緒的空虚感を抱いたり、虐待を暴露したことに対する罪悪
感を覚えたりすることもあるとされています（このような心理状況から面
会を希望する場合もあるかもしれません）。しかし、実際には傷ついた状況
であることも多く、そのような状況の下、非監護親との面会を重ねること
は、子どもにとって傷を深める結果となることもありえます。子どもが安
全安心な環境で自立できる状況をまずは築き上げることが重要です[5]。

　このような点から考えると、間接的な交流も含め、加害親との交流は基
本的には避けるべきで、慎重に判断する必要があります。

3　男性同士による性的虐待の場合

　男性の子どもが性的虐待の被害者になっている場合が少なからず存在することをまず理解する必要があります[6,7]。

　また、男性の性被害については、「男性が性被害に遭うはずがない」「性被害を受けても女性ほど傷つかない」「男性であるから抵抗できるはずで、それがないとすれば同意があった」「性的反応が起こったら、被害男性もその行為に同意していたも同じである」などといった偏見誤解が広がっており、更に加害者も男性の場合には、「被害者は同性愛者である」「被害を受けた場合は、その後同性愛者になる」といった誤った考えが広がっています[8]。

　このような社会的な否認が発見を難しくし、発見されても治療や立ち直りを困難にしています。また、同性による被害が子どもの性的指向に混乱をもたらす等といった特有の問題もあります。

　いずれにしても、男性同士の特有の被害もふまえて、ていねいに検討する必要があります。

4　証明が困難な場合

　性的虐待の証明が困難な場合においても、先に指摘したとおり、他の虐待が行われていることも少なくありません。子どもに対する不適切な養育の内容を十分に検討する必要があります。

　虐待の証明が困難である場合であっても、性的虐待の疑いはどういうものであるのか、子どもの意向はどうであるのか、子どもがどのような症状を示しているのか等ていねいに検討して、面会交流の可否を決めるべきです。

　民法766条によって定める面会交流の可否及びその内容は、子どもの福祉のためにどうするべきかを考えることが中心的な課題であり、面会を望んでいる非監護親と面会に消極的な監護親のいずれの権利を守るのか、そ

の証拠はあるのかを比較検討するものではないはずです。

　あくまでも、子どもにどのような利益・不利益があるのかをふまえて考える必要があります。子どもの意向や状況によっては、性的虐待の疑いがある以上、その証明がなされていない場合であっても、面会交流を急がずに、時間をかけて検討する必要があると考えます。

　また、仮に面会を行うとしても、その結果をていねいに評価し、面会を通じ子どもの様子にどのような変化があったかを見て、更に面会を続けるのかどうかを検討すべきです。

---

[1] 厚生労働省雇用均等・児童家庭局総務課『子ども虐待対応の手引き（平成 25 年 8 月 改正版）』3 頁

[2] ロバート・M・リース編、郭麗月監訳『虐待された子どもへの治療──精神保健、医療、法的対応から支援まで』（明石書店、2005）31 頁

[3] 同書 24 頁

[4] 同書 63 頁

[5] 同書 69 頁

[6] 男性の性的被害全般について、約 6 分の 1 の男性が 16 歳までに不適切な直接的性的接触を報告していると指摘するものがあります（リチャード・B・ガードナー編、宮地尚子ほか訳『少年への性的虐待──男性被害者の心的外傷と精神分析治療』（作品社、2005）44 頁）。

[7] 岩崎直子「男性が受ける性的被害をめぐる諸問題」こころの健康 Vol. 16 No.2 (2001) 67〜75 頁

[8] 岩崎直子「男性の性被害とジェンダー」宮地尚子編著『トラウマとジェンダー──臨床からの声』（金剛出版、2004）64〜80 頁

Q58 知的障がい、精神障がいがある場合

面会交流の当事者に、知的障がいないしは精神障がいがあるような場合、どのような配慮が必要ですか。

障害の特性を十分に理解し、面会交流に際してはその特性に応じた配慮が必要になります。

1 障がいの特性にあったサポートを

　子どもに知的障がいや精神障がいがある場合に、その特性を理解し、その特性に合わせて、面会交流をサポートする必要があります。

　知的障がいといっても、知的な能力も様々ですし、日々の生活への対応力も様々です。子どもの知的な理解度に応じて、面会交流の持つ意味やその方法をていねいに説明する必要があります。

　子どもに発達障がいがある場合も、監護親・非監護親双方に発達障がいに関する理解が必要となります。もともと婚姻し、同居していたときにおいても、子どもの障がい特性を理解して、子育てをする必要があったわけですが、別居や離婚という、子どもにとっても通常逆境的な状況において、よりていねいな支援が必要となり、その際には、子どもの特性の一層の理解が求められます。この点について、「ともすると子どもの発達障害の問題を双方の責任として非難し合い、子ども自身の固有の問題を理解できていない親であることが少なくない」[1]との指摘もあります。

　離婚に際して、時として子どもを傷つけてしまうのではないかとおそれて、監護親が置かれている状況や今後の生活の見通しなど、非監護親との関係等を明確に説明しづらいままとなってしまう場合もあるかもしれません。しかし、言葉によらずに状況を察したり、全体的な状況を理解したり

することがもともと極めて困難な子どもにとっては、混乱が大きくなるばかりともいえます。時には図やチャートを用いる等して、子どもから見た日々の生活がどう変化するのかを具体的に説明することが必要でしょう。

面会交流も、子どもと非監護親との交流の仕方がこれまでとは異なるので（これまでであれば非監護親も家にいて、一緒に外出し、一緒に家に戻ってきていた点や、これまでと異なり日時を約束して親と会わなければならない等）、あらかじめわかりやすく説明する必要があるでしょう。

なお、発達障がいと一口にいっても、その診断基準を満たしているのですから一定の共通点もあるものの、子どもによってその個性は様々であり、認知の凸凹の状況にも違いがあります。子ども一人ひとりの状況に十分注意を払い、子どもの個性をふまえた対応が必要となります[2]。

2　非監護親に知的障がいがある場合

非監護親に知的障がいがある場合は、面会交流の設定や実際の面会交流の場面で非監護親にサポートが必要な場合もあるでしょう。口頭で説明するだけではなく、実際に寄り添ってサポートする等の支援も必要と考えられます。これまで子どもと十分な交流ができていなかったり、子どもと一定の交流ができていたとしても、これまでとは違う環境で子どもと交流したりすることになります。状況の変化に対応するのが難しかったり、混乱しやすかったりする場合もありますので、ていねいなサポートが必要となります。

---

[1]　法務省民事局同性愛者 2011（平成 23）年『親子の面会交流を実現するための制度等に関する調査報告書』FPIC からの聞取り調査

[2]　発達障がいへの対応については、多数の書物が出されている。筆者が関係しているものとして、岩佐嘉彦・松久眞実『発達障害の子どもを二次障害から守る! あったか絆づくり——問題行動を防ぐ! ほめ方・しかり方、かかわり方』（明治図書、2012 年）

Q59 面会交流における児童相談所の役割

児童相談所には、面会交流に関してどのような役割を期待すべきでしょうか。

 児童相談所が面会交流に関係するのは、主として子どもが一時保護されていたり、養護施設等に措置されている場合が中心となります。

1 児童相談所が対象としている児童等

児童相談所は、基本的には、児童すなわち18歳未満の子どもとその家族を支援の対象としています（児童福祉法4条1項）。

そして、「児童に関する家庭その他からの相談のうち、専門的な知識及び技術を必要とするものに応ずること。」、「児童及びその保護者につき」、「調査又は判定に基づいて心理又は児童の健康及び心身の発達に関する専門的な知識及び技術を必要とする指導その他必要な指導を行うこと。」を職務としています（同法12条2項等）。

2 児童相談所が関与する典型的な場面

児童相談所が保護者と児童との面会交流に関与する典型的な場面は、児童相談所が児童を一時保護したり、児童を児童養護施設等に入所させたり、里親等に委託したりしている場合です。

児童養護施設等に児童が入所している場合や里親等に児童を委託している場合、施設長や里親は、その監護に関し必要な措置をとることができるとされています（児童福祉法47条3項）。一時保護の場合は、児童相談所長

につき同様の権限が定められています（同法33条の2第2項）。そして、児童相談所長、施設長が、行政処分として面会や通信を制限することができる旨規定されています（児童虐待防止法12条1項）[1]。

児童に対する監護の対応の1つである保護者との面会交流を認めるか否か、認める場合にどのような方法によるかは、児童相談所長等の裁量によることになります。

児童相談所は、子どもの福祉を最優先に考えて判断することになりますが、面会交流は、児童と親との関係調整・支援計画の一部であり、長期的な視点に立って検討することになります。

3　一時保護中の監護をめぐる両親間の紛争

子どもに対し一時保護がなされていたり、児童養護施設等に入所したりしている児童について、別居中の父母間で、又は離婚後の親権者と非親権者との間で、相手方の親に面会を認めるかどうかが争いになる場合があります。

施設入所中の父と母との間での面会交流の争いに関する審判例として、東京家裁平成24年6月29日決定（家月65巻3号52頁）、大阪高裁平成4年7月31日決定（家月45巻7号63頁）があります。理論上、父母間でなされた審判の内容は、児童相談所や施設長を拘束するものではなく、父母間においてこのような判断がなされていることを前提に、児童福祉法33条の2第2項や47条3項の監護の措置として面会を認めるかどうかを児童相談所等が判断するという枠組みになると考えられます。この点、父母間の協議だけの場合と異なり、子どもの利益を最優先に考えるという立場（民法766条2項、1項）から、裁判所が行った判断であることをふまえると、よほどの事情がない限りは、審判の結果を尊重して対応すべきです。

4　高葛藤事案における児童相談所の役割

　これまで言及したものは、既に児童相談所の「管理下」にある児童（児童を預かっており、「監護」の権能を有している場合）であり、片方又は双方の親との面会に関し、児童相談所が積極的な役割を果たすのは当然といえます。

　法律が定める児童相談所の業務内容からすれば、児童を預かっている場合以外にも、例えば両親の間に高い葛藤状態が見られ、面会交流の実施をめぐり児童に多大な精神的負担が生じているような場合、児童相談所が児童に関する専門的知識に基づいて児童や保護者に指導援助を行うとの職務に照らせば、このような事案への対応を期待する考えもあるかもしれません。

　現状の児童相談所は、虐待や非行を中心にして対応し、業務的に余裕のない状況で、このような事案で中心的な役割を果たすのは困難と思われます。ただ、子ども自身に発達障がい等が見られる場合や、葛藤等により児童に一定の身体的、精神的症状が出ているような場合に、親権者の同意のもと、子どもや家族の相談にのったり、子どもを支援したりするといったかたちで連携をすることはありえると思われます。

1　施設入所に当たり行った通信面会について、児童相談所長の裁量について言及するものとして、東京地裁平成 25 年 8 月 29 日判決（判時 2218 号 47 頁）

Q60 面会交流と
養育費・婚姻費用の支払い

非監護親から子との面会交流を求めてきた場合、監護親は「婚姻費用」や「養育費」を払わないうちは、会わせないということができますか。

A 面会交流と養育費・婚姻費用の未払いとの間には、面会交流の請求に対し、養育費や婚費の不払いが抗弁事由になるというような関係はありません。

しかしながら、実務の実際、面会交流を求める調停事件や審判事件においては、しばしば養育費や婚費の支払いが交換条件のように提案されることも多く、面会と養育費・婚費は事実上深く実質的な関係を持ちます。

1 法的な建前について

法的な建前をいえば、養育費（や婚姻費用）の不払いは面会という請求について抗弁事由とはなりませんし、事柄の性質上相殺されうるものでもありません。したがって、面会交流の審判事件において、養育費（や婚姻費用）の不払いを主張立証しても、そのことのみで面会交流の要求を遮断することはできません。その意味において、養育費（や婚姻費用）の支払いと面会交流との間には法的なレベルにおいて関連性はありません。

2 実際の紛争における攻防

養育費（や婚姻費用）と面会交流との間に相互に法的な関連性は認められないという前記の法の建前については、例えば、家事調停の現場においても、調停委員などによっては強調されるような場合も見受けられます。

確かに、養育費（や婚姻費用）は本来面会が実施されているか否かなど

188

にはかかわりなく支払われるべきことは当然ですが、実務の実際からしますと、例えば、従前面会も行われておらず、養育費の支払いもなかったというような事案において、監護親のほうから養育費の支払いを求めて調停の申立てを行うなどし、特に、現実に養育費の支払いが行われたような場合には、養育費の支払いだけに止まらず、その後、面会交流の実現に向けた要求が非監護親の側から出てくる可能性は高いといえます。そのため上記のような事案では、いわば寝た子を起こすことがないよう、翻って、養育費を請求しないで済ませてしまっている監護親は現実問題としては多いのではないかと思われます。

　これに対し、先に、非監護親の側から面会を求めているような場合には、監護親としても、養育費を請求する、あるいは、その不払いを指摘することで、面会の話し合いにおいて一定の抑止的な効果を導くようなことを意図することがしばしば起こるように思われます。

3　養育費が支払われない場合の面会交流

　繰り返しになりますが、そもそも養育費や婚姻費用は子の健全な成長のために支払われなくてはならない金員です。法的な建前はともかく、養育費も支払わないような非監護親の面会要求は、子の成長に向けた、子のための面会になっていない、それは非監護親という親のための面会である、したがって、子のためにならない面会は認められるべきではないと批判することは十分に可能であろうと思われます。趣旨にさかのぼって考察をすれば、本来適正妥当な金額の養育費の支払いも、面会交流も、いずれも子のための制度であることには争いがありません。

　そして、面会交流の実施については、本書の中で多角的に検討されているとおり、その実施が真に子の福祉に役立つのか否かという点自体について事案に即した個別具体的な検討が必要となるのに対し、養育費の支払いについては例外なく、その支払いは子の福祉に寄与し、その不払いは子の福祉に反します。したがって、養育費の不払いという例外のない子の福祉に反する行動が非監護親自身の判断の下に行われている事案において、同

時に、当該非監護親から要求される面会というものの実施が、個別具体的な判断の下において、子の福祉に適うという可能性は限りなく低くなると考えられますし、実践的にも、少なくとも、上記のように、先に面会が要求されているような局面においては、養育費（や婚姻費用）の請求は積極的に行われるべきだと考えられます。

Q61 監護親の再婚・縁組後の面会交流

監護親の再婚及び縁組は、非監護親と子の面会交流にどのような影響を及ぼしますか。

A 監護親が再婚し、再婚相手と子が養子縁組をした場合であっても、そのこと自体が非監護親と子との面会交流の法律上の障害とはなりません。

しかしながら、再婚によって新しく家族が作られ、生活も改まることは子（の精神状態）に実際上多大な影響をもたらします。このような状況下における面会については、子に対する一層慎重な配慮が必要となります。

1 監護親の再婚及び養子縁組のもたらす法的効果

離婚に際して親権を取得し監護親となった者が再婚をし、更に、その再婚相手と子が養子縁組をする場合、未成年者を養子とするときでも家庭裁判所の許可は不要であり（民798条但書）、また、子が15歳未満であるときには親権者である監護親が法定代理人として子に代わって縁組の承諾をすることができます（民797条1項）。この場合、非監護親の同意は必要とされておらず（同条2項参照）、法的には監護権者とその再婚相手の同意だけで縁組を行うことができます。

そして、縁組により子と上記の再婚相手との間には養親子関係が成立し、監護親とその再婚相手との共同親権に服することになりますから、反面監護親から非監護親への親権変更が行われる可能性もなくなることになります。

2 　監護親の再婚と面会交流の法的レベルでの可否

　しかしながら、前記のような監護親の再婚や養子縁組は、それだけで、法的なレベルにおいて、以後の面会交流を全面的に拒否する根拠とはなりませんし、面会交流に向けた法律関係に法的なレベルでの影響を与えることはありません。

3 　監護親の再婚等と以後の面会交流の実際

　ただし、法的なレベルで、監護親の再婚及び養子縁組によっても面会交流が遮断されないということと、現実の面会交流の場面において、再婚や養子縁組が子の精神状態や、生活の中にもたらす影響を考慮すべきことは別の次元の問題です。

　容易に想像できるところではありますが、子がその生存や生活の要として頼っている監護親が新しいパートナーを迎え、夫婦として新しく生活を始めることは、子の毎日の生活に大幅な変化をもたらし、子の気持ちなど精神面にも当然大きな影響を及ぼすことになります。そして、子が再婚相手と養子縁組をして、法的にも親子関係が生じるということは、それ自体極めて重大な出来事ですし、成長過程にある子の心理や精神に対し強い影響を与えることは必至です。子への伝え方や、日常の接し方を含め監護親の側では子の生育監護について最大限の配慮を必要とすることには異論がないことと思います。

　そもそも離婚に際しても、真に子の利益を最優先に考えるのであれば、まずは、監護親との生活という毎日の基本の生活をしっかりと積み重ね、子が離婚後の生活に慣れて落ち着きを取り戻すことこそが肝要だというべきですし、面会交流についても、その回数や、関わり合いの程度態様が当然問題となるところですが、本設例について、一般論を述べれば、軸となる安心で安全な日常の生活を確立したところで、面会を開始することのほうが、子をいたずらに不安に陥れることもなく、結果かえって長期的に安

定して継続した面会が行えるという面もあるように思われます。ただいたずらに早期に非監護親と面会をすることだけを目的とするのでは子の真の利益につながるものではないという考え方を基礎とする限り、本設例のように、子にとって急激な環境の変化のあるような事案においては、面会の実際にあって、特に、従前は面会が行われておらず、これからあらたに面会を始めるような場合には、当面いっそう抑制的な配慮が求められると考えられます。

4 縁組と紛争拡大の懸念について

　ちなみに、民法上は、前記のように縁組について非監護親の同意は必要でなく、のみならず、法的には非監護親の関与は何ら必要でなく、連絡することすら求められていないために、非監護親のほうでは知らないうちに縁組が行われてしまっていたという事態が生じえます。しかしながら、当該縁組には、前記のように非監護親にとって親権変更という親権取得の可能性を奪う法的効果がありますので、このような法的効果を伴う判断が非監護親の関与を一切排除した中で行われますと、ただでさえ紛争性の高い、いわゆる高葛藤の事案などにおいては、いたずらに火に油を注ぐような結果を招来することになります。そこで、弁護士が監護親の代理人として関わるような場合には、非監護親の関与の必要性が法的には担保されていないことは前提として理解しつつ、事案の実態をよく見通し、縁組が以後に紛争をいたずらに拡大させることのないよう法的な効果や、後に発生することが想定される事態などについてていねいな説明を行い、慎重な配慮を求める必要があると考えられます。

Q62 縁組後の面会交流

親権者である非監護親の再婚相手と子が養子縁組をした場合、養子縁組の以前に監護親であった親が、養子縁組の後に子との面会を求めるときは、どう考えるべきでしょうか。

A 非監護親であっても、子の親権者であれば、民法上監護親の同意を得て、代諾養子縁組を行うことは可能です。当該同意があると、子は従前の非監護親から監護を受けることになりますので、子の監護養育環境は大きく変わることになります。そこで、従前の監護親との面会を考える場合についてもこのような子の監護養育環境の変化を考慮に入れる必要があります。

1 非監護親の再婚及び縁組の法的枠組み

養子となる子が15歳未満であれば、その法定代理人が縁組の代諾をすることができますので（民797条1項）、非監護親であっても、子の親権者であれば、法定代理人たる親権者の立場で代諾養子縁組を行うことができます。ただしこの場合、法は、「養子となる者の父母でその監護をすべき者であるものが他にあるときは、その同意」、つまり、（親権者ではない）監護親の同意を得る必要があります（民797条2項）。

なお、2011（平成23）年民法改正により、親権停止の審判の制度が設けられたことを受け、民法797条2項にも後段が追加され、養子となる子の父母で親権を停止されているものについても、同様に同意を得る必要があることとになりました。

194

2　子の監護状態の変更と民法797条2項の趣旨

　民法797条2項は1987（昭和62）年の法改正によって設けられた条文ですが、同改正法が親権者の養子縁組について従前の監護権者の同意を求めるようにしたのは、①縁組により養親が親権者として子を監護すべきこととなって、従前の監護権者はその地位を失うので、監護権者にも発言権を与え、親権者のみの意思で父母の合意を変更するのを防止すること、②監護権者から子を取り戻すために代諾縁組が濫用されることを防止すること、③監護権者にも、当該縁組が子の利益に適うのかどうかを判断させるのが望ましいことにあるとされています[1]。本書において一貫して述べている子の福祉、子の利益の確保の観点からは、子の監護状況に急激で大幅な変化をもたらす養子縁組について、従前の監護親の同意を必要とすることは妥当ですし、当然のことと考えられます。

3　養子縁組以前の監護親と子との面会交流

　前記のように、監護親の同意を得れば、親権者である非監護親は、再婚相手と子との養子縁組を行うことができ、その場合には、以後子の監護養育は、従前の監護親に代わって、養子縁組をした従前の非監護親夫婦が行うことになります。つまり、この場合監護養育環境が変わることで子にとっては急激な環境の変化がもたらされることになり、当然子に対する何らかの配慮が必要になります。このことを面会についていえば、一面では、Q61の設例にあったように、新しい配偶者との間で安定した人間関係が形成されるまでの間、あまり頻繁に面会を認めるようなことは、子の基本的な生活環境の形成を阻害する側面もあり好ましくないというような判断もありうるところではあります。反面、以前に監護親であった親との間で既に一定の愛着関係を形成しているような多くの事案では、子の気持ちの上での安定をはかる趣旨で、むしろ、従前の監護親が積極的に関与することも考えられるところです。養子縁組後の子の安定した精神生活のために従

前の監護親がどこまでどのように関わることが適切かということの判断については、一般論で片付けることはできません。事案ごとに、また、その時々の子の年齢やコンディションに応じて個別に考えざるを得ない問題です。養子縁組に至った事情や従前の監護親が同意を与えた事情などを総合考慮し、ここでも子の立場に立って、当該事案で従前の監護親による面会を積極的に認めることが子の利益福祉につながるものかを具体的に考慮しましょう。

---

[1] 中川善之助・山畠正男編『新版　注釈民法 (24)』（有斐閣、1994）231 頁

Q63 非監護親の粗暴な属性と面会交流の適否

非監護親に粗暴な属性が認められる場合、面会交流を行うことは止めるべきでしょうか。

 非監護親に粗暴な属性の兆候が認められる場合、安全や安心の確保が確認されるまで面会交流は可及的に制限されるべきです。

しかしながら、面会交流の実施を原則とする現行の裁判実務の運用からすると、兆候を主張することだけでは、面会実施を拒むことは容易ではありませんし、審判において面会を拒否するためには、実際には、更に、具体的で差し迫った危険を積極的に主張立証する必要があると考えられます。

1 「粗暴な属性が認められる場合」とは

非監護親に粗暴な属性が認められる場合とは、そもそも、どのような事案のことを指すのでしょうか。婚姻や同居の期間中配偶者やパートナーが行った暴力の具体的な態様、発生の頻度、その深刻さについては無限のグラデーションがあります。また、パートナーから粗暴な扱いを受け、それら暴力を肌身をもって日々感じていた他方配偶者等パートナーの側にも感じ方の違いがあります。

もちろん、例えば、保護命令等については、法に一定の要件が記述されている以上、要件を充足するほどの暴力の場合、そうでない場合、また、実態としては、本来発令に値するだけの暴力が認められる場合であっても、裁判手続における立証が困難である場合など種々の場合がありえます。

しかし、少なくとも、面会交流との関係についていえば、過去の種々の事情から監護親において現時点で非監護親の粗暴性を感じているのであれば、それはもはや、ここでいう粗暴性があるものとして考えるべきである

といえます。なぜなら、監護親と非監護親は過去に生活を共にしていたという点で、その属性や性質についてお互いに相手をよく理解することのできる立場にあっただけでなく、今現在面会交流を行うべきか否かという問題に直面している時点で何らかの懸念要素があるならば、その理由をていねいに確認するべきです。手続に関与する実務家としては、諸外国においても、また、わが国においても、面会交流を機会とした殺害事件等の悲劇、繰り返される悲惨な事件を目の当たりにしている以上、やはり、面会交流においては、安心や安全こそがすべてに優先する価値と考えられます。監護親において相応の心配があったり、不安を感じるような何がしかの兆候があるのであれば、その感性が十分に評価されるべきで、特に、子の年齢が低い場合には、監護親の精神的なコンディションもまた子の感覚や精神状態に強い影響を及ぼすことが留意します。

2　現行の実務の運用について

　現行の家庭裁判所実務の運用を集約した論文、例えば、東京家庭裁判所判事細矢郁他「面会交流が争点となる調停事件の実情及び審理の在り方——民法766条の改正を踏まえて」（家月64巻7号）によれば（以下、細矢論文といいます）、「東京家裁における面会交流が問題となる調停事件の審理の在り方」は、以下のとおりで、本書の基調とする安心安全を最優先に考える立場と一致していません。

　すなわち、「調停進行の枠組み」としては、「面会交流を禁止・制限すべき具体的事由が認められない場合には，面会交流を阻害すべき要因」「に応じて，働き掛けを行ったり，面会交流の実施の条件を検討したりした上，面会交流の試行を促すなどして，面会交流を円滑に実施していくための環境整備を進めることになる。」とされ、「他方，面会交流を禁止・制限すべき具体的事情がうかがわれる場合には，当事者双方に主張を裏付ける資料の提出を求めたり，家裁調査官による調査を行ったりして事実関係を確認し，その結果，面会交流を禁止・制限すべき事由がないと認められる場合には，前記と同様，面会交流を円滑に実施していくための環境整備を進め

ることになる。」とされています。

　もっとも、「これに対し，面会交流を禁止・制限すべき事由があると認められる場合には，少なくとも，直接の交流の実施に向けた調整は行わないことになるが，直接交流を制限すべき事由はあっても，全面的に交流を禁止すべき事由までは認められない場合には，事案に応じて，将来の面会交流の実現可能性や実現のために必要な環境整備の内容等をも考慮しつつ，」「間接交流の可否を検討する必要があると思われる。」とされています（以上細矢論文76頁、原文まま、以下同）。

　そして、細矢論文においては、「面会交流を禁止・制限すべき事由として具体的には」、「ア、非監護親による子の連れ去りのおそれ」「イ、非監護親による子の虐待のおそれ等」「ウ、非監護親の監護親に対する暴力等」「エ、子の拒絶」「オ、監護親又は非監護親の再婚等」などが挙げられ、個別に検討されていますが、このうち、「イ、非監護親による子の虐待のおそれ等」「ウ、非監護親の監護親に対する暴力等」については、それぞれ後記3、4のように記述されています。

3　非監護親による子の虐待のおそれ等

　細矢論文78頁は、「非監護親が過去に子に対して暴力を振るうなど虐待を加えていた事実があり，子が現に非監護親に対して恐怖心を抱いている場合や，面会交流の際に非監護親が子を虐待するおそれがある場合等には，面会交流を禁止・制限すべき事由があるということができる。」とし、また、「監護親がこのような事情を主張する場合，過去に非監護親が子に対して暴力を振るったか否かが激しく争われることが多い。通常当該事実を認定するための資料としては，診断書や写真等が考えられるが，そのような客観的資料がなく事実認定が困難な場合も多いと思われる。調停委員会としては，双方の主張や提出資料等を十分に検討し，慎重に判断する必要があると解される。」としています。

4 非監護親の監護親に対する暴力等

　細矢論文 78 頁は、「非監護親の監護親に対する DV によって子が精神的ダメージを受けており，現在もそのダメージから回復できていないような場合には，非監護親との面会交流は子の福祉を害するものといえ，面会交流を禁止・制限すべき事情があるということできると解される。」としつつ、79 頁では、「面会交流を禁止・制限すべき事由の有無を判断するに当たっては，監護親からの報告だけでは足りず，家裁調査官による子の調査等が必要となる場合が多いと解される。」としています。

　また、「監護親が，非監護親による DV により PTSD を発症しており面会交流を行うと病状が悪化して子に対して悪影響を及ぼす旨を主張して，拒絶すること」に対しては、「診断書や保護命令の決定書などの提出を求めて，DV の存否・態様，PTSD の病状等を確認する必要があり，その内容によっては，面会交流を禁止・制限すべき事由に当たる場合もあると解される。」としつつ、「ただし，当事者及び子の意向，子の年齢，発達段階，心身の状況，親族の協力の有無，第三者機関の利用可能性等によっては，監護親が非監護親と直接会うことなく面会交流をできる場合もあり得ることから，面会交流を禁止・制限すべき事由の有無を判断する際には，このような可能性を踏まえた検討が必要と言うべきである。」とされています。

5 現行実務を前提とした対応について

　家事審判法が家事事件手続法に変わり、特に、争訟的非訟事件である別表第 2 事件について当事者の手続保障が強化されたといっても、家事事件手続法に規定される各事件がいずれも訴訟事件ではなく、その本質において非訟事件であるという法制度上の建前については何ら変更はありません。そこで、当事者間の権利義務関係を法と論理のみに従って終局的に判断する訴訟手続とは違って、子の監護の処分に関する事件もまた非訟事件の 1 つとして、第一に、実体法の見地から見て、裁判官の広い裁量の中で

最善の結論が選ばれることになるとともに、第二に、手続法的な見地からも、公開・対審構造は採られず、事実の主張・証明が終局的に当事者の責任とされることもありません（いわゆる職権探知主義）。そこでは、本来弁論主義に基づく挙証責任やその転換といった概念は観念されないはずです。

　ただ、一方で、現在の家裁実務が細矢論文に代表されるような考え方に基づいて運用されていることも事実ですので、個々に事件を担当する弁護士としては、細矢論文が各論において展開をしている前記のような個別事情を視野に入れ、主張を組み立てる必要があります。そこで、設例についていえば、非監護親の粗暴な属性についても、抽象的に危険性を主張したり、監護親の主観にだけ軸をおいた証拠収集を行うのではなく、家庭裁判所調査官の調査を活用したり、暴力（的属性）の実態について個別具体的に主張立証を組み立てることが不可欠になります。

　暴力（的属性）の実態の立証については、保護命令における暴力立証などと同一に考えられます。一般論としては、陳述書や、日記などの主観的な資料よりも、警察官の出動記録や（個人情報の開示によって取得することができます）、診断書、写真のような客観的資料のほうが証明力は当然高くなりますし、同様にして、暴力行為当時に作成された資料のほうが、現時点で作成するものより証明力が強くなります。また、当事者の作成するものであっても、暴力行為の直後に謝罪する内容の文章など暴力行為を自認する加害者作成の文書資料については、メールや、ブログなどにも相応の証明力が認められます。

　また、渉外離婚の事案で、アメリカなどのように電子的な裁判記録の開示が進んでいる国ですと、DVに伴う裁判事件の記録、具体的には、逮捕日、保釈金、刑の内容まで日本で取得することができる場合もありますので検討するとよいでしょう。

Q64 非監護親による監護親への 接触意図を理由とした面会交流

非監護親が面会交流を利用して、よりを戻すようなことなど、何らかの接触を意図するような場合、面会交流の実施を拒むことはできますか。

A 仮に、非監護親による監護親への接触の意図が正面からは明らかにされていないような場合であったとしても、当該面会における安全や安心の確保のためには細心の注意が払われるべきであり、実際に面会を実施する場合でも相応の対応が求められると考えられます。

1 非監護親が面会交流を求める動機の多様性

非監護親が面会交流を求める動機には多様なものがありえますし、その本当の気持ちは面会を求める本人にさえ十分に認識されていないこともしばしばあるようです。もちろん、多くの場合に、面会を求める心情が子に対する愛情に基づいていることは事実ですが、他方で、正面をきっては認めていない場合でも、その他の要素、例えば、監護親に対する憎しみなどの否定的な感情に端を発した嫌がらせの目的から面会を求める場合や、元の配偶者に対し、よりを戻そうとする目的を持っている場合など、本設例のように、非監護親が監護親への接触を意図していることもありえることは留意されるべきです。

2 監護親への接触意図を理由とした面会交流の拒否

本書において既に繰り返し強調しているように、非監護親に対し面会交流を認める目的は、あくまで子の利益のためです。したがって、監護親に接触する意図を持ち、その手段として面会を利用するようなことは、面会

交流を実施する本来の趣旨に明瞭に反していますし、子の立場から考えれば、有害な場合であるということができます。

しかしながら、（過去の経緯から推して、面会を求められることに監護親が恐怖を抱いている場合のように、監護親からすれば、非監護親の意図は明らかであると感じられるような場合であっても）面会を求める非監護親においては、上記のような接触の意図を持っているということを認めないことが一般であると考えられますので（当該意図を監護親に対し認めても問題がないのであれば、面会に託けて接触を図る必要などないはずです）、現実問題としては、非監護親が監護親に対する接触の意図を有しているというような主観的な心情の存在を事実として確定することには、困難が付きまとうように思われます。

その結果、上記のような特段の意図を証明することができなければ、当該面会が面会交流の趣旨に反するものであることを立証することができないことになり、現在の家裁実務を前提とすると、単に非監護親が接触の意図を有していると主張する程度では、面会実施を拒否することは困難で、面会実施の方向へ裁判所の判断や助言は流れやすいように思われます。この点、特に面会の対象となる子が年少の場合には、実際に面会の実施には監護親の協力が不可欠ですから、反面、面会に際しての非監護親との接触の可能性も大きくなると予想されます。

そこで、本設例のような事案における面会交流に対応するためには、FPIC（公益社団法人家庭問題情報センター➡ Q23-3）など面会交流を支援する第三者機関等第三者に面会実施の補助として支援を受け、非監護親自身による直接間接の接触を回避することが現実的であるように考えられます。

なお、本設例に関連する事項として、住所の秘匿に関しては Q66、子の学校行事への参加の問題に関しては Q68 も参照してください。

Q65 不貞行為に基づく信頼関係の欠如を理由とする面会交流の拒否

当該不貞行為を行った元配偶者が非監護親となった場合、監護親は過去の不貞行為に基づく信頼関係の欠如を理由として面会交流を拒否することができますか。

A 不貞行為によって夫婦間の信頼関係が破壊され、その傷もあって従前のパートナーを信頼することができないという心理状態に陥ることは理解のできることですが、パートナーとして主観的に信頼できないという状態が、直ちに面会を行うことが不適切であるという客観的な状態を示すことにはならないと考えられます。

1 不貞行為を原因として離婚した監護親の心理

非監護親の不貞行為を原因として夫婦の信頼関係が破綻し、離婚にまで至ったような場合に、夫婦に未成熟子がいたときは、しばしば不貞をした有責配偶者が非監護親となることがあります。

このような場合、往々にして監護親が非監護親に対しマイナスの感情を抱き、（どこまで自覚的意識的であるかは別として、）いわば非監護親に復讐する1つの手段として、非監護親が愛しているものを奪うこと、その具体的な発現として、信頼関係の欠如を理由として面会交流の実施を拒否することがあります。

2 面会交流の意味

しかしながら、本書において繰り返し強調しているように面会交流を認める目的はあくまで子の利益のためにあります。面会交流は、非監護親の寂しさの解消のために行われるものでもなければ、監護親の満足のために

拒否されるべきものでもありません。

　ここで監護親の述べる「信頼関係の欠如」が非監護親の不貞に終始するものであって、面会の実施について具体的な問題を提起されているものでないときには、面会の拒否には理由がないと考えられます。

　これに対し、不貞行為が原因でも、その結果高葛藤状態が続き、面会の実施がその葛藤紛争を一層助長するおそれが高いような場合には、本書において一貫して問題としている子の福祉に適わない面会の強要に陥る可能性がありますので、そのような場合には、高葛藤事案における面会の実施について前記したところを参照してください。

　また、子の福祉に適った面会の観点からは、ここでもまず、子の意向が優先的に検討されなければなりません。子の年齢や成長の具合にもよりますので、一概にはいえませんが、子の意思、意向は可及的に尊重されるべきです。

Q66 住所秘匿の要請のある事案における面会交流の適否

保護命令が発令されたにもかかわらず、非監護親が監護親と子の居場所を執拗に探索している場合など住所秘匿の必要性が高い場合にも面会交流を実施することは適切でしょうか。

A 　住所秘匿の要請のある事案における面会交流は基本的に適切ではありません。本書において、繰り返し述べているような安心・安全な面会交流の実現という観点からは、住所という安心・安全の要ともいうべき情報についてしっかりした管理を確立できない場合には、面会は行われるべきではありません。

1　住所秘匿の要請のある事案と裁判手続

　裁判所は、犯罪被害者などが実際の居住地を知られると危害を加えられるおそれがあるなど、実際の居住地を記載しないことにつきやむを得ない理由がある旨の申出がなされた場合には、実際の居住地を記載しなくても訴状等を受け付けるとしています（2005（平成17）年11月8日付最高裁判所事務連絡(訴3－2)訴状等における当事者の住所の記載の取り扱いについて）。そして、このような住所秘匿の必要性は、犯罪被害者の場合だけでなく、保護命令の発令されるようなDV事件など、当事者間において暴力が問題とされるような事案においては、秘匿をする者の生命身体の安全の確保の観点から特に認められるというべきです。ここには、住所の秘匿が安全な裁判手続進行の中核にあることが示されているといえます。

　裁判手続における住所秘匿の運用は実際に定着していて、現在の裁判実務においては特に住所について秘匿の必要性について「やむを得ない理由」を申し出るまでもなく受付されているのが一般です。

2 面会交流の実施と住所判明の蓋然性

　これに対し、面会交流を現実に実施する場合には、必然的に住所が判明する危険性、蓋然性が高くなります。

　面会の場面においては、長い時間子と非監護親が直に相対しますので、子の年齢など発育の度合いにもよるものの、自らの情報をきちんと管理することのできない子を通じて住所やこれに関連する学校や自宅近隣の情報が容易に漏れてしまう可能性が十分あります。もちろん、裁判所や面会を支援する第三者機関などにおいても非監護親に対し面会に際して、住所などの秘匿情報を子を通じて聞き出すようなことのないようにルールを課していることも少なくありません。しかし、例えば、非監護親がことさら聞き出すようなことをしなかったときでも、会話の流れなど何かの拍子で情報を話してしまうことはありえます。それは何も子に限ったことでもなく、面会の実施に向けて日程等を調整している際の監護親や代理人などにおいてもうっかり口を滑らせてしまう可能性はありうるところです。

　また、住所については、これが相手方など秘匿の対象者に対し一旦判明してしまったときには、経済的な負担や労力、学校の手続などの手間暇を考えますと簡単に引越しをすることもままならないことが一般ですので、その意味でも住所の秘匿は、手続において優先順位度の高い項目です。

　そこで、安心・安全な面会交流の実現という観点からは、非監護親が今後は暴力も、居住場所の探索もしないと言っているだけでは足りません。協力してもらう第三者機関や監護親、子の状況をよく把握した上で、住所という安心・安全の要ともいうべき情報についてしっかりした管理を確立できないと判断した場合には、面会は行われるべきではありません。

Q67 児童養護施設等に入所中の子どもとの面会

児童養護施設において家庭環境不良として環境上養護を要するとされ施設に入所している子らと親との面接はどのように行われますか。

A 養護施設に子が入所した場合、(1)養護を要するに至った因子を排除改善しなければなりません。改善に必要な限度では、子の利益の確保のために、面会の制限も正当化されることになります。反面、(2)養護施設自体に問題のある事案もあり、このような事案に対処するためも、面会の全面的な排除が長期間継続するようなことは適当ではありません。

1 児童養護施設について

児童養護施設は、児童福祉法に基づく児童福祉施設の1つで、1997（平成9）年の改正によって、それまでの養護施設を改称したものです。保護者のない児童（乳児を除く。ただし、安定した生活環境の確保その他の理由により特に必要のある場合には、乳児を含む）、虐待されている児童その他環境上養護を要する児童を入所させて、これを養護し、あわせて退所した者に対する相談その他の自立のための援助を行うことを目的とする施設です（同法41条）。なお、児童福祉施設には、児童養護施設のほか、助産施設、乳児院、母子生活支援施設、保育所、幼保連携型認定こども園、児童厚生施設、障害児入所施設、児童発達支援センター、児童心理治療施設、児童自立支援施設及び児童家庭支援センターがあります（同法7条1項）。

児童養護施設に入所している子は、虐待されている児童その他環境上養護を要する児童ですから、当然これら児童に対しては、退所に向け環境を整え、養護を要するに至った因子を排除改善する必要があります。

2 入所中の子と親との面会の制限とその意味

　児童養護施設に入所中の児童については、前記のとおり、養護を要するに至った因子を排除改善する必要があり、特に、当該因子が親の虐待にある場合には、このような虐待に至った原因が分析され、その改善対応策が当該施設において検討実施されることになります。

　そして、児童養護施設においては、子や親との面接を通じて原因を探り、あわせて親や家族など子を取り巻く社会資源への働きかけを行い、問題点に対する自覚を促したり、生活習慣等の見直しを求めるなどし、虐待と評価された状況の改善を図ります。

　そこで、上記のような原因の分析や、改善対応策が確立するまでの間、施設側は、親から同意をとるという形態によって、あるいは、行政上の処分によって、親との間の自由な面会を制限することになります。

　そして、子の心理や学習の進捗等を踏まえた総合的な状況判断の下で、施設内における1時間程度の短時間の面会から始め、徐々に面会の機会を増やし、施設外での面会や、週末の外泊（親の暮らす自宅への帰宅）などを経て、最終的には退所をし、その上で一定の相談を継続するようなプログラムが組まれることが一般的です。

　このような面会においては、一方で、親が子に関わることが子の心理面での安定にとって必要だとの仮定に立ちつつ、他方で、以前にあったような虐待状況を放置したままでは、子の安全で良好な生活環境を確保することはできないとの判断があり、一旦は親子の関係を切り離した上で、上記のように、子の心理状況について継続的に観察しつつ、徐々に面会の質や量を増やし関係を修復していくという方途がとられています。

　具体的には、施設等は、子自身の面談、親やその同居家族との面談、環境の調査、医師等専門家からの意見聴取などを経て、会議で、入所に至る原因の解明、これを改善するための方策、子に対する働きかけや、家族に対し求める事項などを決め、そのための説明を行っていきます。しかしながら、子の入所というような大変に緊迫した状況の中で、親側も感情的に

なることも少なくなく、上記のような施設等の分析について冷静に受けとめることのできない状態に陥っていることもあります。弁護士としては、親の代理人として、施設等と親との間の疎通に離齬を来さないよう常に配慮する必要があると思われます。

3 入所中の子にとっての面会の意義

　他方、児童養護施設に入所中の児童について、閉鎖的な施設内において性的虐待などの虐待、子の人権問題が発生することもありえます。

　親からの虐待を受けた児童が最後の拠り所として入所した公的な施設においてまた虐待を受けるようなことなどあってはならないことですが、人目に付きづらく、また、子ども自身が弱い立場にあって声を上げにくいことなどから人権侵害行為を生じやすい下地はあるといえます。このような密室での人権侵害を防止するためには、何より子と親の面会交流のような外部者との交流などの機会が必要です。その意味でも、長期間子との面会が全く認められないというような事態があってはならないものと考えられます。

　また、親との面会によっても、子の口を通じて施設内の状況が必ずしもわかるものでもないことから、例えば、代理人である弁護士においても、施設内で子が不当な処置を受けているようなことはないか、常に留意する必要があります。そして、施設内の閉鎖的な空間の中で、人権問題につながるような事態が発生していないかという観点からは、施設の運営活動が第三者からの監督や評価を受けるような制度になっていることが重要です。例えば、児童相談所に配置された弁護士においては、訪問する際などにも種々の措置の適切性について気を配る必要があるでしょう。

Q68 非監護親の学校行事への参加希望に対する対応

非監護親が学校行事への参加を求めてきた場合、監護親はどのように対応することが適切でしょうか。

A 　学校は面会交流を実施したり、これを補助したり、調整する機関ではありません。また、非監護親の学校行事への参加についても、面会交流一般と同様、年齢に応じつつ、子の意向にも当然一定程度の配慮があってしかるべきです。子が困惑したり、子の学校生活に支障の出るようなことのないよう監護親と非監護親共に事前にしっかりと調整をしておくべきです。

1 学校行事について

　一口に学校行事といっても、卒業式、入学式といった一度きりの公式行事から、運動会や、学芸会、文化祭、発表会、日常的な授業公開の機会に至るまで、行事の内容や、教育上の位置づけは、子の年齢や発育にも応じ、様々ですが、一般的にいえば、学校としても、その教育の成果を披露し、子にとっても、普段親の目に触れることのない学校での生活ぶりや友達との関係性を示すことのできる貴重な機会となります。また、親の立場から見ても、学校という集団生活の場所で同学年の友達の様子も合わせ見られる中で、自身の子の成長や個性などを確認することのできる大切な機会となります。

2 学校行事と面会交流

　しかしながら、改めていうまでもなく、学校行事への参加と面会交流は、

それぞれが固有の目的と意義を持つもので、本書において一貫して述べている子の福祉や、子のための面会交流を認めるという立場からは、学校行事への参加は、面会交流の機会の代替となるものではありません。むしろ、子の成長の確認ができるという前記のような機能からは、学校行事への参加が親のための機会となってしまい、上記のような面会交流の目的に反する結果をもたらす可能性も容易に考えられます。また、子の年齢等にもよりますが、学校では子には子の独自の社会があり、親であっても大人に安易に踏み込まれることを拒否する態度に出るようなこともしばしば見受けられるところです。

　そこで、普段子の学校での様子なども知らない非監護親が学校行事に参加することについては、子の気持ちや立場に一層の慎重な配慮が必要です。監護親と非監護親は、相互によく連絡をとり、学校行事の内容や段取りについてあらかじめよく理解をした上で、非監護親の参加について子が困惑するような場面に陥ることのないよう、また、当日を含めその後の子の学校生活に支障を生じることのないよう万全に配慮したかたちで行事への参加が行われるべきで、逆にいえば、監護親と非監護親がそのような緊密な連携を保つことのできないような場合に非監護親が無理矢理にでも行事へ参加し、面会を実現するようなことは、子の利益に適わず、長期的で安定的な面会を阻害するおそれがあり、適切な面会とは考えられません。

Q69 法律上の父から、子と同居している生物学上の父及び母への面会交流の要求

法律上の父から、子と同居している生物学上の父及び母に対し面会交流の要求があった場合、これを認めることは子の福祉にとって適当でしょうか。

A 生物学上の父と母が子と日常同居している状況下において、嫡出推定の規定に基づき法律上はなお父と扱われる非監護親から面会交流が求められた場合、これを認めるときには、2人の父親の存在を子に突きつける結果となり、子の福祉の観点からは、基本的に適切とは考えられません。

1 最高裁2014（平成26）年7月17日判決

　親子関係不存在確認請求事件についての2014（平成26）年7月17日最高裁第一小法廷判決の多数意見は、「夫と子との間に生物学上の父子関係が認められないことが科学的証拠等により明らかであり、かつ、子が、現時点において夫の下で監護されておらず、妻及び生物学上の父の下で順調に成長しているという事情があっても、子の身分関係の法的安定を確保する必要が当然になくなるものではないから、前記の事情が存在するからといって、」民法772「条による嫡出の推定が及ばなくなるものとはいえず、親子関係不存在確認の訴えをもって当該父子関係の存否を争うことはできない（中略）ものと解するのが相当である。」と判示し、従来の最高裁の立場を踏襲して法律上父子関係が不存在と認められるためには、懐胎期間中に夫婦関係がなかったことが外観上明らかな場合に限られるとする外観説の立場を踏襲しました。

　この立場からは、単に家庭生活が破綻していたという理由だけでは父子関係は否定されず、更に、上記最高裁判決の事案のようにDNA鑑定によっ

て生物学上は別に父のいることが明白となっている事案においても、夫婦関係のないことが外観上明らかでない以上、嫡出否認というかたちで夫が訴えない限り、民法772条による推定の効果として、夫が婚姻関係にある男女の間に生まれた子どもの法律上の父になります。

2　面会交流の要求は認められるべきか

　最高裁は、2014（平成26）年7月17日に、旭川家裁を一審とする事件と、大阪家裁を一審とする事件の2つの事件について言渡しを行っていますが、このうち大阪家裁を一審とする事件の父親が上記の最高裁判決を受け、法律上の父として、生物学上の父に対し、面会交流を求める申立てを新たに大阪家裁に対し行っています。

　これに対し、大阪家裁平成27年3月13日決定は、以下のように判断して父親の申立てを却下し、同決定は確定しています。すなわち、「家庭裁判所において未成年者が申立人と定期的に面会交流することを命じると、まだ5歳である未成年者に対し、申立人が誰であるかを示すことが必要になると考えられるが、未成年者にとっては法律上の父がいかなる者であるかおよそ理解できないのに、血縁上の父のほかにもう1人の父がいることを教えることは、未成年者を混乱させ、精神的に不安定にさせるおそれがあり、申立人と相手方との紛争に未成年者を巻き込む可能性も否定できない。申立人と未成年者との面会交流は、未成年者が成長して自ら考える力がついた時点で、検討すべき課題とするのが相当であるように思える。」「申立人において、血縁上のつながりはなくとも、自ら親として未成年者と関わりたいという意思を有していることは、家庭裁判所調査官による調査から認められるところであり、相手方が主張するような、相手方の背信行為に対する仕返し等のために面会交流を求めているものとは認められないが、こうした申立人の意思を十分考慮しても、現時点において、家庭裁判所が申立人との面会交流を命じることが相当とは思えない。」としました。

　確かに、上記決定が述べるように、上記事案は、極めて稀な事例であり、一方当事者の離婚再婚に伴い父親が2人となったという世上しばしば見ら

れる事例とは異なっています。上記事例において面会交流を認めるときには、上記決定も述べるように、子に混乱が生じることは必至です。本書において繰り返し述べている子のための面会交流、子の福祉という視点からは、このような場合に面会交流を認めることは基本的に適当ではありません。

　特に、上記事例において、子が申立人と同居していたのは、2歳4〜5か月までで、子には申立人によって育てられたとの認識もなく、申立人を知っている人という程度の認識がある程度で、子と申立人が愛情を持って結ばれているという事案であるとはいいがたく、一層面会交流は認められるべきではないと考えられます。

面会交流紛争解決の課題

Q70 監護についての様々な考え方

面会交流を含む子の監護について、様々な見解が対立しています。「子の利益」を中心としつつ、ジェンダーやその他幅広い立場から、どのように考えたらよいのでしょうか。

A かつて存在した母親優先原則が批判され、現在は主たる監護親原則が主流となっています。これに対し、父母が子と過ごす時間を平等（同じ長さ）にすべきだとの見解や、非監護親との関係継続が常に子の利益であるとの見解もあります。抽象論ではなく具体的に生起している事実を念頭に、あくまでも「子の利益」の立場から慎重に検討する必要があります。

1 実務の大まかな傾向

　子の養育及び発達の観点から、「親権」の内容とされるもののうち、「監護」部分が特に重要であることに異論はありません。親権者と監護者の分属は例外であるとともに、監護者指定の際の考慮要素は原則としてそのまま親権者指定の際の考慮要素となります。まずいずれが監護者として適格であるかを判断し、その者に親権を帰属させるのが実務です。

　その際、「子の利益」が最優先の考慮要素であることには争いがありませんが、より具体的には以下の各事項が総合考慮されるといわれています[1]。

ア、出生から別居時までの主たる監護者・監護の実績、監護の継続性

イ、子の年齢、子の意思、父母との情緒的な結びつき

ウ、監護態勢、監護能力（経済力、居住条件・居住環境、心身の健康・性格、養育能力、監護補助者など）

エ、監護開始における違法性の有無

オ、面会交流の許容性、兄弟姉妹不分離、異性との交際、DV・一方親に

よる虐待など（監護態勢・監護能力に影響を与える場合はウの要素となる）

　家庭裁判所がこれらのうちどの項目に重点を置いていると見るかは、論者により異なりますが、概ね、まずはア「主たる監護者・監護の実績、監護の継続性」を重視し、子が概ね10歳以上の場合はイ（特に「子の意思」）も重視し、エは子が10歳未満の場合に考慮されることがあるが、オはあまり考慮されないケースも多々見られます。なお、オについて、一方親による虐待はその程度によってウの要素とされることがあり、DVもそれにより子の安心と安定が損なわれる場合にはウの要素とされることがあるとされていますが、これらはその程度にかかわらずウの要素とされるべきであって、現在の家庭裁判所の対応は不十分であるともいえます。

　子の健全な成長・発達のためには、乳幼児期の哺乳や幼児期のこまごまとした身上監護を基盤とした愛着関係や心理的絆が欠かせません。まずは、そのニーズを満たす者としての「主たる監護親」（性別を問わない）による監護の継続性を重視し、子が成長し親とは別の生活空間・生活時間を持つようになるにつれ、監護の継続性よりも子の意思を尊重すべき重要性が増してくると考えられます。

2　ジェンダーと監護

　かつては、特に乳幼児について、3歳児神話[2]に基づく「母親優先」の考え方が有力でした。しかし、これは、性による特性論・役割論[3]を前提としたもので、科学的根拠に欠け、女性の社会進出を阻み、男性の監護の機会を奪うものとして、今では否定されています。日本では離婚後に母が全児の親権者となる割合が8割を超え[4]、離婚後の共同親権を認める他国でも実際の監護者は母である割合が8割を超えているといわれていますが[5]、これらは「主たる監護者、監護の実績、監護の継続性」や「子の意思」が重視された結果であって、「母親優先」のためではありません。

　両性の平等の進展とともに、監護教育は親の性に中立であるべきだから、父母が子と過ごす時間を平等にすべきだとの見解が出てきました。しかし、

父母それぞれとどのくらいの時間をどのように過ごすのがよいかは、「その子」の意思や年齢、状況等に応じて異なるのですから、一律に決めることにはそもそも無理があります。これを一律に同じ時間とするのは、子と過ごしたい父母の気持ちを、その子の意思や年齢状況等よりも優先させるものであって、もっぱら「子の利益」「子の立場」から考えるという基本に反しています。父母の気持ちは子の時間をコントロールする理由とはなりませんし、子の監護は財産分与の対象ではありません。

　オーストラリアでは、父母が子に共同で関わるのがよいとの前提の下、2006 年に面会交流等非監護親の関わりを強める法改正が行われ、父母が子と過ごす時間を平等にするものと解釈され運用されました。ところが、養育費が大幅に低額化しただけでなく、DV や虐待が多発し、4 歳の女の子が面会交流中に父親によって殺されるという事件まで起きてしまいました。この事件をふまえ、安全安心こそ子どもの福祉であるとの考えの下に、2011 年に再度の法改正が行われ、非身体的な DV や虐待を含む家族間暴力があった事案では、非監護親との交流より子の安全安心を優先するとともに、暴力の訴えをしにくくさせる「友好的親ルール」などを削除しました[6]。

　「別居や離婚の後においても子が父母と継続的な関係を持つことは、原則として子の最善の利益に資する」という見解もあります。しかし、単純に父母が共同で子に関わるべきだと決めつけることなく、個々のケースに寄り沿った対応をとる必要があります。

　また、ここでいう父母とは法律上の父母を指しますが[7]、法律上の父母なら子を適切に監護できるという科学的根拠はありません。法律上の父母が絡む虐待によって毎年 100 人近くの子どもが死亡しているという事実からも[8]、これは明らかです。何より、シングルで子を監護している親（性別を問わない）がそれゆえに監護者としての適格性に欠けるとする根拠はどこにもありません。更に、もっぱら非監護親が子と面会交流を希望する場合にこの見解が主張され、子が非監護親との面会交流を望む際には無視されることが多い（子に関心がない親に面会を求めても傷つくだけといわれる）という点も、その問題性を示しています。

3 「子どもの本音・声を歪めない監護」のために

　児童精神科医の渡辺久子は、面会交流について、「子どもが面会交流を拒否するとき、その第一の理由は、父母の高葛藤が沈静していないその状況そのものが、その子にとって地獄のような拷問に等しく、意味ある面会交流などありえないからである」「面会交流の拒否には子どもの身体感覚記憶に基づく根拠がある」「子どもの拒否は母親に吹き込まれたものではない」と述べています[9]。子どもの信頼に応える司法であるためには、「一人一人の子ども達に、専門家として納得できる対応ができているだろうか」と内省するとともに、児童精神科医をはじめとする他分野の専門家との連携が不可欠です。

---

[1] 松本哲泓「子の引き渡し・監護者指定に関する最近の裁判例の傾向について」家月 63 巻 9 号（2011）、小島妙子『Q & A 離婚実務と家事事件手続法』（民事法研究会、2013）198 頁

[2] 子どもが 3 歳になるまでは母親が子育てに専念すべきであり、そうしないと成長に悪影響を及ぼすという考え方

[3] 女性と男性にはそれぞれ特性と役割がある（女性は細やかな感情を持つので家事育児介護を行い、男性は理性的で社会的政治的活動を行って家族の生活を支える）との主張

[4] 厚生労働省人口動態統計（平成 27 年）

[5] 進藤千絵・小澤敦子「アメリカにおける離婚後の子の監護と面会交流について──ニューヨーク州を中心に」家月 64 巻 4 号（2012）

[6] リサ・ヤング著、髙橋睦子・立石直子監訳「オーストラリアの家族法をめぐる近年の動向──日本は何を学べるか」小川富之・髙橋睦子・立石直子編『離別後の親子関係を問い直す──子どもの福祉と家事実務の架け橋をめざして』（法律文化社、2016）

[7] 日本法の下では、生物学的な親と法律上の親は必ずしも一致しない。

[8] 厚生労働省「児童虐待の現状」http://www.mhlw.go.jp/file/06-Seisakujouhou-11900000-Koyoukintoujidoukateikyoku/0000108127.pdf

[9] 渡辺久子「子どもの本音・声を歪めない面会交流とは」梶村太市・長谷川京子編著『子ども中心の面会交流──こころの発達臨床・裁判実務・法学研究・面会支援の領域から考える』（日本加除出版、2015）24 頁以下

Q71 面会交流紛争の解決に関わる 諸機関とその役割

面会交流をめぐる紛争の解決には、どのような機関が携わっているのでしょうか。司法、行政、立法の役割や民間機関との協働はどうあるべきでしょうか。

A 専門機関として位置づけられているのは家庭裁判所ですが、特にDVや虐待がからむ面会交流事件については、外部の専門家の関与の強化を含めた人的・物的基盤の強化が必要です。

1 司法──家庭裁判所

当事者は家庭裁判所に面会交流についての調停又は審判を申し立てることができます。ただ、当事者の合意に基づく解決が望ましい事件であるため、いきなり審判を申し立てても、一旦調停に付されることが多く、調停が不成立になったときに審判に移行します。非監護親が監護親に対し面会交流を求める事件が大半ですが、監護親が非監護親に対し面会交流を求めたり、これを制限・禁止するよう求める事件もあります。

調停・審判いずれについても、家庭裁判所調査官が関与するのが原則です。これまでは、面会交流をめぐる当事者間の意見対立が強い事件にだけ調査官が関与していたのですが、現在は、未就学児や小学生がいる事案では、原則、調査官が関与し、自主的に面会交流が行われていることが確認できれば関与をやめる、という扱いがなされているようです。

調査官は、面会交流が可能な事案なのか、どのような方法が適切かを検討するため、子の監護状況の調査（当事者双方からの事情聴取、子との面接など）を行い、場合により、調停・審判係属中に面会交流を試みることもあります（試行的面会交流）。

家庭裁判所は「子の福祉の観点から、面会交流を禁止・制限すべき事由

（面会交流の実施が却って子の福祉を害するといえる特段の事情）が認められない限り、面会交流の円滑な実施に向けて審理・調整を進める」ことを基本方針としています（原則実施論）。直接子に向けられた激しい身体的暴行や性的虐待等が認められる場合は別として、それ以外の場合は面会交流を命じる（方法、場所、回数等の調整はありうる）との結論が最初から出ている、といっても過言ではありません。これが真に「子の最善の利益」に合致した判断であるのか、疑問です。

　離婚の９割は当事者間の協議によって成立しており、面会交流についても相当数が当事者間の協議で関係者の都合に合わせて行われています。面会交流をめぐる紛争が家庭裁判所に係属するのは、何らかの事情で当事者間に強い葛藤がある事案です（その典型がDVと虐待ですが、それらに限りません）。「両親の離婚・別居後も、子と離れて暮らす親とが交流を継続することは子の福祉に合致する」というドグマは美しいですが、そのようなドグマが問題なくあてはまる事案は、家庭裁判所に係属しません。仮に係属したとしても（財産分与で争いがある事案など）、自主的に面会交流が行われ、調査官の関与を必要としない事案です。

　法律家の責任は、抽象的な理想論を語ることではなく、現実に生起する事案の中で人権を守っていくことです。相談しやすい児童精神科医やカウンセラーとのパイプを持つ、シェルターなど支援の現場の人に話を聞きにいくなど、現場の知見を得ましょう。

　裁判所が事件増加への対応に追われていねいな調査や審理が阻害されている現状もあるので、その人的物的体制の拡充も喫緊の課題です。裁判官だけでなく家庭裁判所調査官の専門性にも限界があることを認識し、必要であれば児童精神科医や児童心理士など外部の専門家に相談したり、意見書をもらうなどの対応を検討しましょう。

2　行　政

　面会交流の取決めや実施の援助を、地方自治体に任せるのがよいとの意見があります。しかし、当事者間で解決できない事案は何らかの強い葛藤

を抱えており、専門機関である家庭裁判所でさえ事実認定や調整に相当苦労しており、専門外の地方自治体が的確な事実認定と調整を行うのは至難の業です。自治体がDVや虐待事案だと判断すれば、加害者とされた側から「誤った判断をした」とクレームをつけられ（訴訟リスクもあります）、配偶者暴力相談支援センターや女性センター、児童相談所等による被害者への支援も困難になります。他方、DVや虐待の判断を躊躇すれば、DVや虐待の被害継続を容認することになり、配偶者暴力防止法や児童虐待防止法の趣旨に大きく反する事態となります。これらの事態は「子の最善の利益」を大きく侵害します。自治体にはDVや虐待からの住民の保護と支援（相談対応を含む）という点で協力を依頼し、面会交流の取決めや実施の援助は家庭裁判所を含めた司法機関が責任を負うと考えるべきでしょう。

　これらを理解した上で、機会があれば配偶者暴力相談支援センターや女性センター、児童相談所等との勉強会に積極的に参加し、担当事件についても適切な範囲で積極的に連携をはかってください。その際、支援の現場の人達の意見を傾聴する姿勢が大切です。家裁実務や法律論を所与のものとして押し通すことは控えるべきです。

3　立　法

　家庭裁判所の人的物的体制の拡充や加害者対策のための法整備は、面会交流についても喫緊の課題であり、予算措置も必要です。また、とりわけ養育費の不履行が多発する中、立替え払い制度などの整備も喫緊の課題です。

　更に子の権利と安全・安心を中心に据えた法律の検討が必要です（家族生活や学校生活での安全確保、貧困からの保護、教育や健康・発達支援を受ける権利などを子の権利として規定し、子に対する家族と国等の責任を規定する内容）。その際、子は親の利益や支配の対象ではないこと、子自らが権利主体であることを改めて明記する必要があります。

　弁護士は司法機関の中で一番当事者や支援現場に近い存在です。これらの人達の声を集めて立法に結びつけることも、弁護士の大切な仕事です。

4　民間支援機関

　困難な面会交流事案の実施を援助する民間機関の中心は、FPIC（公益社団法人家庭問題情報センター、詳しくは➡ Q23 - 3）です。2016（平成28）年 8 月現在、全国 10 か所（東京、大阪、名古屋、福岡、千葉、宇都宮、広島、松江、横浜、新潟）に「ファミリー相談室」を設置し、面会交流援助事案を実施しています。ほかにも小規模な民間支援機関が各地にありますが、ウェブサイト等で見る限り、専門的知識と細心の配慮が十分ではないと思われるところもあるので、注意してください。厚生労働省の「面会交流支援事業」を利用した援助事案は、2017（平成29）年 1 月現在 5 自治体にとどまります[1]。

　困難な面会交流事案の実施を援助する機関が必要であれば、まずは近隣の FPIC に連絡をとり、援助内容や利用条件等を確認してください。ただ、面会交流の実施が「その子の利益」か否かを判断する際に、支援機関の存在を理由にするのは本末転倒ですので、注意してください。

---

[1]　厚生労働省資料「母子家庭等就業・自立支援事業の実施について」（平成 26 年 9 月 30 日雇児発 0930 第 1 号厚生労働省雇用均等・児童家庭局長通知）

Q72 面会交流と養育費支払いとの関係

養育費支払い確保の点から面会交流を積極的に活用するという考え方があるようです。どのようにとらえたらよいのでしょうか。

A 面会交流はそれ自体が子の利益に合致する場合に行われるものであって、養育費確保の手段としてなされるべきものではありません。実際にも、「面会交流が円滑に実施される場合のほうが養育費の支払いも円滑に行われる」とは言い切れません。

養育費は、子にとっては生存のための費用であり、親にとっては扶養義務の履行（子の監護費用の分担）です。面会交流の有無にかかわらず、その支払いが確保されなければなりません。

1 面会交流と養育費

(1) 両者の関係

「面会交流をしていないから養育費支払いを拒否する」ということはできません。また、「養育費を受領していないから面会交流を拒否する」ということも、それだけの理由であれば、できません。

(2) 両者は性質が異なる

ただ、その理由として「両者が対価関係にないからだ」といわれることがありますが、この説明には疑問があります。

対価関係の有無で説明するためには、面会交流も養育費も当事者間に権利義務の関係があり、しかも、その権利義務のベクトルが逆方向を向いている、と考える必要があります。しかし、①養育費は、親の未成熟子に対する扶養義務を前提にして、その分担を求めるものですから、監護親の非監護親に対する権利（非監護親から見れば義務）という関係が明確ですが、

226

②面会交流は、非監護親との交流が子の利益になる場合に子のために実施されるべきものであって、そのベクトルは子から非監護親に向けられており（非監護親は子から向けられたベクトルに応じる責任がある）、しかも、子の利益になるかどうかは子の状況のみならず監護親・非監護親の状況によっても変わりうるものであって、柔軟に対処すべきものですから、これを権利義務の関係（非監護親が監護親に対し持つ権利と監護親が非監護親に負う義務）と捉えることは不適切だからです。

　面会交流と養育費の履行を対価関係の有無で論ずることは、両者の性質を理解しないものといえます。養育費は、いつ、いかなる理由があっても、支払われねばなりません。この両者の性質の違いを理解しておくことが必要です。

2 養育費

(1) 親の扶養義務と養育費

　配偶者との別居や離婚等を契機に子と別居することになったとしても、非監護親には親として未成熟子を扶養する義務があります（民877条1項）。親権や監護権の有無とは関係がなく、監護親と非監護親との間に扶養義務の順位の差もありません。

　この親の子に対する扶養義務を前提に、子の養育に必要な金額を父母間で分担するのが養育費であり（子の監護費用の分担）、離婚の場合に、親の一方（親権者ないし監護者たる監護親）から他方（非監護親）に請求するのが普通です（民766条1項、3項）。離婚前なら、監護親から非監護親に対する婚姻費用分担請求のかたちになります。

　なお、未成熟子とは「経済的に自ら独立して自己の生活費を獲得することが適当でない状態にある間」「身体的、精神的、社会的になお成熟化の過程にあって、労働に従事すればその健全な心身の発育を害されるおそれがあるため、労働就労を期待しがたく、そのため、第三者の扶養を必要とするような期間」にある子を指し[1]、未成年者と同義ではありません。成年に達してもなお就学中の子、心身の障害のため経済的自立が困難な子な

どは、未成熟子に含まれます[2]。

(2) 養育費の金額

　子が親に対し要求できる扶養の程度は、扶養義務者である親と同程度の生活です（生活保持義務）。収入の多いほうの親の生活水準、又は、父母の婚姻が継続していたなら受けられたであろう生活水準を基準に、子がこの生活水準を維持するに足りる金額を両親間で分担するのです。

　家庭裁判所は、長い間、養育費及び婚姻費用の算定について、いわゆる「簡易算定表」[3]を用いてきました。

　しかし、この「簡易算定表」は理論的にも実際的にも多大の問題を含み、しばしば養育費及び婚姻費用の算定の低額化という結果を招来し、別居を含む一人親世帯の貧困の固定化の一因にもなっていました。家庭裁判所も弁護士も、改めて算定方式を見直す必要があります。

　日本弁護士連合会は、2016（平成28）年11月に「養育費・婚姻費用の新しい簡易な算定方式・算定表に関する提言」を公表しました[4]。

　新算定方式・新算定表は、生活保持義務の理念にもとづき、子どもの利益を最優先に作成されたものです。日弁連は、この新算定方式・新算定表の仕組みと使い方を説明するとともに、実務で必要となる論点を整理し、計算例と裁判例を掲げたマニュアルも作成しました[5]。これらを用い、生活保持義務に合致する適切な養育費を依頼者や裁判所に提案することが必要です。

　更に、双方の収入のみをベースに算定するという枠組み自体にも疑問が投げかけられています。義務者の資産は多いが収入が少ない場合、義務者の意思によって収入を先送りしている場合、義務者が自営業者で収入をごまかしたり資産を第三者名義で蓄積している場合などは、適切な養育費の算定のためには、収入だけでなく資産を算定の基礎に含める必要がある場合があります。養育費が子の健やかな成長を支える基盤的給付であることを念頭に、具体的事案の適切な解決を考えてください。

(3) 養育費の履行確保

　調停や審判で養育費が定められたにもかかわらずこれが履行されないときは、権利者は家庭裁判所の履行勧告や履行命令（家事法289条）を利用

することができます（婚姻費用についても同様）。ただし、これらには強制力がなく、実効性に乏しい面があります。

そこで、義務者の給与等の差押えが考えられます。養育費（婚姻費用も同様）が定期給付として定められた場合は、その一部に不履行があれば、既に履行期が到来した不履行部分だけでなく、履行期が到来していない将来の給付部分についても、強制執行を開始することができ（民執法151条の2第1項）、かつ、債務者の給与等を差し押さえる場合には差押え禁止範囲が3/4から1/2に縮小されます（同法152条3項）。もっとも、強制執行は給与預金その他債務者の資産が発見できなければできません。

しかし、現在、債務者の財産を開示する制度（財産開示手続・民執法第4章）の実効性を向上させるために、執行裁判所が、債務者からの申立てにより、債務者以外の第三者（銀行等の金融機関等）に対し、債務者財産に関する情報の提供を求める制度を新たに創設する方向での法改正が検討されています（注：法制審議会民事執行法部会）。改正の動向にも注意してください。

また、間接強制として清算金の支払いを命じるよう求めることもできますが（同条172条、167条の15）、その実効性も期待できません。

日弁連は、「養育費支払い確保のための意見書」などにより、国による立替払い制度や義務者の給与天引き制度等の創設を繰り返し提言してきましたが[6]、現状では、確実な履行確保の方法はなく、一人親家庭の貧困化の一因になっています。

---

[1] 島津一郎・阿部徹編『新版 注釈民法（22）』（有斐閣、2008）15頁

[2] 小島妙子『Q＆A 親子の法と実務』（日本加除出版、2016）136頁

[3] 東京・大阪養育費等研究会「簡易迅速な養育費の算定を目指して──養育費・婚姻費用の算定方式と算定表の提案」判タ1111号（2003）

[4] http://www.nichibenren.or.jp/activity/document/opinion/year/2016/161115_3.html

[5] 日本弁護士連合会 両性の平等に関する委員会編「養育費・婚姻費用の新算定表マニュアル 具体例と活用方法」（日本加除出版、2017）

[6] 日本弁護士連合会ホームページ

Q73 実務の運用と 子どもの意向との関係

現在の実務の運用はどのようなものですか。また、子どもの意向との関係はどのようになっていますか。

A 面会交流の調停や審判は、実際には非監護親のために行われており、裁判所は「原則実施論」の下で「子の本音や声」をゆがめてまで強引にその実施を命じているケースもあります。法律家がこの姿勢を見つめなおし、「その子の利益」をていねいに考えていくことが必要です。

1 そもそも面会交流の調停・審判は誰のためか

こう聞くと、裁判官も弁護士も研究者も、口を揃えて「子のためだ」と言うでしょう。しかし、本当にそうなっているでしょうか？

実際には、非監護親が調停・審判を申し立てて強硬に面会交流を要求すれば、裁判官は、原則実施論に立って、時には個別事情を十分に考慮することなく、面会交流に応じるよう監護親に迫ることになります。ところが、非監護親が面会交流の要求をしなければ、何も言いません（途中でやめた場合も同じ）[1]。子から非監護親に対する面会交流の申立てを認めた審判は見当たりませんし[2]、調停・審判で決められた面会交流の実施を非監護親が怠っても一切何の制裁もありません（監護親が決定どおりにしなければ、間接強制や損害賠償、果ては親権者変更などの手段がとられることにもなりえます）。

実務は明らかに「非監護親のための調停・審判」となっているのです。

230

2　家庭裁判所の方針とその問題点

（1）家庭裁判所のドグマ

　家庭裁判所が調停・審判を通して貫く方針は「原則実施」であり、その前提は「継続的な関係維持は原則として子の利益だ」というドグマです。

　しかしこれらは本当に正しいのでしょうか。

（2）「継続的な関係維持」は原則として「子の利益」か

　「別居や離婚の後においても子が父母と継続的な関係を持つことは原則として子の最善の利益に資する」とのドグマが広く流布しています。

　しかし実際には、この命題は実証されていません。それどころか多くの心理学的研究知見がこの命題を支持せず、更に、DV虐待など暴力がある場合に限らず、暴力がなくても父母間の紛争性が高い場合は、非監護親との面会等の関係継続が子の適応を害することを明らかにしています[3]。法律上の「親」であるというだけで別居後に交流しさえすれば子に何らかの特別な利益をもたらすとする根拠はありません。

　そもそも、関係継続の是非が問題となるのは、抽象的な「子と親」ではなく、具体的な「その子とその親」です。現実に存在するのは、具体的な一人ひとりの子であり、具体的な一人ひとりの親であって、子、親、親子の関係が一人ひとり異なるのは当然です。したがって、親との関係継続が「その子」に有益か有害かは、「その子」をめぐる具体的な事情に基づいて、個別具体的に判断されなければなりません。「原則として子の最善の利益に資する」という見解は、例外に該当することが証明されない限り、原則に則って関係継続をしなければならないということですが、一人ひとりの「その子」の最善の利益は、一人ひとりの「その子」をめぐる具体的事情を吟味しなければわからないのですから、極めて乱暴な決めつけとなりえます。

　前記のドグマを美しい理想的な考え方だと思う人がいるかもしれませんし、円満な離婚において継続的な関係維持がその子の利益になることもあるでしょう。しかし、法律家の仕事は「現実に生起する『その事件』の中

でいかに『その子』の利益を守るのか」ということです。仮に前記ドグマが理想論だと思ったとしても、理想論を『その子』に押し付けてはいけません。一貫して約90％が協議離婚をしている日本で、家庭裁判所に係属する事件は何らかの強い葛藤がある事件であり、とりわけ「面会交流」が係属する事件（特に審判手続にまでなる事件）は父母間の紛争性が非常に高い事件ですから（DV・虐待など暴力がある場合に限らない）、そこに「美しい理想論」を押し付けて非監護親との面会等の関係継続を強要することは、「その子の利益」を侵害する危険が大きいことを認識するべきです。

(3)「原則実施論は子の利益」か

　原則実施論の問題点は前記しました（➡ Q71 参照）[4]。裁判所が例外的に面会交流を禁止・制限すべきだとしている事由は、①非監護親による連れ去りのおそれが高い場合、②非監護親による子の虐待のおそれがある場合だけであり、③監護親への DV は禁止・制限事由ではなく、ただ子の年齢や発達の程度、DV の態様などを総合して制限事由になることもあるという程度、④子の拒絶も直ちに禁止・制限事由とはせず、子の年齢や発達の程度、拒絶の理由・事情などから真意の拒絶と評価されれば禁止・制限事由となりうるという程度です。すべて裁判官の判断ですが、実際には、①は過去に連れ去りの事実があることが必要ですし、②は直接子に向けた激しい身体的暴行や性暴力があり、子が恐怖心を抱いていることが必要です。③は監護親への DV によって子が PTSD ないしそれに準ずる著しい心理的ダメージを受けたことが必要で、④は「子は非監護親に会いたいはずだ」とのドグマを打ち破るほどの明確な拒絶が必要です。DV や虐待以外の高葛藤事由はおよそ禁止・制限事由として考慮されません。

　面会交流は何より「その子」の人格形成に資する限りで行われるべきです。特に④については、子の意思の把握・尊重が必要であるという総論は誰も否定しませんが、問題はどのように真意を把握するかです。実際には、家庭裁判所調査官がわずか30分程度子に面接しただけで作成する報告書に基づいて「子は拒否していない」と結論が導かれることが多く、実際の調査官と子とのやり取りも全く検証できず、しばしば首をかしげる記載も見られます[5]。児童精神科医・渡辺久子の「子どもが面会交流を拒否する

のには必ず根拠がある。非監護親との嫌な記憶が体に焼き付いているからである。乳幼児であっても相手の意図を見抜く間主観性を持ち、かつ、刺激の本質を見抜く生気情動を持つ。今、身体感覚的に実感しているものと過去の記憶とを照らし合わせることができるのである」との指摘を傾聴し[6]、裁判官だけでなく調査官の専門性にも限界があることを考慮し、児童精神科医や児童心理士など外部の専門家の関与を検討することが必要です。

---

[1] 筆者の経験でも、「あなたは子どもの権利を不当に制限するのか」と監護親（母）を強く非難していた裁判官が、非監護親（父）が「仕事で忙しくなるからもうよい」と面会要求を取り下げた途端、面会について何も言わなくなったという例がある。

[2] 「嫌がっているのだからやっても無駄」と裁判官に言われた経験が筆者にはある。

[3] 長谷川京子「面会交流の強制は子の福祉を害する」戸籍時報 747 号（2016）

[4] 梶村太市・長谷川京子編著『子ども中心の面会交流——こころの発達臨床・裁判実務・法学研究・面会支援の領域から考える』（日本加除出版、2015）を是非参照。

[5] 筆者の経験でも、同居中、躾と称して繰り返し子の脛を蹴っていた父が申し立てた面会交流調停において、調査官の「お父さんが会いに来たらどうする？」との問いに、子（小学校低学年）が「かみついてやる」と答えたところ、調査官は「子は父との身体的触れあいを求めている」と記載した例がある。また、父の DV により母がうつ状態になったが父が離婚を拒否していた事案で、小学校高学年の子ども達が「父が母と離婚しない限り父との面会をしない」と明言したのに、調査官は「子ども達は母に配慮しただけで真実は会いたいのだ」として直ちに面会交流を実施すべきとの意見を出し、裁判官もこれに追随したため、子ども達が怒って裁判官に手紙を書いた例がある。

[6] 渡辺久子「子どもの本音・声を歪めない面会交流とは」梶村・長谷川、前掲書

Q74 面会交流債務（義務）の性質とその履行

そもそも面会交流債務（義務）とはどういう性質を持つものでしょうか。どのような状態をもって「不履行」というのですか。

A 非監護親には子との面会交流を求める実体的請求権はありません。ただ、監護親に対し子の監護に必要な適正措置を求めることはできます。協議、調停又は審判により面会交流の内容が決まった場合には、非監護親は監護親に対しその内容に従った履行を求めることができます。しかし、これはあくまで「子の利益」を実現するためのものです。通常の債権や物権と異なり、直ちに強制執行になじむとはいえません。

1 面会交流の法的性質

(1) 親の権利ではない

「親なんだから子と会う権利がある」と主張する非監護親やその代理人を見かけることがあります。しかし、これは間違いです。以下のとおり、非監護親に子との面会交流を求める実体的権利はなく、ただ非監護親は監護親に対し適正措置を請求する権利がある、というのが正しい理解です。

最高裁は 2000（平成 12）年に行った決定の中で、非監護親からの面会交流の申立てについて、非監護親と子との面会交流は子の監護の一内容であり、家庭裁判所は民法 766 条を類推適用し、家事審判法 9 条 1 項乙類 4 号[1]により、相当な処分を命ずることができる、としました[2]。この事件について、担当調査官は「面接交渉の内容は、監護者の監護教育内容と調和する方法と形式において決定されるべきものであり、面接交渉権といわれているものは、面接交渉を求める請求権というよりも、子の監護のために適切な措置を求める権利であるというのが相当である。」との見解を示しま

た[3]。実体的権利説でなく、適正措置請求権説（手続申立権説）を採用したのです。

　また、2011（平成23）年改正により、民法766条に面会交流や監護費用の分担などが明記されましたが、この改正の立法担当者（法務省民事局参事官）は、非監護親と子との面会交流について、「それが権利として認められるものか、認められるとして親の権利か子の権利か、その法的性質はどのようなものかなどについて、なお議論が分かれてい（る）」ため、「子の監護について必要な事項の例示として面会交流を明記するにとどめることとし（た）」「今回の改正は親子の面会交流を権利として規定したものではない」としています[4]。ここでも実体的権利説を採用していません。

　同じく2011（平成23）年に成立した家事事件手続法も、子の監護についての必要な事項の具体例として、面会交流と監護費用の分担を挙げましたが（家事法154条3項）、家庭裁判所が調停又は審判において後見的立場から合目的的見地に立って裁量権を行使してその具体的内容を形成する、という手続は、従前の家事審判法におけるものと変わりがなく、ここでも実体的権利義務の存在を前提としていません。

　児童の権利条約は、「締約国は、児童の最善の利益に反する場合を除くほか、父母の一方又は双方から分離されている児童が定期的に父母のいずれとも人的な関係及び直接の接触を維持する権利を尊重する。」と定めています（9条3項）。ここでの権利主体は「児童（子）」であって親ではないこと、日本では民法766条、家事事件手続法154条3項により、家庭裁判所が後見的立場から合目的的に「子の利益」に照らして適切に判断する手続となっていることからいえば、適正措置請求権の考え方は同条約にも適合します。

（2）家庭裁判所の取扱い

　家庭裁判所実務も、面会交流は協議、調停又は審判がされて初めて具体的な権利が形成されると解しています[5]。もっとも、本当に「子の利益」になるというなら、非監護親にも子と面会交流を行うことを課すべきですが、家庭裁判所はそのような条項を定めず、もっぱら監護親にのみ責任を課そうとしています。

2 調停・審判により面会交流の内容が決まった場合

(1) 裁判所の考え方

　裁判所は、「面会交流の日時又は頻度、各回の面会交流時間の長さ、子の引渡しの方法等が具体的に定められているなど、監護親がなすべき給付の特定に欠けるところがないといえる場合」は、間接強制決定が可能であるとしています[6]。面会交流の実施を進める手段として、監護親に対する損害賠償請求や親権者変更が利用されることもあります[7]。

　しかし、間接強制については後記（2）のとおりです。損害賠償請求についても、面会交流はあくまでも「子の利益」を実現するためになされるべきものですから、少なくとも子が拒絶している場合には、これを認めるべきではありません。非監護親への親権者変更（監護親は監護者となる）も、非監護親が獲得するのは法定代理権と財産管理権であって面会交流とは関係がありません。

(2) 間接強制も常に認められると考えるべきではない

　間接強制の申立てがあれば、裁判所は相手方（債務者＝監護親）に審尋の機会を与えなければなりません（民執法 172 条 3 項）。これに対し、相手方が、①子が拒絶している、②面会交流が子の福祉に反する（医師の診断書等を添付）等と主張して申立ての却下を求めた場合でも、裁判所は、①については「子の面会交流にかかる審判は、子の心情等をふまえた上でされているといえる」として、子が非監護親との面会交流を拒絶する意思を示していても、それは間接強制決定を妨げる理由にはならないとし、②についても、これは債務名義に表示された権利の当否の争いであって、執行裁判所は判断できず、債務者は請求異議訴訟、事情変更を理由として面会交流の禁止又は内容変更を求める調停・審判の中で主張すべき事由であるとすることが多いのが実情です[8]。

　間接強制はもともと債務の履行と強制金の支払いとを天秤にかけて合理的に行動する債務者を想定した強制手段であり、しかも債務者の意思のみにより履行可能な債務について認められるものです。しかし、面会交流事

件は単純な天秤で解決できる問題ではありませんし、家事債務については家庭裁判所調査官調査も実施されうる履行調査・履行勧告（家事法289条）等のより適切な履行確保手段があります。しかも、子の拒絶の意思が明確な場合には、債務者の意思のみにより履行可能な債務とはいえません。

面会交流は監護親の意思だけでは実施できず、何より重要なのは当事者たる子の意思であり、子の福祉であること、間接強制が過酷執行になりうることなどを考慮すれば、少なくとも、調停又は審判確定時から相当期間が経過し、子の年齢が上がっている場合、子や双方親の状況に変化があった場合などには、再度、子の心情や双方親の事情を調査し、間接強制の許否について慎重に判断すべきです[9]。

①について、子の引き渡しに関する間接強制事件ですが、債務名義を子の引き取りを妨害しない不作為義務とした上で、強く拒否的意思を示す子を説得することに債務者が協力的であると認め、不作為義務の違反のおそれはないとして、間接強制の申立てを却下した裁判例があります[10]。②について、債務名義の決定において考慮していない新たな事情があれば、これを間接強制の許否の判断において考慮する余地を認めた裁判例があります[11]。

具体的事案における「その子の最善の利益」を常に考えてください。

---

[1]　現在は家事事件手続法154条3項

[2]　最高裁平成12年5月1日決定（民集54巻5号1607頁）

[3]　最高裁判例解説民事編平成12年度（下）21事件511頁以下

[4]　飛澤知行編著『一問一答平成23年民法等改正──児童虐待防止に向けた親権制度の見直し』（商事法務、2011）12頁

[5]　水野有子、中野晴行「第6回面会交流の調停・審判事件の審理」東京家事事件研究会編『家事事件・人事訴訟事件の実務──家事事件手続法の趣旨を踏まえて』（法曹会、2015）187頁

[6]　最高裁平成25年3月28日決定（民集67巻3号864頁）

[7]　小島妙子『Q&A 親と子の法と実務』（日本加除出版、2016）180頁以下

[8]　最決平成25年3月28日前掲

[9]　同旨・小島妙子『Q＆A 親子の法と実務』（日本加除出版、2016）183頁

[10]　東京高裁平成23年3月23日決定（家月63巻12号92頁）

[11]　東京高裁平成24年1月12日決定（家月64巻8号60頁）

Q75 国際的人権保障の観点から見た面会交流

児童の権利に関する条約（児童の権利条約）など国際的な人権保障の観点から見て、面会交流の在り方をどのように考えたらよいのでしょうか。

A 児童の権利に関する条約を根拠に非監護親からの面会交流申立てを積極的に認めるべきだとの主張があります。しかし、同条約は、親子関係においても確保されるべき子どもの権利を多数規定しており、面会交流の確保を、生命や生存、健康や虐待を受けないこと等いずれも重要な他の子の利益に優先させるべき理由、そのことが子の最善の利益に合致するのだという理由は、全く明らかではありません。

1 児童の権利に関する条約（児童の権利条約）

「児童の権利に関する条約（児童の権利条約）」は、子どもの基本的人権を国際的に保障するために定められた条約です。18歳未満を「児童（子ども）」と定義し、国際人権規約（1976年発効）が定める基本的人権を、その生存、成長、発達の過程で特別な保護と援助を必要とする子どもの視点から詳説し、子どもの生存、発達、保護、参加という包括的な権利を実現・確保するために必要となる具体的な事項を規定しています。1989年の第44回国連総会において採択され、1990年に発効しました。日本は1994年に批准しました。

2 条約の内容

親子関係においても確保されるべき多くの権利が規定されています。
・6条1項「締約国は、すべての児童が生命に対する固有の権利を有する

ことを認める。」、2項「締約国は、児童の生存及び発達を可能な最大限の範囲において確保する。」

・9条1項「締約国は、児童がその父母の意思に反してその父母から分離されないことを確保する。」、3項「締約国は、児童の最善の利益に反する場合を除くほか、父母の一方又は双方から分離されている児童が定期的に父母のいずれとも人的な関係及び直接の接触を維持する権利を尊重する。」

・12条1項「締約国は、自己の意見を形成する能力のある児童がその児童に影響を及ぼすすべての事項について自由に自己の意見を表明する権利を確保する。この場合において、児童の意見は、その児童の年齢及び成熟度に従って相応に考慮されるものとする。」

・18条1項「締約国は、児童の養育及び発達について父母が共同の責任を有するという原則についての認識を確保するために最善の努力を払う。父母又は場合により法定保護者は、児童の養育及び発達についての第一義的な責任を有する。児童の最善の利益は、これらの者の基本的な関心事項となるものとする。」

・19条1項「締約国は、児童が父母、法定保護者又は児童を監護する他の者による監護を受けている間において、あらゆる形態の身体的若しくは精神的な暴力、傷害若しくは虐待、放置若しくは怠慢な取扱い、不当な取扱い又は搾取（性的虐待を含む。）からその児童を保護するためすべての適当な立法上、行政上、社会上及び教育上の措置をとる。」

・24条1項「締約国は、到達可能な最高水準の健康を享受すること並びに病気の治療及び健康の回復のための便宜を与えられることについての児童の権利を認める。締約国は、いかなる児童もこのような保健サービスを利用する権利が奪われないことを確保するために努力する。」

・27条1項「締約国は、児童の身体的、精神的、道徳的及び社会的な発達のための相当な生活水準についてのすべての児童の権利を認める。」

・28条1項「締約国は、教育についての児童の権利を認めるものとし、この権利を漸進的にかつ機会の平等を基礎として達成する（後略）」

・31条1項「締約国は、休息及び余暇についての児童の権利並びに児童

がその年齢に適した遊び及びレクリエーションの活動を行い並びに文化的な生活及び芸術に自由に参加する権利を認める。」

・34条1項「締約国は、あらゆる形態の性的搾取及び性的虐待から児童を保護することを約束する。このため、締約国は、特に、次のことを防止するためのすべての適当な国内、二国間及び多数国間の措置をとる。（後略）」

そして、締約国がこれらの権利の保障を含めて「児童に関するすべての措置をとるに当たっては…児童の最善の利益が主として考慮されるもの」とされています（3条）。

3 「その子」の利益を守ること

これらのうち9条3項を根拠に、「面会交流の確保は原則として子の最善の利益である」とする見解があります。

しかし、同項が定めるのは、児童の「権利」の尊重であって、児童の義務や責任ではありません。そして、前記のとおり、「別居や離婚の後においても子が父母と継続的な関係を持つことは、原則として（ごく一部の例外を除いて）子の最善の利益に資する」という命題は実証されていません[1]。

国連子どもの権利委員会は、「子どもの最善の利益の概念は、条約で認められているすべての権利の全面的かつ効果的な享受および子どものホリスティックな発達[2]の双方を確保することを目的としたものである」とし、更に「この概念は、当事者である子ども（たち）が置かれた特定の状況にしたがって、その個人的な背景、状況及びニーズを考慮に入れながら個別に調整・定義されるべきである。個別の決定については、子どもの最善の利益は、その特定の子どもが有する特定の事情に照らして評価・判定されなければならない」としています[3]。非監護親との面会交流が子の利益になるかどうかも、「その子」の置かれた特定の状況に従って、個人的な背景、状況及びニーズを考慮に入れながら個別具体的に判断されなければなりません。また、状況及びニーズは常に変化し得るものであることも加味すれば、一度なされた判断がその後も常にその子の最善の利益に合致し続ける

240

とは到底いえず、判断が必要な都度、個別具体的な状況に照らした判断がなされなければなりません。

　＜原則―例外＞という判断枠組みは、例外事由が証明されない限り、原則に則って関係継続を命ずるということであり、乱暴な決めつけであって、一人ひとりの「その子」の最善の利益を考慮したものとはいえません。

　更に、このような見解は、面会交流の確保を上記で挙げた他のいずれも重要な子の利益に優先させることになりますが、生命や生存、健康や虐待を受けないことよりも9条3項の確保が大事である、それが子の最善の利益に合致するのだという理由は全く明らかではありません。非監護親との関係の質は、それぞれの子と親に応じて異なるのですから、一律に関係維持が子の利益に資するとする根拠はないといわざるを得ません。

4　子の意見表明権

　本条約はまた、子の意見表明権を保障しています。世界乳幼児精神保健学会は、2014年に乳幼児の権利に関する意見を表明し、その中で、「……乳幼児にはユニークな非言語的表現手段があり、感じ、親密で安全な関係を作り、そして環境を探検して学習する能力がある」こと、「……乳幼児は最も重要な主要な養育者との関係性を、継続的な愛着の尊重と保護をもって認識され理解される権利を有する」ことなどを明らかにしました[4]。

　日本の家庭裁判所では、子が概ね10歳以上の場合はその意見を考慮するけれども、それ未満の場合には必ずしも判断や表現が的確には行いえないとして、子の意見表明を考慮しない扱いが多く見られます。しかし、法律家は子の意思の把握に必要な専門知識も経験もなく、それゆえ判断できないのであって、その責めを子に負わせるようなことがあってはなりません。

　子と親の関係は、一人ひとり違います。一人ひとりの「その子」をめぐる具体的な事情に基づいて、何が「その子」の最善の利益かを検討し判断する責任が、大人にはあるのです。

1 長谷川京子「心理学的研究知見は面会交流原則実施政策を支持しない」法の苑 65 号(2016.11)
　5 頁以下、同「面会交流の強制は子の福祉を害する」戸籍時報 747 号（2016）43 頁以下
2 委員会は、締約国が、「子どもの身体的、精神的、霊的、道徳的、心理的および社会的発達
　を包含する」「ホリスティックな概念」として発達を解釈するよう期待している（一般的意
　見 5 号、パラグラフ 12）。
3 子どもの権利委員会・一般的意見 14 号「自己の最善の利益を第一次的に考慮される子ども
　の権利（3 条 1 項)」
4 ここで乳幼児とは出生から 3 歳までをさす。

Q76 在日外国人が絡む面会交流

在日外国人が絡む面会交流事件について、注意すべき点を教えてください。

面会交流の前提として、当該外国人が引き続き日本に在留できるようにすることが重要です。

まず、当該外国人の在留資格と在留期間を確認し、在留期間の徒過や在留資格の取消しがないよう、注意してください。

次に、別居又は離婚後に引き続き日本での在留を続けることができるか、在留期間の更新や在留資格の変更が可能であるかを検討してください。帰国せざるを得ない場合には、面会交流の場所や方法、来日の際の査証取得への協力などについて十分に協議してください。

1 在留資格と在留期間

外国人が日本に適法に在留するためには、出入国管理及び難民認定法(以下、入管法といいます)が定める27種類の在留資格のいずれかを有し、かつ、在留資格ごとに付与された在留期間内の在留であることが必要です。

また、日本で行うことができる活動は、在留資格ごとに法定されたものに限られます[1]。

例えば、日本人男性と外国人女性とが婚姻している場合、外国人女性(妻)は、通常、日本人の配偶者であるという身分に基づいて在留資格「日本人の配偶者等」を付与され、その在留期間は6か月、1年、3年又は5年です(更新を繰り返すにつれ長くなるのが原則です)。この在留資格であれば、日本において行うことができる活動に制限はなく、就労制限もありません。

2　超過滞在、在留資格の取消し

(1) 在留期間を経過しないこと

　付与された在留期間を徒過すると（いわゆる「オーバーステイ」）、入管法による退去強制の対象となります。

　外国人配偶者からの相談や受任の場合には、常に在留資格と在留期間に注意し、たとえ在留期間の更新に必要な日本人配偶者の協力が得られない場合でも、必ず期間内に更新申請をしてください。

　その際、夫婦関係調整事件等の調停を申し立てて家庭裁判所から係属証明書の交付を受け、これを入国管理局に提出すれば（直前の受任の場合は弁護士作成の事情説明書を提出）、多くの場合、期間6か月の更新が認められます。調停や訴訟などが長引いている場合は、繰り返し忘れずに更新申請をしてください。

(2) 在留資格の取消しに注意

　在留期間中であっても、「日本人の配偶者等の在留資格をもって在留する者（中略）がその配偶者としての活動を継続して6か月以上行っていない場合（当該活動を行わないで在留していることにつき正当な理由がある場合を除く）」や、「中長期在留者が、法務大臣に届け出た住居地から退去した日から90日以内に、法務大臣に新しい住居地の届出をしない場合（届出をしないことにつき正当な理由がある場合を除く）」には、在留資格を取り消されるおそれがあります（入管法22条の4第1項）。

　DV等の被害をうけて避難する外国人妻にとって、この取消し制度は大きな脅威です。入国管理局は、DV等は「正当な理由」に該当するとしていますが[2]、問題はその証明です。事情を明らかにできるよう証拠資料（写真、録音、診断書など）の収集をしてください。

3　日本人男性と離婚した後の外国人女性の在留資格　••••

（1）他の在留資格への変更が必要

　婚姻中に有していた在留資格「日本人の配偶者等」は、離婚したからといって直ちに失効するのではなく、その在留期限までは有効です。ただ、前記「取消し」の対象になりますし、取り消されなかったとしても更新はできませんので、他の在留資格への変更が可能ならば、早めに入国管理局に変更申請をするほうがよいと思います。

（2）どのような在留資格への変更が可能か

　離婚後の在留資格については、いわゆる「定住通達」（1996（平成 8）年7 月 30 日付け法務省入国管理局）があります。これは「未成年かつ未婚の日本人の実子を扶養するため本邦在留を希望する外国人親については、その親子関係、当該外国人が当該実子の親権者であること、現に当該実子を養育、監護していることが確認できれば、「定住者」（1 年）への在留資格の変更を許可する。なお、日本人の実子とは、嫡出、非嫡出を問わず、子の出生時点においてその父又は母が日本国籍を有しているものをいう。実子の日本国籍の有無は問わないが、日本人父から認知されていることが必要である。」というものです。

　離婚の際に、外国人母が子の親権者又は監護者になって実際に子を養育監護している場合が典型であり、そのような場合は、外国人母の従前の在留資格が「短期滞在」や「興行」であっても「定住者」への資格変更は認められますし、適法な在留資格を有していなかった場合でも在留特別許可により「定住者」の在留資格が認められます。

　問題は、日本人父が子の親権者又は監護者になって実際に子を養育監護している場合です。この場合、定住通達の適用は難しくなります。ただ、子の利益になる場合に外国人母と子との面会交流をなるべく頻繁に実施することはまさに子の利益ですし、民法上、監護者は単独でなければいけないとの規定はないので共同監護者として指定する、あるいは事実上共同監護をしているとして、定住通達の適用（準用）を求めていくことが考えら

れます。

　それらが難しい場合には、一般の基準による「定住者」への資格変更や他の在留資格への変更を検討する必要があります。

4　外国人母が帰国する場合の面会交流 [3]

(1) 直接交流

　母が日本に来て子と交流する場合は、母の査証取得、渡航費用や滞在費の用意などが必要です。査証 [4] については、外務省のホームページ [5] を参照してください。短期滞在目的で招聘する場合（親族や友人、取引先企業の社員などを滞在期間 90 日以内で招聘し報酬を支払わない場合）には、招聘理由書と滞在予定表等が必要となります。

　子が母の居住国に行って交流する場合も、同様に、子や同行者の査証取得と渡航費用・滞在費用等が必要です。

(2) 間接交流

　手紙や写真、ビデオレターの送付、電話、SKYPE や FACE TIME 等による交流が考えられます。子の意思を尊重して方法や時間を検討してください。

5　1人で抱え込まない

　外国人が絡む事件を取り扱うためには、関連法令（入管法、いわゆる上陸基準省令、法務省告示、ガイドライン等）を理解するとともに、入国管理の実務（未公表の入管の内部基準等を含む）を探ることも必要です。この分野を扱う弁護士同士の経験の蓄積や情報交換、共同受任等が有益です。入管申請取次業務を行う行政書士との連携も考慮すべきでしょう。

　また、日本では面会交流を子の福祉の観点から考えるのに対し、例えば米国ではこれを非監護親の権利として捉え、子の意思よりも優先して考えるため、しばしば異文化摩擦が生じ（非監護親が週5日の面会交流や1か月の国外旅行を強く要求するなど）、鋭く対立する事案が少なくありません。

246

このような場合に、１人で事案を抱え込むのは、依頼者のためにも弁護士のためにもなりません。信頼できる弁護士や行政書士との連携をお勧めします。

1　関係法令については、入国管理局 http://www.immi-moj.go.jp/hourei/index.html
2　在留資格の取消しについては、入国管理局 http://www.immi-moj.go.jp/tetuduki/zairyuu/torikeshi.html
3　ハーグ子奪取条約に基づく面会交流援助については➡ Q78 参照。
4　査証とは、国家が自国民以外の者に対して、その人物の所持する旅券が有効であり、かつその人物が入国しても差し支えないと示す証書であるが、多くの国では入国を保証するものではなく、入国許可（上陸許可）申請に必要な書類の一部となっている。大多数の国が同様の制度を運用しているが、同時に一定の条件内で査証免除が行われている場合が多い。
5　外務省　http://www.mofa.go.jp/mofaj/toko/visa/index.html

Q77 共同親権論・共同監護論

別居後あるいは離婚後の共同親権論・共同監護論について、どのように考えたらよいでしょうか。

A 学説上及び実務上、親権が親の子に対する支配権ではないこと、権利ではなく義務・責任の側面を強調すべきことは、争いがありません。これを基本に、離婚したカップルが子の監護教育等について義務と責任を自覚し共同で対処決定することが常に可能か、共同対処の法制度が本当に子の利益になるのか等を、具体的事例に則して考えてください。

1 「親権」とは何か

(1)「親権」の法的性質

学説の主流は、親は子の監護及び教育を支援する責任と義務を負っており、親の権利性は親が子に対し負担するこの責任と義務を遂行するのに必要な限りで認められるのであって、他人から不必要に干渉されない法的地位である[1]とし、端的に「親権は義務であり、民法820条の『権利』は権限の意味に解すべきだ」とする有力説もあります[2]。また、「親権は権利でもあるし義務でもある」との説明に対しては、「義務といっても財産法的な意味で不履行に対して履行の強制が可能な義務ではないし、権利という概念はなじみにくい面がある。むしろ社会的責務とでもいうべきものである」との指摘もあります[3]。

家庭裁判所の見解は必ずしも明らかではありませんが、親権とは親が未成年の子どもを一人前の社会人に育成する職務上の役目であり、子どもに対する監護教育の権利義務と子どもの財産上の管理処分の権利義務の2つに分けられ、権利というより義務という面が強いとの見解があり[4]、この

ような理解が裁判所では一般的なものと思われます。

　監護・教育も財産保全も、その基本は、子を産み出した者（実子の場合）あるいは子への援助を引き受けた者（養子の場合）としての親の責任であり、子の利益を守るためのものです。そう考えると、端的に「親権は義務である」とする米倉説が一番すっきりしています。子の安全等に対する第三者からの侵害行為に対し妨害排除請求等を行うべき事態があるとして、一定の権利性を認めるべきだとの見解がありますが、これも、端的に義務を履行するために付与された権限であると説明すれば足りると思われます。

　いずれにしても、親権が親の子に対する支配権ではないこと、権利ではなく義務・責任の側面を強調すべきことには、争いがありません[5]。民法が「親権を行う者は、子の利益のために子の監護及び教育をする権利を有し、義務を負う。」（民820条）としているのもこの趣旨といえます。

(2) 監護の法的性質

　「親権」の内容から、子の財産の保全（財産管理と代理）を除外したものが、「監護」（監護教育）です。通説及び実務によったとしても、「親権」は親の権利ではなく主として義務・責任ですから、当然、「監護」も親の権利ではなく主として親の義務・責任です。

　そして、子が独力で生きていくことができない間は、親は、子の面倒を見たり経済的に援助し、子の財産があればこれを保全する必要があります。このうち、特に子の面倒を見たり経済的に援助することは、これらを通じて子の身体的保護（監護）と精神的発達（教育）を保障するものであり、親が子になすべき援助の中核です。したがって、「親権」の中核は「監護」（監護教育）です。この援助は、子が親の保護の対象だからなされるのではなく、子自身に成長し発達する権利があることを前提に、親や国にはこれを援助する責任があるとしてなされるものです。

2　共同親権論・共同監護論を考える視点

(1) 親子の関係は千差万別

　「別居あるいは離婚後も、父母が共同で子に関わるのは当然であるし、

それが好ましい」という見解があります。

　しかし、「非監護親との関係継続はすべからく子の利益に資する」との根拠はありません。「別居や離婚の後においても子が父母と継続的な関係を持つことは原則として（ごく一部の例外を除いて）子の最善の利益に資する」との見解も実証されていません。それどころか、多くの心理学的研究知見はこの命題を支持せず、DV虐待など暴力がある場合はもちろん、暴力がなくても父母間の紛争性が高い場合は、非監護親との面会等の関係継続が子の適応を害することを示しています。法律上の「親」であるというだけで、別居ないし離婚後の交流が必ず子に何らかの特別な利益をもたらすとは言い切れません。

　また、現実に存在するのは、具体的な一人ひとりの子であり親であって、親子の関係は千差万別です。子に関わるべきでない親が少なからずいるのは事実です[6]。他方、法制度はすべての親子の関係を規制し、争いがある当事者間でこそ「威力」を発揮します。万一、別居あるいは離婚後も関わるべきでない親との関わりを子が強制されるとしたら、それが子の利益に合致するのでしょうか。「子を慈しむのが親である」との美しい幻想をもとに法制度を考えてはいけません。

（3）面会交流と共同親権（監護）は連動しない

　「離婚後の面会交流を促進するために離婚後共同親権（共同監護）制度を導入すべきだ」、との見解があります。

　しかし、離婚後共同親権（共同監護）制が何故、離婚後の面会交流を促進することになるのか、論理的な説明は全くありません。

　そもそも、「面会交流」は、それ自体が子の利益に合致する場合に行われるべきものであって、その実施の是非が、親の義務・責任である「親権」「監護」と連動しないことは、論理上、明らかです。このことは、離婚前の別居中（父母双方が「親権者」です）の面会交流について、子の利益に合致しない場合にこれが否定されることからもわかります。

（4）すべての親が「親権者」になるわけではない

　「親の子に対する監護教育の義務・責任が別居や離婚によって終了する理由はなく、その点から共同親権・共同監護制が採用されるべきだ」との

250

見解があります。

　しかし、法律上のすべての親が「親権者」となるわけではなく、子を監護養育するのに不適任と判断された親は「親権者」になりません[7]。婚外子と離婚後の婚内子の単独親権制が採用された理由は、離婚したカップル又は非婚のカップルが子の監護教育等について義務と責任を自覚し共同で対処決定していくことは、一般に不可能ないし困難であると考えられたからであることを考えると[8]、あえてこの制度を変える必要があるのか疑問です[9]。

---

[1]　二宮周平『家族法第 4 版』（新世社、2013）208 頁

[2]　米倉明「親権概念の転換の必要性」『現代社会と民法学の動向──加藤古希記念　下（民法一般）』（有斐閣、1992）361 頁以下

[3]　内田貴『民法Ⅳ　親族・相続』（東京大学出版会、2004）211 頁

[4]　秋武憲一『離婚調停』（日本加除出版、2011）109 頁

[5]　英国では、親であることから生じる日常的な実態を反映し、親の立場にある者の多様な責任を強調するために「監護権」から「親責任」へ、ドイツでは、子が自立した個人に成長するために子を保護し援助する義務を伴うことを端的に表現するために「親の権力」から「親の配慮」に用語が変更された。日本でも、内容とともに、用語も変更すべきである。

[6]　厚生労働省「児童虐待の現状」
http://www.mhlw.go.jp/file/06-Seisakujouhou-11900000-Koyoukintoujidoukateikyoku/0000108127.pdf

[7]　「親権喪失の宣告」が典型。

[8]　田中通裕『新版注釈民法 25・親族（5）改訂版』（有斐閣、2004）

[9]　同居中から円満な関係を築いていたのなら、「親権」や「監護権」等がなくとも、話し合いによって子の監護教育に関わることはできる。

Q78 ハーグ条約・実施法における面会交流

ハーグ条約・ハーグ条約実施法において、面会交流はどのように取り扱われているのでしょうか。

A ハーグ条約は面会交流の実現に関する手続やその実現方法等については詳細な規定を定めておらず、各締約国の国内法制によることが前提とされています。そのため、国内実施法も、その大部分を国境を越えて移動した子の返還手続に充て、面会交流については子の所在地国の国内法制に従った手続を行うことを想定し、必要なら日本の中央当局に援助を求めることができるとしています。

1 ハーグ条約

(1) ハーグ条約とは

ハーグ条約は、1980年にオランダのハーグ国際私法会議にて採択され、そのため一般に「ハーグ（子奪取）条約」と呼ばれていますが、正式名は「国際的な子の奪取の民事上の側面に関する条約」[1]です。

同条約は、「監護権」（日常的な養育を全くしていなくても転居への同意権さえあればこれに該当）を持つ一方親の同意を得ずに、他方親が子（15歳以下）を国外に移動させた場合に、これを「違法な連れ去り」とし、迅速に子を元の居住国（常居所地国）に返還するための国際的な仕組みを定め、また国境を越えた親子の面会交流の実現のための協力を定めています。

2017（平成29）年6月現在、日本を含む97か国が同条約を締結しています。

(2) 正確な理解が必要

同条約の起草時に想定されたのは、第三者あるいは主たる監護親でない

親が主たる監護親のもとから子を連れ出し、国境を越える事案でした。そのような事態は、残された親の監護権を侵害し、子どもの利益に反するとの考えの下に、迅速に子を常居所地国に返還することとされたのです。ところが実際には、DV・虐待から逃れるために主たる監護親（主に母親）が子を連れて本国に帰るという事案が大半で、返還が子の利益に反する事案が多数含まれています。

　また、同条約の目的は残された親（LBP：Left Behind Parent）の「監護の権利」の保護と常居所地国での裁判管轄権の確保であって「子の利益」の保護は本条約の直接の目的ではありません（LBPが主たる監護親であるときは、その親が待つ常居所地国に返還されることが結果的に子の利益になることが多いですが、そうでない場合は子の利益に反する場合がかなりあります）。

2　国内実施法

(1) ハーグ条約実施法の制定

　ハーグ条約に規定されている内容を日本国内で実施するための法律として、「国際的な子の奪取の民事上の側面に関する条約の実施に関する法律」（以下、ハーグ条約実施法といいます）が定められ、2014（平成26）年4月1日に施行されました。この法律は、国境を越えて移動した子の返還や国際的な面会交流について、日本の中央当局（外務省領事局ハーグ条約室）の役割や裁判所における手続などを定めています[2]。

(2) 面会交流についての規定は少ない

　同条約は面会交流の実現に関する手続やその実現方法等については詳細な規定を定めておらず、各締約国の国内法制によることが前提とされています。そのため、国内実施法の大部分は国境を越えて移動した子の返還手続に充てられ、面会交流については子の所在地国の国内法制に従った手続を行うことを想定し、必要なら日本の中央当局に援助を求めることができるとしているのみです。

第5章　面会交流紛争解決の課題

253

(3) 日本国面会交流援助[3]

　日本にいる子（15歳以下）との面会交流を希望する者は、日本の中央当局に対し、子との面会交流を実現するための援助（日本国面会交流援助）の申請を行うことができます。

　所定の申請書が提出された後、中央当局は、申請対象である子及び子の同居者の所在が不明な場合には、国の行政機関や地方自治体等の協力を得て、その所在の特定を行うことができます。また、同条約は当事者間の合意による問題の解決が望ましいと考えており、当事者が協議のあっせん等の支援を希望する場合、中央当局は、申請者と面会交流を妨げている者との間の連絡の仲介、ADR（裁判外紛争解決手続）機関の紹介、弁護士紹介制度の案内等の支援を行います。

　なお、直接、子との面会交流に係る裁判（調停又は審判）を希望する者は、中央当局による援助を受けることなく、裁判所にその申立てを行うことができます。その手続は、原則として日本国内における通常の面会交流に関する家庭裁判所の手続に則って行われます。

　管轄については、通常は相手方の住所地（調停の場合）又は子の住所地（審判の場合）を管轄する裁判所ですが、外務大臣からハーグ条約実施法による外国返還援助決定もしくは日本国面会交流援助決定を受けている場合又は子の返還の申立てをした場合には、東京家庭裁判所又は大阪家庭裁判所で行うこともできます（ハーグ条約実施法148条）。

　記録の閲覧・謄写については、申立人の提出した申立書は、相手方に写しが送付されます。それ以外に調停手続中に当事者の一方が提出した書類等は、他方当事者が閲覧・謄写を申請でき、裁判官が円滑な話し合いを妨げないか等の事情を考慮して許可するかどうか判断します。調停が不成立となって審判手続が開始された場合には、調停手続中に提出された書類等のうち面会交流についての判断に必要なものは、除外事由（家事法47条4項）に該当しない限り、申請があれば閲覧・謄写は許可されます。これは最初から審判の申立てがあった場合も同様です。ただし、裁判所が中央当局から相手方の所在に関する情報の提供を受けたときは、住所等表示部分

についての閲覧謄写の申請は許可されません（ハーグ条約実施法149条）。

（4）外国面会交流援助

　外国（他のハーグ条約締約国）にいる子との面会交流を希望する者は、日本の中央当局に対し、子との面会交流を実現するための援助（外国面会交流援助）の申請を行うことができます。

　各締約国における手続や支援の詳細は、国によって異なります。これらについては、ハーグ国際司法会議ホームページに掲載されている各国の「カントリープロファイル」（英語、フランス語又はスペイン語のみ。一部の国についてはカントリープロファイルが掲載されていません）を確認するか、日本の中央当局に問い合わせてください。

---

[1]　外務省　http://www.mofa.go.jp/mofaj/gaiko/hague/

[2]　東京家庭裁判所　http://www.courts.go.jp/tokyo-f/saiban/hague/hague_qa/index.html#1_q1

[3]　外務省ハーグ条約室　http://www.mofa.go.jp/mofaj/fp/hr_ha/page22_000872.html

第6章

むすびを兼ねて──現行制度の問題点と展望

1 面会交流制度の意義と目的

梶村 太市

❶ 面会交流制度は「子の利益」の確保のため

　親と子の面会交流制度は、実体法的には 2011（平成 23）年に改正された民法 766 条 2 項、3 項（749 条、771 条、788 条において準用する場合を含む）の規定により、手続法的には家事事件手続法別表 2 第 3 項の規定によって、家事調停事項であると同時に（第 2 類型）家事審判事項（旧乙類審判事項）であるとされています。そこで、実体法規定である民法 766 条を見てみますと、面会交流は親の権利ではなく、あくまで「子のための面会交流」でなければならないこと、すなわちあくまで子ども中心の面会交流がその制度目的であることがわかります。もちろん、明文上子の利益を「最も優先して」考慮すべきものとされていますので、子の利益だけを考えれば足りるということではなく、親の利益その他第三者（関係者）の利益も考えるけれども、その中でも「子の利益」を最も優先して考慮しなければならないことを意味します。講学上は、「子の最善の利益」の確保といういい方をする場合が多いようです。

　このように民法 766 条の規定は、例えば韓国民法 837 条の 2 第 1 項の規定が「子を直接養育しない父母の一方と子はお互いに直接交渉できる権利を有する」となっているように、たとえ抽象的にでも「親子が交流する権利」と規定しなかったのは、「それが権利として認められるのか、認められるとして親の権利か子の権利か、その法的性質はどのようなものかなどについて、今なお議論が分かれてい」ることから、「子の監護について必要な事項の例示として面会交流を明記するにとどめ」た、と立法関係者は説明しています[1]。

　また、1994（平成 6）年 5 月にわが国でも発効した児童の権利条約との関連で、一部の論者は同条約において父母と子の分離の禁止や直接的接触の権利を定めていることから、親子の面会交流は権利として認められており、したがって親子の面会交流は禁止・制限すべき特段の事由がない限り原則的に認められるべきとする、いわゆる原則的実施論が台頭しました。しかし、同条約は当然のことながら、それぞれの国情に応じた実質的な「子の利益」の確保を目指し

ているのであり、面会交流を親や子の実体的権利と基礎づけるものではありません[2]。むしろ、児童の権利条約を挙げるのだったら、同条約には周知のように、親と交流する権利だけではなく、生命に関する権利・生存発達の最大限確保、意見表明、虐待からの保護、健康享受、生活水準、文化的生活等への参加、搾取からの保護など、多様な権利を挙げて、それらを含めてすべての処分につき子の最善の利益を実質的に確保することを要請しているのですから、逆に面会交流の次に掲げるような原則的実施論とは逆の結論になるというべきものであります。親子間の交流権は子の最善の利益を図るための一要素ではあるが、それがすべてではなく、逆にそれを認めないことこそが子の最善の利益に適う場合があるということです。

　結局、児童の権利条約の批准を前提に制定された新民法766条や関係家事事件手続法は、面会交流は当事者間の協議・調停・審判によってその内容が形成されるべきものであり、その行為規範・判断規範は「子の最善の利益」の確保にあるということに尽き、面会交流をやるべきか、やらざるべきかに関しては中立を守っているということです。いわば、原則的実施をすべきだともいっておらず、逆に原則的に実施すべきではないともいっていないということです。

2 面会交流原則的実施論とその不当性

　最近の家庭裁判所実務の大勢として、別居後、離婚後も親子の面会交流は維持されるのが子の利益に適うから、当該事案において、①子の連れ去り、②子への虐待、③両親間のDV等による子への悪影響等の、面会を禁止・制限すべき特段の事由がない限り、原則的に面会交流は認めるべきであるとするいわゆる原則的実施論ないし原則的実施政策が台頭してきました。その根拠として、（1）面会交流は親子の実体的権利であること、（2）心理学的に見て面会交流を原則的に実施することが子の利益に適うこと、を挙げています。

　しかし、まず（1）についていえば、このような原則的実施論は、いわゆる共同親権論あるいは共同監護論を基礎とした欧米諸国の面会交流重視論を金科玉条的に採用したものにすぎず、欧米諸国ですら最近では原則的共同監護政策が見直されていることに目をつぶった思い込みにすぎない上、そもそもわが国の民法は離婚（別居）後単独親権の原則を貫いているのですから採用する余地

はなく、日本の判例・実務上も面会交流実体的権利論はとりえず理論的根拠を欠くとされていることからして、(1) の根拠は成り立ちえません（もっとも、後掲参考文献③—49頁以下・83頁以下では、面会交流の抽象的権利性を肯定しつつ原則的実施論を排斥しています）。

　また、(2) についていえば、心理学や社会学あるいは精神医学の人間関係諸科学の観点から見ても、面会交流の原則的実施論には根拠は皆無で、むしろその強行は児童虐待を引き起こしていることが最近明らかになってきていますので[3]、(2) の根拠も成り立ちえません。むしろ、子の利益に適うどころか、逆に、原則的実施論は実務上種々の弊害をもたらしており、「子の最善の利益」を推進するものではなくなっている、という見解が、最近は学説上も実務上も多くなってきているということを忘れてはなりません。

　このような客観的な児童虐待の事実が現れてきても、今なお原則的実施論者は、「国内外の心理学の様々な研究では、子にとって、一方の親との離別は最も否定的な感情体験の一つであって、非監護親との交流を続けることは精神的な健康を保ち、心理的社会的な適応を改善するために重要」とする指摘する例が後を絶ちませんが、これはこれまでの科学的検討の成果に対する不誠実な対応であって、明らかな誤りであることに気付く必要があります[4]。むしろ、高葛藤下における面会交流の強行は、子にとって明らかに有害無益であり、決して「子の利益を最も優先して考慮」した結果ではありません。実際、原則的実施論の強行実施によって、子どもが心的外傷後ストレス障害（PTSD）等の精神障害に罹患し、通院加療等を要する被害を受けている例が少なからず現れています[5]。

❸ 面会交流債務の流動的・可変的・非固定的性格

　翻って考えてみますと、監護親が非監護親と子との面会交流の実施をすべき債務を負わされたとしても、その債務（義務）は、常に子の利益を最も優先して考慮しなければならないものですから、主として子の側の事情の変化によって、時々刻々変化すべきものです。子が急に学校の行事に出る必要が生じたとか、ソフトボール大会が当日に変更になったとか、高熱を出して寝込んでしまったとか、けがをして入院したとか、あるいはぐずって子が会いたがらない、手

を引っ張って連れて行こうとしても抵抗して動かないとか、その時々の子の側のいろいろな事情によって、面会させることができない事情が生じます。

　そうすると、面会交流の債務は、その時々の精神的・環境的要因に直截的に左右されざるを得ないという特殊性を持ち、たとえ協議や調停あるいは審判によって、ある時期の固定的な履行債務が定まったとしても、それをそのまま継続的に固定化させることは不可能であり、翌日には実体的な履行債務の内容は主として子の側の事情等によって履行不能となることがありうることになります。そうすると、面会交流の履行債務は本質的に流動的・可変的で非固定的性質を有するということです。この点は、同じ民法766条に規定する他の債務、例えば監護費用分担義務（養育費支払債務）とは本質的に異なります。養育費支払債務は、一旦定められた以上、再度の協議・調停・審判によって変更されない限り、法的な義務として効力を維持し続けます。そのように固定的なものと捉えない以上、金銭債権の取立てや強制執行が不可能になってしまうからです。しかし、面会交流の債務は、そのようにして一旦決まった以上同内容の債務は継続すると解して固定化してしまうと、その性質上子どものその時々の利益に反する結果を招くことを避けることができません。それでは、「子の利益を最も優先して考慮しなければならない」という民法の規定の趣旨と相反することになります。

　そうすると、このような流動的・可変的・非固定的性質を有すると解することとすれば、面会交流に関する監護親・非監護親間の紛争は常に本質的に司法的解決に委ねざるを得ないものであることを要請します。ということは、およそ国・地方自治体等の行政機関あるいは民間機関も含めて、家庭裁判所以外の第三者は、その実施をめぐってその権限と独自的判断のもとに面会交流を支援するなど、実質的に関与することは理論的に不可能であるということを意味します。裏からいえば、行政機関やNPOの民間機関等の第三者による面会交流支援活動は、監護親と非監護親による一致した支援要請によってのみ可能となる、という意味です。要請又は合意があれば、両当事者による「協議」の一面として民法原則の一場面として許されことになる、と思われるからです。いわば司法・裁判所は、面会交流など民法766条に規定する子の監護に関する事項に関しては、それに責任を持つ監護親の第一次的判断に委ね、紛争となったときの家事調停では当事者の紛争解決能力をエンパワーし、家事審判は当事者間

の協議・調停に代わるものとしてその延長線上に位置づけます。そして、行政機関や民間機関の支援・援助を必要とするときは、裁判所の司法手続が司令塔となって、組織的に行うことが求められます（後記参考文献④参照）。

　面会交流債務が流動的・可変的・非固定的性質を有することから、一旦調停・審判で具体的な実施債務（義務）が確定したとしても、その翌日には当事者間の権利義務関係は実質的に変更されることを免れません。そうすると、債務の特定性など2013（平成25）年の最高裁判決の要件を満たす債務名義であっても、既に上記のような流動的性質によって実質的な実施義務の内容は変化している可能性があり、そのような場合にはおよそ強制執行（間接強制）は不可能である、というべきことになります。

　この場合、面会交流債務も一旦調停・審判によって具体的な権利義務が確定している以上、再調停又は再審判によって変更されない限り、債務名義の固定的性質上不変的であり、当然に強制執行ができるという解釈もありえないわけではありませんが、そのような形式的解釈は、民法が常に「子の利益を優先して考慮しなければならない」と規定していることと、矛盾し整合性がないというべきでしょう。やはり、実質的にも形式的にも面会交流を実施する債務は、主として子の側の事情変更によって時々刻々変化するのであって、それを否定し、再度の協議・調停・審判がない限り、固定的な債務名義として執行力を有し続けるという解釈は、「子のための面会交流」「子ども中心の面会交流」の制度趣旨に合致しないといわざるを得ないと思われます。

❹ 共同親権論・共同監護論の非現実性・不当性

　前記のように、面会交流原則的実施論はわが民法上の解釈としても、離婚前の破綻的別居あるいは離婚後においても、父母が共同して親権・監護権を行使するのが望ましいとの見解を前提としていますが、最近は欧米でも共同親権論・共同監護論に基づく実務の運用の弊害が指摘されるようになりました。例えば、2016年9月9日のアメリカ議会は、両院一致の裁判所批判決議案として、「子どもの安全は、監護権と面会の判断における最優先事項であり、州裁判所は、家庭内暴力が主張されている場合の監護権の判断を改善すべきである」とし、その理由として「研究によって、しばしば、虐待親に監護権や無防備な面

会交流権が付与され、そのため、子どもたちを継続的なリスクにさらしていることが示され」たこと、「研究者たちは、離婚・離別・監護権・面会交流又は子どもの養育費の手続の当事者の親によって2年以内に殺害された175件の子どもの事例及び7年間に殺害された何百件もの事例を報告書にまとめ、しばしば子どもを保護しようとする監護親の反対を押し切って家庭裁判所が面会権を付与した後になされたものである」こと、などを挙げています[6]（2017年の再決議案では子どもの被害件数は過去10年で少なくとも568人と明示している）。

すなわち、高葛藤事案における面会交流の強行は子どもに被害を及ぼす危険が大きく、裁判所が判決や審判で強制すべきではないということです。別居後・離婚後の共同監護権の行使ひいては非監護親との面会交流の強制は、子どもの利益を優先する方法とはいえないということです。私は早くからこのことに気づき、2012（平成24）年に、少なくとも「日本では共同親権を原則化して強行することは、法文化や国民の法意識に適合しないと解される。単独監護を原則としつつ、双方の合意があるとき、又は子の利益に適う特段の事情があるときに限り、協議に代わる審判として共同監護の道を開くのが限度であろう」と説いてきました[7]。現在もその考えに変わりはありません。

このことと、3で指摘した面会交流債務の流動性・可変性・非固定性とを合わせ考慮すれば、面会交流の原則的実施論をはじめとして、超党派で議員立法が進められている親子断絶防止法案等は、不当な解釈論・運用論・立法論として排斥しなければなりません。また、これらの考え方は、国家が子育てや教育に不当に介入することにもなりかねません。子育て等は基本的には、それぞれの個人や家族の自主的判断に任せるべき分野です。

近時、保守政党による「家庭教育支援法案」が議論されていますが、そこで保護しようとする「伝統的家族」が最近崩れているので、その復活のために家族の教育力を強化しようとするものですが、しかしこの「伝統的家族」の概念は実は単なる幻想で、日本は明治の昔からそもそも子育ては自由放任だったとする指摘が有力です[8]。子育てや子どもの教育の問題は当該個人ないし家族固有の問題で、他者の人格を侵害しない限り、各人・各家庭の自由な判断と実践に委ねられるべきであり、まさに憲法24条の保障する人格権の尊重ないし精神的自由の領域の問題です。これに異を唱え、子育てにも国家の意思を介入させる必要があるという発想が、この家庭教育支援法案と面会交流原則的実施論

に共通しています。両親からの精神的・経済的支援を国・地方公共団体に期待しようとする超党派議員推進の前記の「親子断絶防止法案」や、それを実質的に補充しようとする一部学者等の「子ども養育支援基本法案」も、民法の単独親権・単独監護原則を真っ向から否定し、共同監護を権力的に推し進めようとするもので、同根です。国等は、経済的支援に特化すべきであって、面会交流など精神的支援まで期待し子育てに介入することになると、戦前の教育勅語的世界に逆戻りです。個人や家族の子育ての権利と自由を保障する憲法24条の趣旨に反すると考えます[9]。

🔟 急いては事を仕損じる──推薦したい4冊の本

　面会交流は、子どもの利益を最も優先して考慮しなければならない以上、とりわけ重要なのは、監護親と非監護親が子どものための面会交流の実施であるという共通の認識を持つことです。そして、不幸にして両親は別れてしまったが、子どもとの関係は切っても切れないこと、父親や母親は子どもにとってかけがえのないものであり、両親は子どもに深い愛情を持っていること、そのためには子どもの負担にならない内容と方法で面会交流を実施する必要があること、を十分に理解する必要があります。憎しみ合いながら別れた両親がそれを引きずったまま面会交流を実施してしまうと、子どもは両親の離婚・別れで傷ついた上に、更に面会交流の実施によって傷ついてしまいます。面会交流の実施によって、そのような二重の苦しみを子どもに与えてしまうとすれば、それは児童虐待そのものというほかはありません。

　そのようなことにならないためにも、面会交流は両親が協力できる関係の中でしか実施してはならないことを、心に銘記すべきです。面会交流は、急いではなりません。急いては事を仕損じます。非監護親との統合・再統合、再構築は、両親が協力し合って子ども中心の面会交流を実施してこそ、その展望が開かれるのです。急がば回れです。親子の再統合・再構築自体が目的ではありません。ただ面会交流を実施すればよいというものではありません。いかなる方法にせよ、子どもの最善の利益が確保されることが目的であり、重要なのです。子どもの利益の確保のためには、面会交流を当面あるいは今後とも実施すべきでないということも当然ありうることなのです。

■参考文献

初心者の弁護士の先生方にお勧めしたい本として、4冊掲げます。

① 梶村太市・長谷川京子編著『子ども中心の面会交流——こころの発達臨床・裁判実務・法学研究・面会支援の領域から考える』（日本加除出版、2015）

② 小川富之・髙橋睦子・立石直子編『離別後の親子関係を問い直す——子どもの福祉と家事実務の架け橋をめざして』（法律文化社、2016）

③ 渡辺義弘『高葛藤紛争における子の監護権——弁護士実務の視角から法的課題を問う』（弘前大学出版会、2017）

④ 和田仁孝・大塚正之編著『家事紛争解決プログラムの概要——家事調停の理論と技法』（司法協会、2014）

---

1 飛澤知行編著『一問一答 平成23年民法等改正——児童虐待防止に向けた親権制度の見直し』（商事法務、2011）10頁以下
2 詳しくは、梶村太市『裁判例からみた面会交流調停・審判の実務』（日本加除出版、2013）1頁以下、同「面会交流の実体法上・手続法上の諸問題」判時2260号子ども中心の面会交流論（原則的実施論批判）（2015）4頁以下など参照。
3 長谷川京子「子どもの監護と離別後別居親の関わり」、渡辺義弘「高葛藤事案における代理人弁護士の任務」ほか、判例時報2260号子ども中心の面会交流論（原則的実施論批判）（2015）3頁以下、梶村太市・長谷川京子編著『子ども中心の面会交流——こころの発達臨床・裁判実務・法学研究・面会支援の領域から考える』（日本加除出版、2015）の各論文参照。
4 長谷川京子「心理学的研究知見は面会交流原則実施政策を支持しない」法の苑65号（2016）5頁以下、同「面会交流の強制は子の福祉を害する」戸籍時報747号（2016）43頁以下参照。
5 可児康則「面会交流に関する家裁実務の批判的考察」判例時報2299号（2016）13頁以下など参照。
6 第114議会第2会期米国上下両院一致決議150号ウェブサイト、https://www.congress.gov/114/bills/hconres150/BILLS-114hconres150ih.pdf
7 梶村太市『新版実務講座家事事件法』（日本加除出版、2013）288頁（旧版は199頁）、同『新家事調停の技法』（日本加除出版、2012）191頁
8 広田照幸『日本人のしつけは衰退したか——「教育する家族」のゆくえ』（講談社、1999）14頁以下参照。
9 水野紀子「多様化する家族と法」都市問題（2011.12）12頁以下、打越さく良「親子断絶防止法案の課題」月刊自治研（2017.14）10頁以下

2 子どもの利益と面会交流紛争

長谷川 京子

❶「子の利益」とは何だろう

親権・監護に関する法律は、親の利益ではなく、「子の利益」を守るためにあります。民法820条が、親権者は「子の利益のために子の監護及び教育をする権利を有し、義務を負う。」と規定するのは、親権者の権利行使と義務履行の目的が子の利益の最大化にあること、親権が、親がそれを親の利益のために自由に行使処分できるという意味での、親固有の権利でないことを明記するものです。それゆえ、学説も、親と子どもの間では、親権の権利性は親が子に対する養育の義務を遂行するのに必要な限りで認められる[1]とか、端的に親権の本質は義務であり、親が子に対して負う作為・不作為の義務（債務）である[2]と説き、親の子に対する責任に重心をおいて解釈しています。その趣旨は、民法766条、児童の権利条約3条1項と通じています。

では、子どもの立場で捉える「子どもの利益」とは何でしょうか。子どもは家族の中で生まれ、そこで守られ養育されて、成長発達していく存在です。生存のために安全は不可欠で、安心が得られなければ成長発達は阻害されます。ですから、安全と安心は、子どもにとって何を措いても確保されなければならない、基本的な利益です。

その上で、「子どもの利益」は、決定の対象になる各々の子どもについて具体的に検討して定めるものです。児童の権利条約で謳う「子の最善の利益」の解釈について、国連子どもの権利委員会は、「この概念は、当事者である子どもたちがおかれた特定の状況に従って、その個人的な背景、状況及びニーズを考慮に入れながら個別に調節・定義されるべきである。個別の決定については、子の最善の利益は、その特定の子どもが有する特定の事情に照らして評価・判定されなければならない」という一般的意見を採択しています[3]。

どちらの親と暮らすのか、他方の親とどのような関係を持つかなど、子どもの監護に関する事項を決めるには、「その子」がそれぞれの親との間で経験してきたこと、「その子」の性格や心情、その結果双方の親との間で形成してい

る関係の質などに照らし、どうすることが「その子」の安全安心を守り健やかな発達を促すことになるかを、発達科学やトラウマ研究に関する知見等も参照しながら、ていねいに検討しなければなりません。そのために、法律家は、こうした関連諸科学の成果を、真摯に学ぶべきです。

❷ 子どもと同居する監護親

　人間の子どもは、自分を守り、あやし、ケアをしてくれる特定のおとなを頼って生存し、成長します。この関係は、アタッチメント（attachment：愛着）という情動的な永続する関係で、生後7〜9か月頃までに形成されます[4]。

　アタッチメントは子どもの心理的な安全基地になり、探索行動を支える関係です。それは、危機的な状況で、特定の対象との近接を求め、またこれを維持しようとする個体の傾性であり、この近接関係の確立・維持を通して、自らが"安全であるという感覚"を確保しようとする生物個体の本性であり、恐れや不安といったネガティブな情動を低減し、調整しようとする行動制御システムです[5]。アタッチメントは、子どもの生存と発達に不可欠なシステムとして形成するものですから、おとなの都合によるアタッチメント対象の入れ替えは基本的には受け入れられず、強行すれば子どもの発達を根元で損なう重大なリスクがあります。

　こうしたシステムは、アタッチメント対象が子のそばにいることで機能します。したがって、監護親を決める際には、子どもがどちらに重要なアタッチメントを寄せているかを見極めるべきです。子の親権者・監護者を定める裁判で、子の出生以来の養育監護の経過、子とそれぞれの親との親和性、子どもの年齢、意思心情を検討するのは、過去から現在までの「その子」の愛着の状況をふまえて、将来の成長発達により有利な選択をしようとするからです。子どもが生存と発達の根を下ろす家庭の監護は、重要な愛着システムを含まなければなりません。この選択の誤りを頻繁な面会交流などで補てんすることはできません。

❸ 非監護親との関係

　では父母の離別後、別居した親との関係、例えば面会交流は、どうあるべき

でしょうか。子の利益を基準にするなら、非監護親と面会交流することが、「その子」の安全安心の保障と成長発達に有益なら面会すればいいし、有害ならすべきではありません。

　公表された膨大な心理学的研究は、父母の葛藤が低ければ面会交流は子どもの適応をよくし、暴力への訴えがあるなど父母の葛藤が高ければ、面会交流は、子どもの適応を害することを明らかにしています[6]。つまり、面会交流が離別後の子の適応に押し並べて有益だと実証する研究はなく、一概に子に有益とか有害といえるものでもありません。ですから、面会交流のあり方は、個別具体的に子どもと非監護親の関係、子どもの置かれた状況、子どもの意思心情に応じて、実施・不実施、開始時期を決めればいいし、その後の変化に応じて随時修正変更すればいいのです。硬直的な面会要領を決める裁判が、これに適さないという事実は否めません。

４ 子どもの意思と心情の尊重

　そもそも他者と会い交流するという活動は、相手との人間関係に基づきます。私たちは人格の主体として、自分が選んだ他者と、好ましい関わりを持ち、好ましくない関係を遠ざける自由を保持しています。その自由を奪われ、拒否する他者との関係を強要されるのは、人格を否定されるに等しい抑圧です。同様の人間関係は、子どもにもあり、相手が戸籍上の親であってもその本質は同じですから、子どもの意思心情に反した面会交流を「子の利益」の名の下に強制するようなことは許されません。

　家事事件手続法が、子が影響を受ける事件の手続で「子の意思の把握に努め、(中略)子の年齢及び発達の程度に応じて、その意思を考慮しなければならない。」(家事法 65 条) としたのはこの趣旨で支持できますが、その対象を 15 歳以上とした (家事法 152 条) のは、人間の発達をめぐる科学知見と子どもの権利に関する国際的な議論から見て、まったく不十分といわざるを得ません。

　人間の子どもは、誕生直後から「間主観性」という、相手の心の奥の意図や情動を見抜く能力を備え、周囲の人間との関係にアンテナを張り、「安心して心を開いたり、警戒して閉ざしたり」して[7]、自己に有利な関係を選択的に強めて、発達しようとします。安心できてよい関係なら交流を模索し、不安を覚

えたら警戒して交流を閉ざす、非監護親との面会交流にも、こうした子どもなりの選択は働きます。また、こうした知見をふまえ、国連子どもの権利委員会も、乳幼児が、言語を獲得するはるか以前に、様々な方法で選択を行い、自分の気持ち、考え及び望みを伝えているとして、乳幼児の意見及び気持ちの尊重（児童の権利条約 12 条）に関わる措置を呼びかけています[8]。

　そして、表明した意思心情を尊重されることは、子どもの人格が尊重されることと同義です。表明を曲解され、意思心情を無視した結果を強制されることは、それ自体が、耐え難い否定的な体験になりえます。「その子」の最善の利益に適うよう問題を解決するには、「その子」が表明する意思心情を理解し、科学的な合理性に基づいて適切に評価し、最大限結論に反映させるよう、関係者は専門家の協力も得て注力しなければなりません。

　この点、現在の家庭裁判所が、面会紛争時に子どもが非監護親との面会を渋る心情を「親の紛争への巻き込まれ状態」とか「監護親の影響」と片づけ、子の拒否を軽視する傾向には強い疑問の声があがっています[9]。そもそも、子どもの拒否が本人の心情なのか他者の受け売りなのか、科学的批判に耐える論拠をあげて説明できないような調査結果は、信頼性がありません。何より、すべての子どもが非監護親との面会をいつも望んでいるわけではないし、監護親の影響より、その子自身の恐怖や嫌悪等の体験から非監護親との面会を拒否する場合もあります。本来個別事件の解決を担う裁判所が、子どもの置かれた状況と心情は個別に違うという事実に目を閉ざし、理想の親子関係を描いて、子どもが拒否する面会を強制し子どもの人格を否定する結果を招いていることを、見過ごすわけにはいきません。

5 面会交流紛争は子どもの適応をどう害するか

　両親の争いが、子の心理学的適応を悪くすることは広く知られています。第一に、子は幼くても家庭内の争いや対立に非常に敏感なので、親の緊張は子に伝わり、子を動揺させ、不安と苦痛に陥れ、攻撃・反抗・癇癪・うそなどの問題行動を増やします。とりわけ暴力を伴う紛争影響は破局的であり、面前 DVは子にトラウマ体験となり、脳神経の発達を阻害することが近年実証されています。そして父母の紛争にさらされる経験が子どもの過敏性を増しいっそう傷

つきやすくなることもわかっています[10]。

　第二に、親の争いは、子に提供される養育監護の質を低下させます。親どうしの争いで消耗させられることで、監護親が心理的な安定を害したり、子に情緒的に温かいサポート、適切な監督やしつけ、年齢相応の期待といった適切な養育が障害されたりします。これらは、子どもが安心して健やかに成長するための重要な環境要因ですが、親の争いはそれを損なうことでも、子の適応を損なうのです。

　同じことが面会交流をめぐる紛争でも起こります。そして、弁護士が相談・依頼を受けるのは、父母の争いが激しく、面会合意や実施が困難な事案が多いので、高度の紛争事案です。そこで無理な面会を進めると、父母の争いを激化させ、子の適応を更に害するリスクを高めます[11]。前記のとおり、膨大な心理学的研究は、「非監護親との面会が子に有益だ」という公式があてはまるのは父母の関係が良好な円満家族の場合であって、父母が激しく争う場合には、逆に子に有害だという結果を明らかにしています。弁護士が受任し裁判に持ち込むような紛争家族には、むしろ「面会の無理強いは子に有害だ」という命題が妥当する場合が多いことを自戒する必要があります。

　なお、家庭裁判所は、親の争いの悪影響を、子に見せない配慮をするよう親に指導することで回避できることにして、高葛藤の事案でも面会交流を原則実施しています。しかし、面会の調停・審判では非監護親の言動は、暴力的な非行を含めて法的に制御されないし[12]、父母間の緊張、監護親の怒りや不安といった情動は、間主観性というアンテナをいっぱいに張りめぐらせた敏感な子に隠しおおせるものでもありません。「紛争がある」のに、親に「ないふり」を指導することで「有害な影響を解消できると擬制する」という家庭裁判所のやり方では、子に有害な面会をスクリーニングすることはできません。

6 共同親権制・共同養育制をめぐって

（1）離婚後共同親権制の導入について

　日本法は、子の親権を、父母の婚姻中は共同親権（民818条1項、3項）、離婚後はその一方の単独親権（民819条）と定めています。これは、父母の共同生活が終了し別々の生活が始まる際、子の養育監護は子と同居する親によって

引き継がれること、子と同居し養育監護する親こそ子の生存と発達のための
ニーズを知り・応えられるのに対し、生活を共にしない非監護親にはそのよう
な責任を果たせないことから、離婚後は一方の親（原則、監護親）に親権を帰
属させることとしたものです。

　これに対して、欧米で離婚後の法的共同監護が拡がっているので、日本でも
離婚後共同親権を導入するべきであるという主張があります。こうした論者は、
子の養育に関する重要事項──例えば、15歳未満の子の氏変更（民791条3項）、
養子縁組の代諾（民797条）など──については、離婚後別居した非監護親も
親権を共同行使することを原則とするべきだといいます[13]。

　しかし、果たして、非監護親が「養育上の重要事項」の決定に関わったら、
子どもの利益が今以上に守られるでしょうか。親権は、子の利益の最大化に向
けて行使されなければならず、それには、家族生活・学校生活等子の成育環境
を知り、子の内面にわたる発達や成熟を理解して、適時適切な応対をすること
が必要ですが、非監護親はその前提を欠いています。

　また、子の健康な成長発達は、誰より「その子」の利益ですが、同居して養
育監護する親もまた、それにより生活上大きな影響を受けます。生活を共にし、
養育監護を担うから、子の適応・不適応の結果を引き受けざるを得ないという
意味で、監護親は実質的な責任を負うのです。そこに、監護親を親権者に任ず
る実質的な根拠があることを考えれば、子と別居し実質的な責任を負わない非
監護親に、監護親と同じ権限を付与する理由がありません。

　実際にも、例えば、進学を機会に子の氏を改めたほうがいいと監護親が考え
ても、非監護親が反対できるとすれば、改氏は進学時に間に合わなくなるかも
しれません。それを裁判所に持ち込み、監護親の判断が支持され結果的に改氏
が認められたとしても、その結論が出るには、裁判に要する時間も費用も、現
行法より余分にかかることになります。適時の改姓ができないばかりか、子の
養育に回すはずだった監護親の資源を消耗します。

　離婚後共同監護法制をとる欧米の研究では、共同監護制が子どもの適応をよ
くするということはない、対立する父母の共同監護より、安定した単独監護の
ほうが子どもの適応によいということが知られています[14]。子どもの立場で「子
どもの利益」を追求したら、離婚後共同親権を導入する理由はありません。

(2) 共同養育について

　欧米では、離婚後の法的共同監護制の次に、子の身上監護を共同にする法制（共同養育）を求める父親たちの運動が興隆し、議論になっています。「共同養育」といっても、円満な婚姻中とは違い、父母は別居・離婚しているので「養育を共同」するわけではなく、父母がそれぞれ子を養育するために、子どもに父母の家を行き来させる、つまり子どもの生活時間を父母で分配するものです。

　しかし、2つの家を行き来させられることで、子どもは、そのどちらにも落ち着いて根を張ることが困難になります。子どもは、それぞれの家での生活に合わせるためにくつろげる「我が家」を得られず、それぞれの家を拠点とした友人・学校などの関係を別々に持つため、普通の子のように自分の生活に根差してその関係を深めることができません。発達上も、特に乳幼児の場合、養育親が連続性なく交替することで、アタッチメントの形成が阻害されるおそれが指摘されています。そして、父母間に争いがある事案では、子どもは2つの戦場を行き来させられるため大きな心理的負担がかかること、共同養育が推奨される法制では、暴力等安全上のリスクがあっても、それを主張することが抑制され子どもを守れないことなどが知られています。

　共同養育については、既に壮大な社会実験が行われました。オーストラリアが、父親の権利擁護団体の積極的なロビーイングを受けて、2006年に、子どもの養育に父母が均等に関わることが子の利益であるという理念の下、「共同養育」を進める法改正を行ったのです。しかし、その結果、DVや虐待の訴えがあってもそれが見過ごされ多数の子どもが危険にさらされたこと、暴力を含めた紛争事案ほど裁判の結果共同養育に付される割合が増え、子の安全と適応に懸念が深まったこと、親に分配される養育時間が養育費など金銭給付の値引交渉材料とされたり、養育時間の拡大と養育費の減額を志向する親からの要求が増えて紛争が拡大したことなど、深刻な問題を生じ、わずか5年で、DV・虐待などからの子ども保護を重視する法改正を余儀なくされました[15]。

　この経験は、私たちに2つの教訓を与えています。1つは、法律で「共同養育」を進めることは「子の利益」に適合しないことです。婚姻が破綻しても、父母双方が破綻前と同様に子の養育に関わるという理想は美しいけれど、それを法制度に書き込んで推進しようとしたら、共同養育は、当事者間で協議できず、法律の定めに紛争の解決を委ねるような家族で実施されることになり、紛

争の拡大と被害の深刻化を引き起こし、紛争家庭の子どもの利益をいっそう害します。裁判で離婚後の関係を命じられるのは、紛争家族であり、理想家族モデルの関係を押し付ければ誰よりも子どもの利益が害されるという教訓は、離婚後の面会交流と同じです。

もう1つは、父親の権利擁護運動が提唱した「子の利益」は、「父親の利益」で充填され、子どもの安全を守らなかったという事実です。言葉の上でどんなに「子の利益」を強調しようと、父親の権利拡大に出た監護論なら、子どもの安全安心を軽視するなど「子の利益」から乖離することになっても無理はありません。「子の利益」をめぐる法制度の議論をするには、その法制度の導入が子どもの安心と健やかな発達を守るか否か、有益か否かを、紛争家庭の子どもを念頭に、子どもの立場から冷静に検討し議論を深めることが大切です。

1　二宮周平『家族法第4版』（新世社、2013）208頁

2　米倉明「親権概念の必要性」『現代社会と民法学の動向──加藤一郎先生古稀記念　下（民法一般）』（有斐閣、1992）

3　国連子どもの権利委員会・一般的意見14号「自己の最善の利益を第一次的に考慮される子どもの権利（3条1項）」

4　H.R. シャファー著、無藤隆ほか訳『子どもの養育に心理学がいえること──発達と家族環境』（新曜社、2001）21頁

5　数井みゆき・遠藤利彦編著『アタッチメント──生涯にわたる絆』（ミネルヴァ書房、2005）

6　長谷川京子「心理学的研究知見は面会交流原則実施政策を支持しない」法の苑65号（2016）、同「面会交流の強制は子の福祉を害する」戸籍時報747号（2016）

7　渡辺久子「子どもの本音・声を歪めない面会交流とは？」『子ども中心の面会交流──こころの発達臨床・裁判実務・法学研究・面会支援の領域から考える』（日本加除出版、2015）24頁

8　国連子どもの権利委員会・一般的意見7号「乳幼児期における子どもの権利の実施」

9　可児康則「面会交流に関する家裁実務の批判的考察」判時2299号（2016）13頁

10　友田明美「いやされない傷──児童虐待と傷ついていく脳」（診断と治療社、2012）、シャファー前掲書159頁以下

11　長谷川京子「子どもの監護と離婚後別居親の関わり」判時2260号（2015）11頁

12　長谷川京子「面会交流原則実施により、DV虐待の被害親子に起こること」戸籍時報733号（2015）16頁

13　例えば、許末恵「親権をめぐる法規制の課題と展望」家族＜社会と法＞No.24「親権のあるべき姿を求めて」（2007）

14　シャファー前掲書96頁
　　Deperment of Justice Canada, 1997, "WORKING DOCUMENT, THE EFFECTS OF DIVORCE ON CHILDREN, A Selected Literature Review. Research and Statistics Division.", UNEDITED.
　　Donnelly, Denise and David Finkelhor. 1992. "Does Equality in Custody Arrangement Improve the Parent-Child Relationship?" Journal of Marriage and the Family 54(4): 837-845 等

15　小川富之「離婚後の親子の交流と親権・監護・親責任」梶村・長谷川、前掲書95頁

3 面会交流紛争における弁護士の役割

渡辺 義弘

❶ 何を理想像とすべきか

(1)「弁護士の役割」

筆者には「弁護士の役割」という言葉よりも、「弁護士の任務」という言葉が感覚的にぴったりします。面会交流紛争解決にあたって、手続代理人としての弁護士の使命を、何を出発点としてどのように発想すべきかが問題の核心にあります。弁護士は、裁くことが任務ではありません。依頼人の立場に立つ党派性を避けることはできません。

(2) 弁護士を、家庭裁判所の「補助資源」と考えるべきか

家庭裁判所の政策（例えば、面会交流原則的実施政策）を実現するため、弁護士に補助的役割が与えられていると考えるべきでしょうか。この考えに立てば、依頼人父母などの実情を最も把握している弁護士は、その政策に沿って依頼人を説得する役割が求められます。このような考えに立つ弁護士の方々もいます。この考えは家庭裁判所の政策が正しく、依頼人の主観を軌道修正すべき客観的必要がある場合には一定の有用性を発揮します。しかし、物事は理屈どおりに運ばないのが世の常です。第一に、家庭裁判所の政策が正しいとは限りません。第二に、家庭裁判所の政策が依頼人の実情と矛盾するときにこそ、依頼人は弁護士を求めて来るのです。依頼人の要求に耳を傾けると、なるほどと共感できることが多いのです。仮にその共感が要求の全部でなく、一部であったとしても、弁護士は依頼を受任した以上、依頼人の苦しみを救済する任務があります。

(3) 依頼人の合理的要求から出発し、裁判所を説得するのが弁護士の任務であるという発想に立つべきではないか

在野の弁護士は、依頼人の要求、悩みに向き合います。とりわけ、面会交流紛争においては、紛争が高葛藤であればあるほど、その要求には、やむにやまれぬ感情の根があります。それまでの生活歴と環境の中で依頼人が背負ってきた複雑な思いと感情が凝縮しています。したがって、弁護士の受任の出発点は、

依頼人の要求の主要な部分に共感できるか否かが鍵になります。もっとも、弁護士が考える完璧な依頼者像は現実にはありません。完璧な人柄、力量があれば、本人が紛争を上手に解決し、弁護士を必要としません。依頼人の側にも、どうにもならないその人の性格や、今までの経緯の中で生じた何らかの弱点があるのが一般的です。これらを内部で克服し、相手方の追及を防御する援助をしつつ、依頼人の悩みを解決すべく家庭裁判所を説得するのが弁護士の任務ではないでしょうか。家庭裁判所において相手方と妥協が成り立つか否か、どちらになるとしても、面会交流紛争における代理人弁護士の考え方の理想像を筆者はこのように想定します。

❷ 面会交流紛争における高葛藤事案とは何か

（1）高葛藤事案における依頼人の苦しみ

　高葛藤は父母の間に生じます。これに子どもが影響されます。それなら父母の葛藤から切り離した子どもの心理のみに注目し、あるべき父母の理想像を説けばよいのでしょうか。上からの目線でこれを中立的に押しすすめ、障害を除去していくという見地が、面会交流原則的実施政策を推進する家庭裁判所の担当者の態度に垣間見えることがあります。しかし、第一に、父母の葛藤から切り離された子どもの純粋心理などは現実にはありません。第二に、家庭裁判所の担当者の関与は事件が決着するまでの一時的なもので、その関与によりとられた措置は、子どもの虐待阻止などの明白な有用性の場合を除き、成人後も含む子どもの将来に責任を負ったものではないからです。離別夫婦のそれまでの家庭像は千差万別であり、単純な基準を適用することには無理があります。

　年少の子どもをめぐる離別父母の心の葛藤には、核家族、生存競争の時代の荒波が、かなり影響していると筆者は考えます。離別後の非監護親（父が多い）が、具体的な人間関係の中で自らの存在を承認され生きる意欲を高める場があまりにも失われています。離婚によってそれまでの生活世界が破壊されたことに加え、それまで、自らの人格の一部と考えてきた子どもを失うことは自らの精神的破滅を感じます。面会交流に意識を集中し激しく争うことに生きがいを見出すことを、上からの目線で非難することはできません。アメリカの心理学者ジュディス・ウォラースタイン（1921～2012）が共同研究者とともに2000

年に述べた（非監護親の要求の真相は）「多くの時間を子どもと過ごしたいという親の単純な要求でなく、大人の絶望にある」という言葉が示す意味を家庭裁判所の担当者はわかっていないと思います。一方、離別後の監護親とりわけ母子家庭における母が生計を支えるためにどれだけ労働強化に耐えているか、時間の余裕がなく、子どもの監護養育の現実にどれだけの無形の負担があるか、更に、激しい争いを引きずり離別に至った監護親の面会交流についての負担役務は「演技労働」を含むストレスの多い「感情労働」であり、そのストレスの限界、抑うつ症状に至る限界はどの辺りかなどについて、裁判所の担当者の関心が高いとは思えません。子どもの心理の安定、安心は、離別父母のこれらの葛藤と不可分です。

「高葛藤事案」とはこれらの父母の要求（感情）が激しくぶつかり合う事案を意味すると筆者は考えます。

(2) 高葛藤事案と DV 事案との相違

DV に「高葛藤」という枠組を適用してしまうと、DV 加害者（非監護親）が被害者（監護親）側に接近しても、わがままから非監護親を子どもから遠ざける監護親という構図を、裁判所が抱いて行う調整が有害な事案となるため、「高葛藤事案」と「DV 事案」を区別すべきとする見解もあります。裁判所の抱く構図の有害性はそのとおりです。

しかし、一口に DV といっても、造詣の深い識者の分析によれば、身体的暴力、精神的暴力、経済的暴力、性暴力、社会・文化的暴力、これらの複合反復の有無などバリエーションがあります。

そして、家庭裁判所の面会交流原則的実施政策下では、「暴力等」の事実の有無をめぐって証拠上の攻防が尽くされます。「DV 冤罪」の主張もありえます。「暴力等」の範囲に属するか否かの解釈論争、面会交流禁止か制限かの限度論争もありえます。監護親側の立証の負担とあいまって、この攻防、論争の遂行下の「グレーゾーン」の中でさえ、家庭裁判所は調停における調整を行います。したがって父母の葛藤はますます高まります。DV はそれ自体が高葛藤を伴います（もし、監護親が DV を受容するなら、「紛争」とはなりません）。筆者は、実際問題としては、DV 事案も含めて紛争が高葛藤である事案を「高葛藤事案」と把握してよいと考えます。なぜなら、現行の家庭裁判所の面会交流原則的実施政策の基準でも建前として DV は同実施の例外要件とされているからです。

同原則的実施政策批判を、DV問題の取扱批判に矮小化してしまうことは、同政策の本質的批判から目をそらすことになりはしないかと危惧します。DV事案を含めた「高葛藤事案」に面会交流を半強制又は強制することが、子どもの精神発達に効果的か否かの点にこそ問題の本質があります。

（3）家庭裁判所の調停・審判に登場する面会交流紛争の内容と質

すべての面会交流をめぐる意見の対立が家庭裁判所の事件となるわけではありません。ちなみに協議離婚は、全離婚の87％程度を占めます。家庭裁判所に登場する面会交流事案の中にはもちろん低葛藤の事案もあります。しかし、裁判所で争う、しかも弁護士を依頼してまで争うほどの面会交流紛争の多数が高葛藤事案であることは弁護士の経験が教えています。

❸ 高葛藤事案における監護親側代理人弁護士の対応についての私見

（1）葛藤の低い事案の場合

家庭裁判所における筆者の体験によれば、父母の葛藤の低い事案であっても、面会交流の日程調整と子どもの受け渡し方法との2点に関しては、解決に苦労があります。どんなに面会交流に理解を示す監護親母であっても、離別した夫の顔を見るのが生理的に嫌だ（鳥肌が立つ）などという人が意外に多いのです。中には、調停室で夫と同じ空気を吸うのもぞっとする、別席で夫と入れ替わった調停室に夫の体臭・吐息の残り香が感じられ耐えられないなどという女性特有の鋭敏な本音を聞かされることもあります。このような自然現象をわがままだといって理屈で排斥しても解決には結びつきません。筆者は面会交流に理解のある監護親の場合は調停条項を緩やかにすべく努力します。そのためには、理解のあることをアピールする必要があります。裁判所のプレイルームにおける試行面会を通じ、調査官に納得してもらうことも1つの方法です。その上で、上記の2点における監護親の要求を実現するために依頼人とともに知恵を絞って提案をしつつ、裁判所の説得に力を注ぐことに集中するのがよいと思います。

（2）高葛藤事案における裁判官の心理

家庭裁判所の担当者には、調停委員、調査官もいます。しかし、キーパーソンは裁判官です。調停委員、調査官は裁判官の顔色、方針に敏感です。面会交流原則的実施政策の影響を受け、これを正しいと信じている裁判官も少なくあ

りません。

　この場合、監護親側弁護士は、原則的実施政策の心理学的知見などの当否の論争を裁判官とするのは、ある意味でタブーです。議論を通じて正しさを証明できたかのように思えても、それは、つかの間の満足です。人は誰でも自分の意見や根拠がいちばん正しいと信じています。議論に反論できなかった心のしこりと不愉快さは深く根強く残ります。まして裁判官には権力があります。平等な論争ではありません。むしろ、監護親側弁護士は、裁判官の性格や人間性を見抜くことが大切です。裁判官はそれなりの生活歴を背負い、人間としての正義感やバランス感覚を持って仕事をしているのが普通です。依頼人の置かれた具体的条件、毎日 24 時間を通じての子どもの監護養育の負担の苦労などの具体的事実に裁判官に共感してもらうことを目標とすべきだと思います。

　しかし、上記の論争の「タブー」視も原理主義に陥るべきではありません。「人を見て法を説け」の諺もあります。その裁判官は司法行政の動向の「忖度」に敏感とはいえ、本音との相剋が心中で発生しているかもしれません。調停における情勢の変化もあります。臨機応変の対応が代理人弁護士には求められます。まして、審判手続の段階になり、主張書面提出をもって上級審まで徹底的に争うことを決意した場合は、このような心理学的知見の当否の論争に遠慮する必要はありません。単なる理屈の論争ではありません。知見の根拠になるのは、データであり、事実です。それでも一般論による空中戦は脇役だと筆者は思います。父母の現実に即した具体的な事実の積み重ねを地道に主張、立証することが本筋であり、迫力があると考えます。

(3) どのような事実を主張、立証すべきか

　調停であったとしても、裁判所の説得には主張と立証が欠かせません。

　本人と弁護士による口頭によるリアルな事実の説明から始まります。その場合、幼い子どもの反応を述べることに意識が集中しがちです。しかし、原則的実施政策の現実では要注意です。調査官が調査する幼い子どもの「意思」や反応は、面会交流の妨げにならない方向で評価される可能性が大です（例えば、「監護親の影響」、「福祉を害する程度の嫌悪感はない」などの評価）。筆者の場合は、動かしがたい事実を重視します。母子家庭における母親の労働の実態、おそらく若年の労働者の勤務実態は知的労働、肉体労働を問わず、かなりの労働強化で時間の制約があります。自らと子どもの健康を維持するためにスケ

278

ジュールの余裕のなさ、監護親の実家、親族の協力が無理である物理的条件、その中で行う面会交流による監護親の葛藤の深刻さ、1日24時間の幼い子どもの心身の管理の大変さ（目に見える面会交流の裏事情）を具体的に明らかにします。また、父母の居住地に隔たりがある場合の制約も軽視できません。DV事案におけるDVの事実の立証は別格です。原則的実施政策に対応し悪戦苦闘する中で道を切り開くしかありません。

(4) 調停で粘ること

　裁判官が監護親側の事情に理解を示しているとの確信が感じられれば、調停決裂の場合、審判移行も受け入れ、新たな立証に努力します。しかし、多くの場合、筆者は調停で粘ることを勧めます。その過程で客観情勢の変化が生じたり、解決の知恵が浮かんでくることもありえます。この場合、法律家の常識にとらわれない柔軟性も必要です。例えば、離別母子家庭は経済的苦境から子どもの養育費を父から確保するやむを得ない事情があります。しかし、高額の養育費の負担は、非監護親父の生活を圧迫し、長期のローン負担と同様になりますから、これだけ尽くし犠牲を払っているのに、なぜ子どもに会わせないのかの不満が爆発し、高葛藤の原因になります。自然現象です。本当に面会交流役務が心を苦しめ、その救済が第一である反面、母子の経済的自活が可能なら、いくら裁判所が養育費の請求を勧めても、その点の権利意識にこだわらず、その問題は、そっとしておく選択もあります。また、民間の、ある程度信用できる面会交流援助（支援）機関の利用を調停の中に取り込むこともためらわないことです。利用できる環境にあることは幸運です。

❹ 高葛藤事案における 非監護親側代理人弁護士の対応についての私見

(1) 家庭裁判所の面会交流原則的実施政策の機能に従うが、油断しないこと

　高葛藤事案において監護親側は必死に反撃します。非監護親は離別前の主たる養育者であった場合はもちろんのこと、そうでなかったとしても、離別前の子どもとの良好な関係の主張、立証により、裁判所の説得に力を注ぐ必要があります。筆者が受任した非監護親父には心が繊細で弱く、トラブルに耐えられない人もいました。診療内科の通院治療を受けていることもあります。その場合、医師の意見書により、面会交流により、心が安定することなどの立証もし

ます。やはり、現在の原則的実施政策の下で家庭裁判所内の試行面会も含め、調停で粘る必要があります。

(2) 強制執行による経済紛争にしないこと

依頼人である非監護親は最高裁判決の示す日時又は頻度、面会交流時間、子どもの引き渡し方法を特定した間接強制可能な調停条項を求めるかもしれません。間接強制の強制金（懲罰的賠償の性格）は、最近、月額8万円から10万円の間といわれています。しかし、筆者の経験では監護親が任意の意思により現実に面会交流に協力する手立てを家庭裁判所で話し合い模索するほうがよいと思います。面会交流の援助（支援）機関の関与を調停で提起し、同機関がない場合には、それに代わる援助者を考えます。必要があるときの再調停条項を設定しても、執行可能な主文の審判（本当に高葛藤であれば、監護親側弁護士は執行可能の調停条項に同意しません）は最後の結果です。筆者の経験では、前記のように、監護親母の中には、高額の養育費を父に負担させつつ、異常な潔癖性を発揮し、家庭裁判所内での試行面会すら応じない人もいます。このような場合、強制金の執行対象がゼロ（例えば、実家の援助で生活）であることに遭遇したりします。執行対象としての給与債権がある場合は、強制金による母子家庭の母の給与の差押え又は差押えの威嚇は、監護親側に大きな憎しみの感情を生みます。憎悪の中からは、いくら面会交流が至上であると理想論を唱えても、理想の価値は生まれません。

5 結び──代理人弁護士の対応の要諦・クローズアップされる法的課題

面会交流紛争における代理人弁護士として筆者が日頃心がけている要諦は、①臨機応変、②教条にとらわれない、③人間心理の自然法則に反しない、の3点です。高葛藤事案において、代理人弁護士の試行錯誤は続きます。

面会交流をめぐる法解釈と法実務との領域において、これからますますクローズアップされてくるのは、高葛藤紛争をめぐる諸問題です。弁護士実務は必然的にこれに向き合うしかありません。その視点で法的課題を論ずる試みをしたのが、筆者の近著『高葛藤紛争における子の監護権──弁護士実務の視角から法的課題を問う』（弘前大学出版会、2017）です。同書の内容について共感又は批判をいただけると筆者の励みとなります。

4 面会交流紛争の背景事情

大塚 正之

❶ はじめに——面会交流紛争の背景にあるもの

　面会交流の問題は、親子と夫婦という家族関係を形成する2つの柱が交わる点にあることから、家族の在り方そのものに関わる問題が、そこに凝縮されて現れてきます。父又は母が未成熟子と定期的に会って話をするという、ただそれだけのことなのに、なぜこれほどの感情的な対立が起きるのか。そして、非監護親は、面会交流を認めない裁判所を強く批判し、監護親は、面会交流を認める裁判所を強く批判をするような事態がなぜ生まれてくるのか。どうやら、夫婦の在り方、親子の在り方の根本に関わる問題がその背景に存在しているようです。それは一体何でしょうか。

　第一に、離婚原因と子の問題が絡み合うことによって、夫婦の問題と親子の問題とを分離することがなかなかできないという背景があります。

　第二に、面会交流をめぐって、父の権利、母の権利というものと、父性・母性を必要とする子の利益が複雑に交錯しているという背景事情があります。

　第三に、婚姻中の父母において、主たる養育者が母親である場合が多く、父親の養育への関与が少ないという背景事情があります。そして、その背景には、男女間の著しい賃金格差が存在しています。

　第四に、協議離婚後の親権者が母となる場合がほとんどで、多くの場合、父は、養育費を支払わず、その結果として、母子家庭の相対的貧困率が異常に高いという背景事情があります。

　このような社会的な背景事情が、監護親、非監護親の面会交流についての心理的基盤に深い影響を与えていると考えられます。それは、一方で、親だから会わせないのはおかしい、当然に会う権利があるという意識を、特に父である非監護親に形成します。そして、他方で、弱者が強者に抱くうっ積した感情を社会的に醸成していく環境が存在しています。そうした環境は、本人が意識するとしないとにかかわらず、なぜ面会させないといけないのかという感情を、特に母である監護親の中に形成する力を持っているということです。ここでは、

そうした社会的背景事情が非監護親及び監護親にどのような心理的影響を与えるのかという観点から、少し考察してみたいと思います。

❷ 離婚原因と親子関係との交錯

　離婚原因は、夫婦ごとに異なるものがあり、多種多様であるといってよいでしょう。2016（平成28）年度司法統計年報における離婚申立てにおける離婚原因を見ると、最も多いのが性格の不一致であり、以下、精神的に虐待する、生活費を渡さない、暴力を振るう、異性関係、浪費するなどとなっています。

　これらの離婚原因は、夫婦の問題であり、親子の問題ではないのです。しかし、この離婚原因にあるとおり、非監護親が暴力をふるった、生活費を渡さなかった、精神的虐待をした、浪費をした、そのために離婚になったのに、親だから子に会うのは当然だと言われたら、監護親はどう思うでしょうか。それだったら、暴力振るうなよ、生活費を渡せよ、虐待するなよ、浪費するなよ、それをしなかったから離婚になったのだろう、子どもに会えなくなったのはあなたのせいでしょう、それなのに会わせろとは何事かという気持ちになる場合があるわけです。調停では、しばしばそのような声を聞きます。

　理屈としては、それは夫婦の問題であり、親子の問題は別ですよと分けることができるかもしれませんが、実際には、同じ家庭で起きていることで、そんなに子どもに会いたいのだったら、離婚原因を作るなよというのが正直な監護親の心理ではないかと思います。「そんなことをしたお父さんには会いたくないよね」とお母さんに言われたら、子どもは、お母さんの辛い気持ちを察して「うん」としか言えないでしょう。これは父親が親権者になった場合にもあてはまるものです。「浮気をした母さんなんかに会いたくないよな」とお父さんに言われたら、子どもは、父の辛い気持ちを察して、「うん」としか言えないでしょう。監護親の辛い気持ちを察することができる子ほど、うんとしか言えないのです。それでも面会交流を認めるべきだと考えるのなら、こんなことをした非監護親でも会わせることが子の利益になるのだということを具体的に説明、説得して、監護親を納得させないと、実際に子の利益になる面会交流を実現することは難しくなってしまいます。これが面会交流を難しくする第一の要因ではないかと考えられます。

❸ 親権と父性・母性の交錯

　周知のとおり、わが国の親権概念の歴史を追ってみれば、古代ローマ法と同じく子に対する支配権としての父権がありました。これは、生殺与奪の権利であり、懲罰として子に体罰を加えても、何ら責任を問われることはなく、古代ローマ法と異なり、売買することは認められなかったが、質に入れることまでは認められていたわけです。明治になって、親権は家長と父とに帰属し、子は二重の支配を受けることになります。戦後の改正で、母を無能力者とした規定はなくなり、父母の共同親権というかたちで男女平等のかたちを実現しましたが、決して人々の意識が変化して、そのようになったわけではないわけです。

　これに対し、世界的レベルで見ると、親権は、子の権利を保護するために認められたものであり、義務の性質が強いと観念されてきています。ドイツでは、親権は親の配慮（Sorge）に改められ（配慮権法、1979）、イギリスでは、親権は、親責任（Parental responsibility）と改められました（Children Act 1989）。

　しかし、現行民法には、子を権利者とする規定はなく、ごく最近まで家父長権の下で認められていた子を懲戒場に入れるという規定さえ残されていたのです。その結果、依然として親権を親の支配権として考える意識が強く、また、子どもは社会で面倒を見るという考え方は、わが国では十分に浸透しておらず、子を親の所有物のように扱う意識が強いのです。そのため、何か子が悪いことをすれば、親が責任を問われ、電車に子を乗せるときでさえ、私的所有物の管理者のように考える人がいて、泣かせないように管理をしろ、ベビーカーを持ち込むなと文句をいい、保育園や幼稚園が近所にできるとなると、うるさいからつくるなという住民運動が起きる状態です。まだまだ子どもを私物のように扱う意識が日本社会では強いのです。

　しかし、子が必要としているのは、「父性」としての父であり、「母性」としての母です。子が両親を必要とするという場合の親、子の利益としての父母というのは、「父性」であり「母性」であって、父の支配でもなければ、母の支配でもないのです。ドイツ法が Sorge を使ったのは、この父母性＝父母としての気遣いであり、イギリス法が responsibility を使ったのは、父母性を与える責任ということを明確にするためです。会うのは親の権利だから会わせろと

いえば、それは戦前の父権を回復させるというニュアンスを帯びてきますし、父権を侵害する裁判所はけしからんという意識も形成します。

　ここで大切なことは、父に会う権利があるから会わせなければならないということではなく、子が父性を必要としているから、会わせることが子の利益になる、だから父性が発揮できるように会う機会をつくる必要があるということです。これは母親の場合も同じです。子が母性を必要としているので、母との面会を認めましょうということであり、支配権としての親権があるから、会わせなければならないというのではないのです。

　この意識は、社会的なものであり、一人ひとりがその違いを明確に自覚しているわけではありません。そこには、親としての権利や義務を担う意識が社会的に存在しており、それが本来の父性や母性から切り離されて一人歩きをするとき、誰の面会交流なのかという点が錯綜してしまうのです。子を所有物のように奪い合うならば、子のための面会交流を実施することはできないのです。これが面会交流を難しくする第二の要因だと考えられます。

❹ 父母の養育への関与と男女格差社会

　1.56、1.23、1.72、1.38、2.63、1.89、2.03、2.30、2.65、3.16。この数字は、2007（平成 19）年度から 2016（平成 28）年度までの民間企業における男性の育児休暇取得率（％）の過去 10 年間の推移です（厚生労働省ホームページ基本雇用均等調査結果）。これに対し、女性の育児休暇取得率は、概ね 80〜90％の間を推移しています。他方、ドイツの男性の育児休暇取得率は、2014 年に出生した子の父親の場合、34.2％です（独立行政法人労働政策研究・研修機構ホームページ）。

　① 18.8、② 13.5、③ 22.8、④ 21.7。この数字が何かわかりますか。父親が子と接する時間が、「①ほとんどない、② 15 分くらい、③ 30 分くらい、④ 1 時間くらい」の割合（％）です。つまりこの合計である 76.8％の父親が毎日 1 時間程度以内しか子と接していないのです。母親の場合、1 時間程度以内は、10.1％です。反対に 3 時間程度以上子と接している時間は、父親が 10.1％であるのに対し、母親は 31.5％です。これは、父親が育児に参加しようとしていないのではなく、日本の企業が、基本的に男性が家事・育児に従事することを前提とした労働形態を採用していないことによるものです。日本人の労働時間が

長いことは昔からの公知の事実ですが、男性は家事・育児をしないことになっているので、育児休暇を取得しようとすると、奇異な目で見られるわけです。また、企業の中で出世をすることと、家事・育児に多くの時間を費やすことは、相反するものとして扱われているわけです。そのため、残業を断ることもできず、遅くまで仕事をしたり、時には飲みに行くなどして、帰りが遅くなり、子との接触時間が上記のとおり著しく少なくなってしまうのです。

しかし、このような労働形態は、男性だけに求められているわけではありません。女性にも同じように働くことを求めます。共働きの場合、父母のどちらかが育休を取得して子を養育する必要があり、子が急に熱を出せば、どちらかが保育園に迎えに行かなければならないわけです。ちょうど婚氏を夫の氏にするのか妻の氏にするのか、法は男女平等でどちらでもよいといいながらも、実際には、男性の氏にするよう求める社会的圧力が働き、ほとんどの場合、夫の氏にせざるを得ない実情があります。同様に、女性が育休を取得し、女性が保育園に迎えに行き、病院に連れて行かなければならないのが現実です。

また、周知のとおり、男性の平均賃金と比べて女性の平均賃金は、7割程度でしかありません。同じように働いていても、女性の方が賃金が低いのです。特に家事・育児に従事するため、どうしてもパートや派遣で働くしかなく、正社員になれないため、そこにも賃金格差が生まれてきます。共稼ぎで、同じように一所懸命働いているのに、父親の方が収入が多く、他方で、女性の方が家事・育児に多くの時間を費やさなければならないのです。その結果として、それが職階にも、賃金にもマイナスに働いていくのです。これは夫個人の力ではどうにもならないのですが、合理的な理由のないことですから、母親にとっては、理不尽なことと感じられます。そこで、夫に育休をとって育児に協力するよう求めても、夫は社内の空気を読んで、育休を取ろうとしない。それは母親にしてみれば、父親に対する不満として、蓄積されていくことになります。そのような状態で離婚に至れば、なぜ、育児に協力しなかった夫に子どもと面会させなければいけないのかという納得できない気持ちを形成することになります。そのような格差をなくそうともせず、そこに安住している元夫に対し、社会的なうっ積が生じることは避けられないことです。これが、面会交流を困難にする第三の要因だと考えられます。

⑤ 困窮する母子家庭と養育費の不払い

　よく知られている事実として、協議離婚の際、養育費の合意をするのは全体の4割程度であり、実際に支払いを続けているのは2割以下だというデータがあります（厚生労働省「平成23年全国母子世帯等調査」(2012) 参照）。養育費を支払わないで、面会交流だけをしているというケースもあるでしょうが、多くの場合、面会交流を続けている者は必要な養育費を支払うことになるでしょうから、世の中の6割の非監護親は離婚とともに子どもの前から姿を消し、残りの半分（2割）は次第に距離が遠のき、接触が絶たれて養育費も支払わなくなっているというのが現状だろうと思われます。

　その結果何が起きているのかといえば、貧困です。日本の子どもの相対的貧困率は約16％（2009（平成21）年）であり、母子家庭（ひとり親家庭）の相対的貧困率は50％を超えています（OECD諸国中最も高い）。相対的貧困率というのは、等価可処分所得（世帯の可処分所得を世帯人員の平方根で割って調整した所得）の中央値の半分に満たない世帯構成の割合です。2015（平成27）年の中央値が245万円であり、したがって相対的貧困家庭というのは、122万円程度以下の収入しかない世帯ということになります（「平成28年国民生活基礎調査の概況」（厚生労働省ホームページ）Ⅱも参照）。本来、養育費は非監護親と子との生活を同じレベルにするために支払われるべきものですから、父親と子との相対的貧困率とは同じ程度になるはずです。しかし、大部分の父親はその支払いをしないで子どもが相対的貧困状態に陥っているというのが今の日本社会です。もちろん、離婚の1つの大きな要因として、父親の経済力が乏しいことが挙げられますから、支払いたくても支払えない父親も相当数いるでしょう。格差社会が進行する現在、養育費を支払う意思はあっても支払えない非監護親が増えているのかもしれません。

　そうした社会環境の中で、少しでも時間を有効に使って子どものために貧しい中で努力をしているのが母子家庭の母親像として浮かんでくるわけです。そうしたとき、非監護親がよき養育者、協力者として現れてくれれば、進んで面会交流にも応じるでしょうが、そうでもなければ、わざわざ面会交流のために仕事を休んだりするほど利益のあることとは母親には思えないわけです。貧困を

なくさなければ、面会交流をめぐる紛争もなかなかなくすことは難しいだろうと思われます。これが面会交流を困難にする第四の要因だと思われます。

6 まとめ

　以上のような背景事情を考えると、子の最善の利益になる面会交流を実現するためには、第一に、これら面会交流を困難にする事情をなくしていくことが必要です。男性が女性と同じく家事・育児に従事できる労働環境を整備し、企業が次世代の育成のため、男性の育児休暇取得を推奨し、男女が実質的に同等に家事・育児に従事できる労働構造を創れば、正規雇用における男女差がなくなり、賃金格差も縮小し、女性の不満を抑制できるでしょう。養育費を子の福祉のため、天引きする仕組みを創れば、監護親にも余裕が生まれ、面会交流もスムーズに進むでしょう。

　しかし、第二に、それは直ちに実現できることではないので、当分の間、これらを困難にする事情は続くでしょう。その中で子の福祉に適った面会交流を実現するためには、社会的なサポートが必要であり、行政の支援が必要です。子どもは地域の社会資源であり、地域の子は地域で育てるという考え方に立って、市民や行政がサポートする体制を創ることによって、円滑な面会交流を実現でき、かつ、社会的支援を得られた子らは地域のために育っていくことができ、今度は、地域の子どもたちを支える役割を担えるようになるでしょう。面会交流は、そうした社会的問題であるとの自覚を持つことが、今必要とされていると思われます。

[参考] 婚姻関係事件申立動機別件数（平成 28 年度司法統計年報第 19 表から抜粋）

順位	申立動機	夫申立		妻申立		夫と妻の合計	
		件数	割合(%)	件数	割合(%)	件数	割合(%)
1	性格が合わない	11138	61.4	18994	39.3	30132	45.3
2	精神的に虐待する	3590	19.8	12361	25.6	15951	24.0
3	生活費を渡さない	682	3.8	14090	29.1	14772	22.2
4	暴力を振るう	1535	8.5	10461	21.6	11996	18.0
5	異性関係	2594	14.3	8357	17.3	10951	16.5
6	浪費する	2268	12.5	5139	10.6	7407	11.1
7	家族親族と折り合いが悪い	2682	14.8	3355	6.9	6037	9.1
8	性的不調和	2407	14.3	3465	7.2	5872	8.8
合計	（そのほかを含む）	18135	100.0	48359	100.0	66494	100.0

（注：申立動機に重複があるので、合計件数とは一致しない）

[参考] 育児休業取得率の推移（厚生労働省ホームページから抜粋作成、年度は平成）

年度	19	20	21	22	23*	24	25	26	27	28
女性	89.7	90.6	85.6	83.7	87.8	83.6	83.0	86.6	81.5	81.8
男性	1.56	1.23	1.72	1.38	2.63	1.89	2.03	2.30	2.65	3.16

＊岩手、宮城、福島を除く。

編者・著者紹介

● **編著者（五十音順）**

梶村太市（かじむら・たいち）
弁護士・元裁判官／弁護士法人早稲田大学リーガル・クリニック
担当：Q 1、41〜43、第 6 章①

長谷川京子（はせがわ・きょうこ）
弁護士／みのり法律事務所
担当：第 6 章②

渡辺義弘（わたなべ・よしひろ）
弁護士／弁護士渡辺義弘法律事務所
担当：第 6 章③

● 著者（五十音順）

岩佐嘉彦（いわさ・よしひこ）
弁護士／いぶき法律事務所
担当：Ｑ 52〜59

太田和範（おおた・かずのり）
弁護士／弁護士法人早稲田大学リーガル・クリニック
担当：Ｑ 16〜20

大塚正之（おおつか・まさゆき）
弁護士・元裁判官／弁護士法人早稲田大学リーガル・クリニック
担当：Ｑ 6〜10、第 6 章④

小島秀一（おじま・しゅういち）
弁護士／弁護士法人早稲田大学リーガル・クリニック
担当：Ｑ 11〜15

可児康則（かに・やすのり）
弁護士／名古屋第一法律事務所
担当：Ｑ 44〜51

斉藤秀樹（さいとう・ひでき）
弁護士／みなと綜合法律事務所
担当：Ｑ 29〜34

坂梨　喬（さかなし・たかし）
弁護士・元裁判官／弁護士法人コイノニア
担当：Q 35〜40

白木敦士（しらき・あつし）
弁護士／弁護士法人早稲田大学リーガル・クリニック
担当：Q 2〜5

秀嶋ゆかり（ひでしま・ゆかり）
弁護士／秀嶋法律事務所
担当：Q 21〜28

本田正男（ほんだ・まさお）
弁護士／川崎総合法律事務所
担当：Q 60〜69

吉田容子（よしだ・ようこ）
弁護士／市民共同法律事務所
担当：Q 70〜78

Q&A 弁護士のための面会交流ハンドブック

2018 年 2 月 21 日　初版発行

編著者　梶村太市、長谷川京子、渡辺義弘

発行者　佐久間重嘉

発行所　学 陽 書 房

〒 102 - 0072　東京都千代田区飯田橋 1 - 9 - 3
営業／電話　03 - 3261 - 1111　　FAX　03 - 5211 - 3300
編集／電話　03 - 3261 - 1112
振替　00170 - 4 - 84240
http://www.gakuyo.co.jp/

ブックデザイン／佐藤　博
DTP 制作／みどり工芸社　　印刷・製本／三省堂印刷

＊乱丁・落丁本は、送料小社負担にてお取替えいたします。
ISBN 978 - 4 - 313 - 31415 - 3 C3032
© Kajimura, Hasegawa, Watanabe 2018, Printed in Japan

JCOPY〈出版者著作権管理機構 委託出版物〉

本書の無断複製は著作権法上での例外を除き禁じられています。複製される場合は、
そのつど事前に、出版者著作権管理機構（電話 03-3513-6969、FAX03-3513-
6979、e-mail: info@jcopy.or.jp）の許諾を得てください。

◎好評既刊◎

家事事件における税法実務の基礎知識を！

弁護士・税理士ダブルライセンスの著者が、家事事件のシーンごとの税務の考え方から税理士との関わり方までを細やかに解説。

弁護士のための家事事件税務の基本
相続・離婚をめぐる税法実務

馬渕泰至［著］
Ａ５版並製／定価＝本体 2,100 円＋税